Reisen, leben und lieben auf Kreta.

Verwachsen!

Oder: Da, wo ich zu Hause bin.

Teil 3

von

Elisabeth Katz

Verlag Olga Behrends

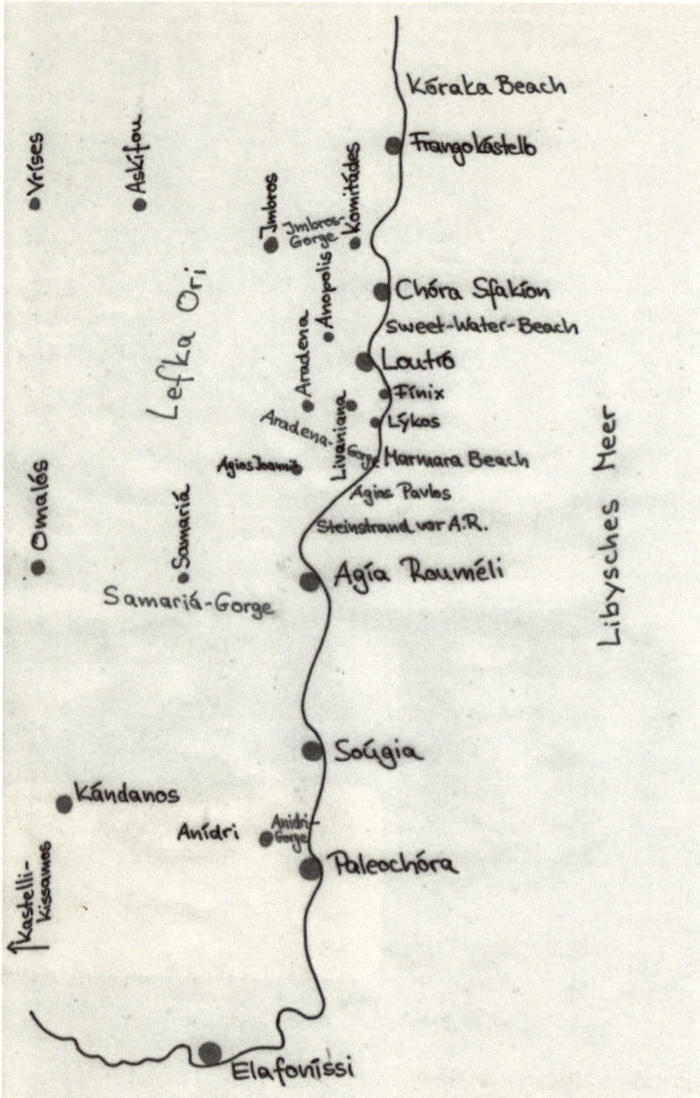
Kóraka Beach
Frangokástelo
Vríses
Askifou
Jmbros
Jmbros-Gorge
Komitádes
Lefka Ori
Chóra Sfakíon
Anopolis
Sweet-Water-Beach
Aradena
Loutró
Fínix
Livaniana
Lýkos
Aradena-Gorge
Marmara Beach
Agios Joannis
Agios Pavlos
Omalós
Samariá
Steinstrand vor A.R.
Libysches Meer
Agía Rouméli
Samariá-Gorge
Soúgia
Kándanos
Anídri
Anidri-Gorge
Paleochóra
Kastelli-Kissamos
Elafonissi

Kreta-Karte Süd-West, Chóra Sfakíon und umzu.

*

*

*

*

*

*

7. Oktober 2017
Taschenbuchausgabe
Verlag Olga Behrends

Titelfoto: Elisabeth Katz
Karten: Katharina Behrends
Fotos im Innern: Elisabeth Katz
Umschlaggestaltung: Elisabeth Katz
Satz: Print Media, Wiesmoor
Druck und Bindung: CPI - Clausen & Bosse, Leck
Printed in Germany

*

ISBN 978-3-00-057751-2

Was uns ausmacht

Kreta-Liebende

Ich lebe und arbeite in Ostfriesland
in meinem Haus mit Laden, Garten und allem.
Seit Herbst 2011 verbringe ich zwei Monate im Jahr
auf Kreta. Als ich 1989 das erste Mal einen Fuß auf kreti-
schen Boden setzte, füllte sich meine Lunge wie automatisch
bis in die Spitzen. Gleichzeitig dachte es in mir: „Zu Hause!"
Gefühle und Gedanken, die ich bis dato so nicht kannte.
Wo komme ich her? Wer bin ich? Wo gehöre ich hin?
Bin ich nun eine kretische Ostfriesin oder eine
ostfriesische Kreterin? Ich bin ein nord-
deutsches Kind, durch und durch,
zumindest denken das alle,
aber innen drin muss da
etwas anderes sein.
Griechenland?
Kreta!

*

Um in den vollen Genuss meiner Kreta-Gefühle zu kommen, empfehle ich das Lesen der Bücher in der Reihenfolge ihres Erscheinens:

Teil 1
Warrum nicht!
Oder: Als mein Leben wieder schön wurde.

Teil 2
Leidenschaften!
Oder: Alles, was ich brauche.

Teil 3
Verwachsen!
Oder: Da, wo ich zu Hause bin.

Liebe Leserin, lieber Leser,

da dachte ich, es sei für den dritten Band meiner Kreta-Erzählungen alles geschrieben, und was war, es fehlte der Brief an meine Leser und Leserinnen. Zuerst wollte ich mich drum herumdrücken, dachte, dass doch alles gesagt sei und dass ich mich hier nur wiederholen könne. Dann dachte ich: „Nee, nee, mach mal wie immer, fang an und lass fließen."

In meinen Gedanken war die Vorstellung, einen Dreiteiler zu schreiben, einen ersten, einen zweiten und einen dritten Band, mit dem mein Kreta-Schreiben dann zu Ende sein würde.

„Nix da!", sprach das Leben. „Schreib mal schön weiter! Schreibe über dein Reisen, das Leben und die Liebe, über dein Denken und Fühlen, über deine Sicht auf die Dinge, über die eine und die andere Heimat und über all das, was dir dazu noch durch den Kopf gehen mag." Es blickte mir direkt in die Augen, lächelte und ergänzte: „Und ich, ich liefere dir weiter die Vorlagen dazu!"

Gesagt - getan.

Auf meiner diesjährigen Frühjahrsreise, im April/Mai 2017, lieferte es mir die Grundlagen für ein weiteres Buch, bei dem es sich, je länger ich darüber nachdenke, um den Inhalt des fünften Teils meiner Kreta-Reise-Erzählungen handeln musste, auch wenn zuvor von einem weiteren Band, einem vierten, bis zu diesem Zeitpunkt nie die Rede gewesen war.

Ich traf einen neuen Ludwig, mit dem der Gedankentausch zwar anders, aber ebenso vielfältig und interessant vonstattenging. Wir begegneten uns in Pitsídia, rein zufällig, wanderten von dort über die alte Landstraße nach Mátala und nahmen uns vor Ort in seiner üblichen Herberge zwei Zimmer. Eigentlich wollte ich nur für eine Nacht in Mátala Quartier nehmen, doch dann kam alles, zu meinem Schreiberinnen-Glück, ganz anders.

Das dritte Buch ist fertiggestellt, der Denkprozess zum vierten und fünften in Gang gesetzt. Die Spreu ist dabei, sich vom Weizen zu trennen, die Inhalte sich in jetzt und später aufzuteilen. Es ist faszinierend, was Kopfinhalte ohne bewusstes Zutun allein aus sich heraus so anstellen.

Von einem Moment zum anderen schickte mich mein Kopf ins Frühjahr 2014, in dem sich meine üblichen vier Reise-Wochen durch einen wunderbaren Zufall auf sechs Wochen verlängerten. Bevor es für mich nach Kreta ging, verbrachte ich 14 Tage auf Páros, Naxos und Santorín. Ich hatte damals kurzzeitig darüber nachgedacht, diese Reise als Grundlage für ein viertes Buch zu wählen. Hatte mir den Titel „Dreimal zwei Wochen!" erdacht und kurze Zeit später alles zusammen mit dem Gedanken „Drei Bücher sind eindeutig genug!" wieder verworfen.

Nun ist die Geschichte wieder da, britzelt und brutzelt in meinem Kopf herum und möchte heraus!

Bis dahin wünsche ich gute Unterhaltung beim Lesen des hier nun vorliegenden dritten Teiles meiner kretischen Reise-Erzählungen.

Schön, dass ihr wieder mit dabei seid!

Herzlichst
Elisabeth Katz

1.

Das Frühjahr 2012 war ein spätes. Ich kann mich nicht erinnern, je einen so üppig hellgrünen Mai erlebt zu haben. Der Mai ist immer grün. Blumen blühen. Bäume entfalten ihr Blätterkleid. „Der Mai ist gekommen, die Bäume schlagen aus, da bleibe, wer Lust hat, mit Sorgen zu Haus." Ich war gerade auf dem Weg dorthin zurück - zurück zu meinem ostfriesischen Familienhaus, in dem seit Jahren, außer mir und Anton, dem zurückgelassenen Kater meiner Tochter, keine weitere sichtbare Seele mehr zu Hause war.

Anton und ich sind die Überbleibsel einer ehemals fünfköpfigen Familie. Alles in allem fein zufrieden. Inzwischen wieder gut organisiert und ohne Sorgen. Ich erledige und mache mit Hilfe meiner Wilma alles, was anliegt, während Anton zu Geschäftszeiten um unsere Kunden herumschnurrt oder in einem unserer Schaufenster dekorativ den Tag verschläft. Nachts schleicht er um die Häuser und durch Gärten, Mäusen aufzulauern.

Das Grün war mir eine Augenweide, eine von mir vordem nie so wahrgenommene Pracht. Töne in allen vorstellbaren Nuancen hingen an Bäumen und Büschen oder schossen als Gräser aus dem Boden. Ich saß neben meiner Schwester Katharina auf dem Beifahrersitz und bestaunte das helle frische Grün dieser späten Maientage.

Während meines vierwöchigen Kreta-Aufenthaltes hatte sich der deutsche Himmel bedeckt gehalten. Es wäre trotz der Monatsbezeichnung Mai einfach weiter April geblieben, lächelte Katharina. Sie hätten den 31. April gezählt, den 32. und 33. und den 34. und hätten vor dem 45. auch nicht damit aufhören können. Der Mai habe einfach nicht kommen wollen.

An Frühling sei nicht zu denken gewesen. Kalt wäre es gewesen, regnerisch, grau und kalt. Doch nun sei er ja da, der Mai, vor wohl einer Woche gekommen, endlich gekommen, mit vierzehntägiger Verspätung - mindestens, und mit diesem Überangebot an nun frisch geschlüpftem Grün.

Das Steingrau der kretischen Felsen, das Beige, das Rot, das Braun, das leuchtend helle Blau des Himmels und das andere Blau des Meeres - das Türkis, das Tintenblau, das Aquamarin. Ginster blühte gelb. Oleander rosa, rot und weiß. Andere Gewächse orange, blau, gar violett, mit der dazugehörigen Menge an Blatt- und Gräsergrün. Übers kretische Ganze verteilt, überschaubar. Auf den Hochebenen, in unverschämter Menge. Dennoch war ich an diesem 23. Mai auf der Fahrt von Oldenburg zurück in meine Heimatstadt von diesem üppigen späten Maiengrün geradezu entzückt!

Nach einer guten Auszeit, einem erfüllten Parallel-Leben, einer Zeitspanne, die weder zu kurz noch zu lang ist, ja geradezu genau im richtigen Maße, ist das Abreisen wie das Nachhausekommen gleichermaßen erfüllend. Ich war gerne zurück. Freute mich auf meinen Laden, meine Wilma und meine Kunden. Ich genoss den ersten Morgenkaffee im kleinen Bücher-Café am Fenster unserer Buchhandlung und lauschte Wilmas Rapport. Seitenweise Notizen mit Kundenwünschen, zu erledigenden Bestellungen, anderen Wichtigkeiten und Grüßen.

Zwei der 18 Verlage hatten die Probeseiten meines „Warrum nicht!“ ungelesen, mit dem Hinweis, dass das Thema gerade nicht in ihr Programm passe, zurückgesandt. Von den auf den Verlagsinternetseiten angekündigten sechs Monaten Bearbeitungszeit für unaufgefordert eingesandte Manuskripte waren nun zwei vergangen. Ich war zurück, erledigte das Wichtigste von der Laden-to-do-Liste und machte mir zwischenzeitlich Gedanken zu einem Plan B für die Veröffentlichung meines ersten Buches. Sollte sich keiner der großen deutschen, von mir angeschriebenen Verlage genügend für mein kleines Wunderwerk begeistern können, wollte ich vorbereitet sein. So ist das bei mir. Ich mag weder ratlos noch planlos im Leben stehen, brauche für nicht eintreten wollendes Erhofftes einen Ausweichplan, eine Alternative, am besten gleich zwei oder drei. Òchi Stress, in Gelassenheit das Leben verbringen zu können, ist so wunderbar wunderbar für mich, dass ich darauf an keiner Stelle, zu keinem Zeitpunkt verzichten mag.

Den Nachmittag des 26. Mai nahm ich für Vorderhausaufgaben. Es war ein Samstag. Das Wetter leuchtend. Der Laden eigentlich ab 14 Uhr geschlossen. „Eigentlich" ist, was meine Ladenöffnungszeiten betrifft, eines meiner Lieblingsworte. Kernöffnungszeiten durchgehend von 10 bis 18 Uhr, an Samstagen von 10 bis 14 Uhr, eigentlich - doch solange ich nicht das Bedürfnis habe, mich in die obere Etage in meinen Privatbereich zurückzuziehen und ich unsere Korbstühle weiter vor dem Hause stehen lasse, ist darüber hinaus geöffnet. Ich verweile gerne unten im Laden, wenn ich nichts Außerhäusiges verabredet habe. Erledige Tätigkeiten, die im Normalfall nicht zu meinen liebsten zählen, und vollbringe sie dann zu meinem eigenen Erstaunen meist sogar ausgesprochen gerne. Alle Freiwilligkeit scheint einen positiven Einfluss auf meine Erledigungslust zu haben, und das nutze ich bei mir immer wieder schamlos aus.

„Elisabeth, das merkt man aber,
dass du schon lange keinen Mann mehr hattest."

Als mir ein junger Freund, gerade mal 21, kurz nach meiner Reise diesen Satz sagte, war ich ansatzweise erstaunt.

Ich stand auf der oberen Stufe einer Aluausklappleiter und war gerade dabei, das defekte Leuchtmittel eines Außenstrahlers, der für gewöhnlich unser Firmenschild erhellt, auszutauschen.

Ich war seit drei Tagen aus Kreta zurück. War erholt, sonnenverwöhnt und winddurchflutet. Hatte Dieter bei meiner Ankunft mit meinem Strahlen diesen herrlichen Satz: „Mein Gott, siehst du gut aus!" entlockt. Hatte mit Nina und Cornelia wunderbare Frauenpower gelebt. War des Horsts Zauberin gewesen und hatte mit meinem Teilzeitliebhaber genüssliche, gar liebevolle Stunden verbracht. Ich fühlte mich beflügelt, lebendig, gut und frisch und keineswegs bis gar nicht vertrocknet. Zum Glück begann ich nicht, mich zu erklären, fragte auch nicht nach dem Weshalb und dem Warum, ich fragte nur, wie er das denn meine. Ich sei so selbstständig geworden, war seine spontane und ernst gemeinte Antwort, worauf wir, erst ich, und als er seinen Fauxpas bemerkte, auch er, herzerfrischend lachen mussten.

„Oh nein, Elisabeth!", sagte er mit plötzlich errötenden Wangen. „No, never and never and never - you look better than ever!" „Na!", sagte ich daraufhin mit meinem breiten Lachen: „Da haste die Kurve ja gerade noch mal gekriegt!"

2.

Man sollte bei den Verlagen nicht nachfragen, weder ob das eingesandte Manuskript angekommen sei noch ob Interesse an ihm bestünde. Man solle der deutschen Post vertrauen und sich in Geduld üben. Würde der Verlag sich beim Einsender einer Leseprobe von sich aus in den nächsten sechs Monaten nicht melden, könne getrost davon ausgegangen werden, dass kein Interesse bestünde.

Gleich nach Ostern hatte Wilma die zurechtgelegten Verlagsumschläge zur Post getragen. April plus sechs ergäbe Oktober. In ein paar Tagen wäre es Juni. Und Oktober minus Juni ergäben mindestens vier. Vier Monate für einen Plan B, mit dem ich aus dem Stand heraus begann.

Ich brauchte Meinungen, Viel-Leser, die mir ohne Rücksicht auf meine Gefühle und ihre unbewiesene Kompetenz sagen könnten, wie sie sich beim Lesen meiner geschriebenen Reise-Geschichte fühlen würden. Wäre da Freude oder Langeweile? Würden meine Worte sie mühelos durchs Buch ziehen? Wäre die Geschichte für sie unterhaltsam oder uninteressant? Wäre ihnen mein Schreibstil angenehm, anstrengend oder sonst was? Ich brauchte Menschen, die sich Zeit nehmen mochten, mein Geschriebenes aufmerksam zu lesen. Die bereit waren, alles, was ihnen auffiel, anzumerken. Positives wie Negatives. Positives beflügelt und macht Mut. Negatives bringt weiter, nachdem der Angriff verdaut und verstanden war. Ich suchte nach Lesern, die mich kannten, und nach solchen, denen ich fremd war. Nach Männern und Frauen unterschiedlichen Alters. Nach Krimi-, Sachbuch- und Romanlesern, ebenso wie nach Liebhabern schöner, anspruchsvoller Literatur. Um herauszufinden, was ich da geschrieben hatte und ob mein Geschriebenes zur Veröffentlichung taugte, brauchte es Beurteilungen und Einschätzungen von außerhalb. Keine Lobhudeleien und kein Desinteresse.

Im Laufe eines Monats hatten sich ausreichend Männer und Frauen bereit erklärt, sich mit meinen Worten auseinandersetzen zu wollen. Unter ihnen lesestarke Stammkunden oder deren Freunde, die mich und meinen Laden nie gesehen hatten. Ostfriesland-Urlauber, mit denen ich in meinem kleinen Bücher-Café über mein Schreiben ins Plaudern gekommen war, genau wie Kreta-Bekanntschaften, die mich zwar als Kreta-Reisende erlebt hatten, mich aber aus meinem realen ostfriesischen Laden- und Alltagsleben nicht kannten.

Die Rückmeldungen kamen in unterschiedlicher Form. Als Gesamteindruck nach Beendigung der Lektüre, als Zwischenberichte mit kleinen oder ausführlicheren Anmerkungen, mit mehr oder weniger Lob. Zwei von meinen zwanzig Probelesern wussten so gar nichts mit meiner Sprache, mit meiner Geschichte anzufangen. Achtzehn fühlten sich angenehm unterhalten. Acht von ihnen waren mir ausgesprochen hilfreich. Sie gingen auf einzelne, oft sehr unterschiedliche Passagen des Buches ein. Hatten Spaß am Bemerken und Beurteilen gefunden und es entsprechend intensiv betrieben.

Eine meiner „Lektorinnen" ist mir besonders im Gedächtnis geblieben. Silke, bis zu diesem Zeitpunkt eine Kundin unter vielen. Wir mochten uns, kannten uns ausschließlich aus meinem Laden und wussten privat wenig voneinander. Zur Zeit meiner Probeleser-Suche kam sie regelmäßig auf eine Stundenpause in mein kleines Bücher-Café. Ihre Kinder erlernten in der Nachbarschaft das Schwimmen, und sie wusste diese Zeit angenehm für sich zu nutzen. Zu Hause las sie mein Werk zuerst am

Stück. Ihr Urteil: Absolut lesenswert, mit kleinen Schwachstellen. Beim zweiten Durchgang pflückte sie es geradezu auseinander. Sie machte Anmerkungen zu allem. Zu besonders guten Passagen, zu bemerkenswerten Worten, zu unlogischen Bezügen, zu jedem Zuviel und jedem Zuwenig. Mich beeindruckte ihre Genauigkeit, dieses intensive Hinschauen und Nachfragen. Sie machte keine Textverbesserungsvorschläge. Meinte, dass dies Aufgabe der Autorin sei. Fragen wie: „Wo kommt diese Person plötzlich her?" „Wieso dies und warum das und was sind eigentlich Tamarisken?" Bei den Tamarisken fragte ich: „Wieso - was sind Tamarisken? Tamarisken sind Tamarisken!" Für mich waren diese Bäume über die Jahre so selbstverständlich geworden wie Tannen, Birken oder auch Eichen, dass ich nie darauf gekommen wäre, sie erklären zu müssen. Nach kurzem Hin und Her war ich jedoch mit ihr einig, dass ich es dennoch tun sollte.

Wir genossen unsere wöchentliche Kaffee-Stunde, erfreuten uns am Gedankenspiel über Inhalte, Worte und Satzstellungen, gaben dem Buch mehr Struktur und Klarheit und lernten uns nebenher immer mehr und besser kennen.

3.

Der Titel meines „Warrum nicht!" könnte auf den ersten Blick als falsch geschrieben oder als Frage mit falschem Satzzeichen verstanden werden. Weit gefehlt, das doppelte R ist ebenso beabsichtigt wie das am Ende stehende Ausrufezeichen. Ein Vielleicht oder ein Nein als Antwort auf diese Fragewortkombination stand in meiner Geschichte an keiner Stelle zur Debatte. Es meint, was es sagt, ja und warum nicht und her mit dem Leben, als Ausdruck positiver Erfüllung einer gestellten oder gedachten Frage. Als Micháli mir sein „Warrum nicht!" in die Augen lächelte, wusste ich, dass dies der Titel meines ersten Buches sein würde. Nach Fertigstellung des Manuskriptes war mir die Passgenauigkeit dieses Titels nicht bewusst, doch nachdem ich die Mail meiner Probeleserin Edith studiert hatte, fiel es mir wie Schatten von den Augen. Ohne es bemerkt zu haben, hatte ich immer wieder von mich einschränken wollenden Gedanken erzählt, die ich durch ein gedachtes „Warrum nicht!" schnell wieder verwarf, um dann das zu tun, wonach mir der Sinn stand.

Beim Titel des zweiten Teils war das anders. Für mich war klar, dass sich meine Liebe zu Kreta, meine neue Lust am Schreiben und die seit meiner Kindheit durchgängige Freude an meinem Ladenleben unter den Begriff „Leidenschaften!" gut zusammenfassen ließen. Dabei nahm ich gerne in Kauf, dass meine Leser nach der Lektüre des „Warrum nicht!" an erster Stelle an Liebe und an Micháli denken mochten, was ich auch für mich dazu auf keinen Fall ausschließen wollte. Wohlwollende, lebendige und tiefsinnige Begegnungen mit anderen Menschen, Männern wie Frauen, gehören ebenso zu meinen Leidenschaften dazu und tragen mit Sicherheit einen erheblichen Teil zu meinem meist so wunderbaren Lebensgefühl bei.

Beim ersten Teil kam mir das Titelbild vor Augen, als es mehr als dringend erforderlich war. Alles war geschrieben, alles zur Veröffentlichung bereit, bis auf das Cover. Ich hätte schon gerne ein Bild der Kreta-Reisenden Katz auf dem Titel gesehen, doch war keine meiner Aufnahmen so, dass ich dazu hätte ja sagen können. Ich hatte weder ein passendes Fotogesicht parat noch eine Vorstellung von dem, wie die Katz auf dem Foto hätte ausschauen sollen, bis der Zufall mir eine Foto-CD ins Haus wehte. Ich erhielt Post von Horst, von Eric dem Roten, seines

Zeichens Wikinger-Häuptling, der mir im zweiten Band ein so wunderbarer Begleiter gewesen war. Jetzt, genau zum passenden Zeitpunkt, sandte er mir seine Kreta-Impressionen. Unter ihnen eine kleine Reihe gelungener Katzen-Fotos. Auf einem davon spiegelte sich in meinem Gesicht genau das wider, was ich unterbewusst als Quintessenz für mein „Warrum nicht!" hatte ausdrücken wollen. Ich saß da, lässig und entspannt, ganz in meiner Mitte und lächelte so etwas wie: „Alles gut, und ja, und ich nehme es, das Leben, das ganze."

Beim zweiten Teil war das anders. Das Foto fürs Cover war einfach da. Es war eine der letzten Aufnahmen der Frühjahrs-Reise 2012. Es zeigt mich zur Abreise bereit am Flughafen von Heráklion, auf einem Gepäckwagen in der Sonne sitzend, alles ausstrahlend, was diese Reisende, diese Kreta-Verliebte ausmachte. Ich entdeckte das Foto, als meine „Leidenschaften!" noch nicht einmal bis zur Hälfte fertig geschrieben waren.

Das erste Cover kurz vor Toresschluss, das zweite bei noch nicht halbfertig geschriebenem Manuskript, das dritte zu einem Zeitpunkt, als für diesen Band noch kein einziges Wort geschrieben stand. Ich schaute auf das Bild und dachte: „Verwachsen! - Verwachsen! Oder: Da, wo ich zu Hause bin." Das Foto zeigt mich in der Gabelung eines Baumes sitzend, mit angewinkelten Beinen und gekreuzten Armen. Geerdet, wie selbstverständlich, geradezu verwachsen mit diesem Baum auf diesem Eiland, strahlend mit blitzenden Augen und einem vielleicht etwas zu breiten Lachen.

Hier an meinem allerliebsten Platz Kretas, oberhalb Loutrós, vor dem Gemäuer der alten Burgruine, weht ein besonderer Wind. Immer wieder hatte ich das Gefühl wohliger, vertrau-

ter Schwingungen, sobald ich das Bergplateau erreichte. „Ich grüßte jene, die da wohnten...", schrieb ich im ersten meiner Bücher, und ich wiederholte es alle Male, sobald ich diese Ebene neu betrat. Gute Geister oder einzig das erleichterte Gefühl eines beendeten, stetig ansteigenden Weges? Ich weiß es nicht, weiß nur, dass ich diese Schwingungen jedes Mal empfand, ob ich nun den anstrengenden Weg im Rücken der Gebäude Loutrós hinaufgestiegen war, den entspannten Weg um die Landzunge herum oder den mittelprächtig anstrengenden Pfad nach Loutró zurück, wenn ich aus Livanianá oder von Lýkos kam.

„Kretas Geheimnis ist tief. Wer seinen Fuß auf diese Insel setzt, spürt eine seltsame Kraft in die Adern dringen und die Seele sich weiten", hatte Níkos Kazantzákis einst gesagt. Mir ergeht es mit dem kretischen Zauber ebenso. Für mich ist er auf der gesamten Insel spürbar, mal mehr, mal weniger.

Im Bereich der Burgruine, auf dem flachen Plateau des Berges oberhalb Loutrós, fühlte ich mich von Anfang an mit allem sehr vertraut. Gut aufgehoben, heimisch, so, als ob hier mein angestammter Platz wäre. In meiner Fantasie nehme ich diesen Ort als Geburtsstätte meines Seins an oder zumindest als Heimat einer meiner früheren Lebenszeiten. Der Wunsch, immer und immer wieder hierher zurückzukehren und den Platz eines Tages zu meinem letzten Aufenthaltsort zu bestimmen, ist mir ein ausgesprochen angenehmer.

Auf diesem Foto sah ich meine innige Verbindung zu Kreta so passgenau, dass ich es ohne Wenn und Aber als Titelbild für den dritten Teil meiner Kreta-Erzählungen wählte. Da, wo ich zu Hause bin, verwachsen auf und mit Kreta.

4.

Täuschungen, Richtungswechsel und sich ändernde Gedanken und Sichtweisen gehören zum Leben. Zu diesem Zeitpunkt war ich davon überzeugt, dass dieses Foto den dritten Band meiner Kreta-Erzählungen als Titelbild zieren würde und dass ich mit „Verwachsen! Oder: Da, wo ich zu Hause bin.“ ausschließlich Kreta meinte. Was anderes hätte mir bei meinem damaligen Denken und Fühlen auch nicht in den Sinn kommen können. Kreta war das einzige Fleckchen Erde, mit dem ich dieses Gefühl zu diesem Zeitpunkt in Zusammenhang brachte. Bald wusste ich, dass das Titelbild ein anderes werden würde und dass das mit dem Verwachsen und Kreta so nicht stimmte, zumindest nicht so ausschließlich. Je mehr ich über das Wort „Verwachsen“ nachdachte, umso mehr brachte ich damit in Verbindung. Zuerst war da wirklich nur der Gedanke an Kreta, zu dem mir als Ort oder Landstrich bisher auch kein weiteres Erdenteil eingefallen ist. Würde ich behaupten, dass mein Heimatgefühl zu Ostfriesland dem zu Kreta nahe käme, wäre das nicht wahr. Norddeutsches Kind - ja. Heimatlich hier verbunden - eher nicht. Doch warum fühle ich mich in meinem ostfriesischen Familienhaus, in meinem Laden, auf meiner kleinen Bank in meinem schönen Bücher-Café dennoch so ausgesprochen wunderbar? Es ist anders als auf Kreta, doch nicht von minderer Qualität.

Sich verbunden oder verwachsen zu fühlen oder etwas als Heimat zu empfinden, hat für mich etwas mit dem Wort „richtig“ zu tun. Sich richtig fühlen, mit einem Menschen, an einem Platz, einem Ort, auf einer Insel, in einem Land. Es kann auch eine Zeitspanne sein, ein Moment, in dem wir uns geborgen fühlten, eine Erinnerung, eine Berührung, ein Geruch, ein Geschmack, ein was auch immer.

Verwachsen durch Familie, Mama, Papa, Geschwister, Partner, Freunde. Wir können mit jedem und allem verwachsen sein, uns verbunden fühlen, doch sollten wir es auch immer mit uns selbst sein.

„Seid euch selbst eine Insel der Zuflucht."

Diese in eine kleine quadratische Glasplatte kreisrund eingravierte Aussage Buddhas lag eine Zeit vorne im Eingangsbereich meines Ladens auf einem Buch dekoriert. Das Titelbild zeigt einen Mann, einen Angler, mit uns zugewandtem Rücken, bis zu den Knien im Wasser stehend. Schäumende Wellen umspielen seine hohen Stiefel. Der Himmel, das Meer, der Strand, alles in Weiß-, Grau- und Blautönen. Der Buchtitel: „Bin am Meer. Eine Erzählung für Männer." Der Mann auf dem Titelbild passt gut in die kreisrunde Mitte des Buddha-Zitates, und es fühlt sich, ohne auch nur ein Wort über den Inhalt dieses Buches zu wissen, für mich so an, als ob es mit der eingravierten Aussage Buddhas gut zusammenpasse. Eins mit sich, als Insel der Zuflucht.

Warum fühle ich mich in meinem Familienhaus so geborgen, so zu Hause, so richtig, obwohl ich zu dem Drumherum kaum Heimatgefühle entwickelt habe? Ich weiß es nicht, dennoch wage ich den Versuch einer Erklärung:

Es ist mein Geburtshaus, in dem ich Vater- und Mutterliebe erfahren habe. Ich verbrachte meine Kindheit und meine Jugend dort, ohne eine Erinnerung an negative Gefühle und Gedanken. Zum Flüggewerden verließ ich das elterliche Nest für fünf Jahre und kehrte als junge Frau dorthin zurück, mit fast gleichzeitiger Gründung einer eigenen Familie. Das Leben in diesem Haus war, bis auf meine Trauerjahre nach

Auflösung meiner Familie, ohne jede Beschwerlichkeit. Wenn ich, was das betrifft, in mich hineinhorche, wird dies ein Teil meines jetzigen Wohlgefühls in diesem Gemäuer sein.

„Tu, was du liebst, liebe, was du tust!"
„Do what you love, love what you do!"

Seit einiger Zeit hängt ein Banner, zwei Meter hoch und sechzig Zentimeter breit, mit diesem Satz am Ende des Treppenaufganges zu meinem Salon. Schwarze und rote Buchstaben auf warm-weißem Grund. Dieser Satz hängt dort nicht nur so. Er hängt dort, weil ich tue, was ich liebe, und weil ich ihn dort aufgehängt habe, angebracht mit vier viel zu dicken Nägeln. „Ich tue, was ich liebe!" Man beachte das Weglassen des zweiten Satzteiles. Natürlich liebe ich auch, was ich tue, nur musste ich das Lieben meines Tuns nicht erst erlernen. Seit meinem vierten Lebensjahr ist es da, einfach so, ohne mein Zutun, und ich liebte es ohne jede Mühe von Beginn an.

Als unser Vater unsere Mutter Ende der 1950er Jahre zu einem Laden überreden wollte und er sie mehr oder weniger fast soweit hatte, dass sie sich geradezu gerne dazu überreden ließ, stand es kurz vor der Eröffnung meines persönlichen Paradieses. Natürlich wusste das keiner. Weder meine Mutter, meine Geschwister, die ganze Welt um uns herum, noch unser Vater und ich. Was hätte ich als vierjähriges Mädchen auch davon wissen sollen? Ich wusste nur, dass ich gerne mit meiner Puppe spielte, dass ich mir eigentlich eine zweite dazu wünschte und dass ich aus lauter Angst davor, meinem „Pummelchen" nicht mehr gerecht werden zu können, vorsichtshalber darauf verzichtete. Meine Mutter stand alsbald in ihrem kleinen Geschäft, in dem es Zeitschriften, Zigaretten, Andenken, Ansichtskarten, Schlickerkram, Schreibwaren

Spielwaren
Schreibwaren

und im darauf folgenden Jahr auch Spielwaren zu kaufen gab. Papa radelte ins nahegelegene Kraftwerk zur Tages- oder Nachtschicht, meine große Schwester ging schon zur Schule, und ich verweilte täglich mit größter Lust im Laden an Mutters Rockzipfel. Das kleine Brüderchen, der heiß ersehnte Stammhalter, verweilte noch einige Zeit im großen Seelenteich. Ersehnt, gewollt, erahnt, doch über mehr als fünf Jahre immer wieder von den Klapperstörchen unseres Zuständigkeitsbereiches übersehen.

Meine kleine Krämer-Seele war glücklich. Mutters Laden - mein Traum! Ich durfte alles - aufräumen, sortieren, dekorieren, spielen, auspacken, einpacken, Staub wischen, auf den Kassenknopf drücken und mit offenem Mund neben der Mutter stehend, den Kundengesprächen lauschen. Ob das alle Zeit für meine Kinderohren so geeignet war, sei dahingestellt. Ich kann mich an nichts Ungehöriges erinnern.

Als mich meine fünfjährige Tochter 27 Jahre später fragte, wann meine Freundin Hildegard denn mal wieder zu Besuch käme, und ihre Antwort auf meine daraufhin gestellte Warum-Frage lautete, dass sie immer so schön von ihrem Mann erzähle, der nachts nicht nach Hause käme und so, weil er bei einer anderen Frau übernachte, wusste ich, dass ihre kleinen Kinderohren weitaus aufmerksamer lauschten, als gedacht.

Wenn ich's recht bedenke, müsste dieses so selbstverständliche Vorhandensein meiner für mich bestimmten Tätigkeit in meinem Elternhaus der wichtigste Schlüssel für mein andauerndes Wohlgefühl hier in meinem jetzigen Wohn- und Ladenhaus sein. Ich liebe zu tun, was ich zu tun habe. Ich genieße die zwischenmenschlichen Begegnungen, den Wechsel zwischen einsam und gemeinsam, das Auswählen und

Bestellen neuer Dinge, das Dekorieren und immer wieder neue Zurechtrücken von allem. Dazu bleibt genügend Zeit, einfach nur dazusitzen, vor mich hinzuschauen, zu träumen, zu denken und für den Blick aus dem Fenster, der mich vor dem Eintreten meiner Kunden schon wissen lässt, wem ich da gleich „Hallo“ sagen werde. Ich nutze Alleinzeiten zur Überarbeitung geschriebener Texte oder lass neue Gedankengebilde zur Fortsetzung meiner Erzählung in die Tastatur gleiten.

Ob das wohl schön ist?!

5.

Das Verhältnis zu meinen Eltern scheint mir aufgeräumt. Ich bin gut mit ihnen. Ich spüre keinen Schaden, keine Vernachlässigung, keinen Mangel. Ich fühle mich geliebt, angenommen und gut begleitet, so, als ob ich von allem genug bekommen habe. Den dennoch vorhandenen ewigen Hunger nach Liebe konnte ich durch die mir empfohlene Selbstfürsorge für mein kleines Lilli-Elisabeth-Kinder-Ich in mir gut anfüllen, vielleicht sogar auflösen. „Ja Lilli, genau so geht es mir auch!“, hatte ich im einundfünfzigsten Kapitel meiner „Leidenschaften!“ zu meinem symbolischen Kinder-ich-Schäfchen gesagt, nachdem es mir sein Wohlgefühl mitgeteilt hatte.

Seit einigen Jahren verbinde ich Gedanken an Nähe, Geborgenheit, zu Hause und Verwachsensein sehr mit mir. Ich genieße meine mir eigene Nähe, fühle mich mit mir in meinem Zuhause geborgen, ja, verwachsen und erinnere mich dazu gerne an Dinge und Begebenheiten, die Wohlgefühl in mir auslösen.

Als ich vor ein paar Seiten die Tag- und Nachtschichten meines Vaters erwähnte, spürte ich mein besonderes Gefallen an seinen Schlosseranzügen. Sie waren in einem kräftigen Blauton, mal leicht verwaschen, vorne geknöpft, mit langen Armen und langen Beinen. Ich erinnere am Rücken einen Gummizug für den besseren Sitz, Vorder- und Seitentaschen fürs Handwerkszeug und meine Liebe zu diesem Mann, meinem Vater, wenn er so gekleidet von seinem Kraftwerksdienst nach Hause kam. Jahre später fiel mir auf, dass mein Ehemann eine besonders wunderbar vertraute Anziehung auf mich ausübte, wenn er ähnlich gekleidet in unserem Familienhaus herumwerkelte. Männer in Handwerkerhosen oder Schlosseranzügen haben meine Sympathie und ziehen meinen Blick.

Sonntagmorgenarbeiten - gepflichtet und geliebt zugleich. Das Frühstück endete meist gegen zehn. Ich habe das Spiel noch klar vor Augen. Der Vater liest die Zeitung. Die Mutter geht für zwei Stunden in den Laden. Wir Schwestern räumen den Frühstückstisch ab, während der kleine Bruder noch auf dem Schoße des Vaters sitzen und klug mit in sein Sonntagsblatt schauen darf. Ist das Abräumen erledigt, geht der Vater die Hühner füttern, der kleine Bruder mit seinem Staubtuch die Stufen der Mahagoni-Treppe abwischen, ich die Teppich-Fransen kämmen und unsere große Schwester, nach vorher gegossener Blumenpracht, die dunklen Granit-Fensterbänke abwischen. Nachdem ich das Ausrichten der Fransen optimiert und das Kämmen in ein flinkes Hin- und Herklappen der gesamten Teppichkanten verwandelt hatte, durfte ich zum Zeitfüllen die großen Blätter unseres Gummibaumes entstauben. Liebevoll, Blatt für Blatt, in eine Richtung wischend. Es war insgesamt immer mehr schön als anders, es war Ritual und in meinem Erinnern - Heimat.

Manchmal blieben wir Kinder noch künstlich am Frühstückstisch sitzen und warteten auf den Moment, in dem die Eltern außer Sicht waren. Dann erledigten wir ratzfatz unsere Aufgaben, um schnell wieder so dazusitzen wie zuvor. Überaschung - die Heinzelmännchen waren da gewesen - ein gern wiederholtes Spiel.

Ich könnte noch von Rouladen, Rotkohl und Salzkartoffeln erzählen, von Schwarzbrot mit Butter und Zucker, von Grießpudding über gefrorenen Erdbeeren, von Stipp in de Pann mit Pellkartoffeln, von Milchreis mit Rosinen, Butter, Zimt und Zucker, von Mehlpüüt mit klitschigem Boden, der im Geschirrtuch am Topfdeckel hängend im Wasserdampf gegart wurde und zu dem es angedickte Birnen und Vanillesoße gab, von Makkaroni mit Backobst und von den Bratkartoffeln, die zum Abendbrot in einer blau-schwarzen Eisenpfanne mitten auf den Tisch kamen, von uns allen direkt mit der Gabel aus der Pfanne gepickt. Auch das sind Erinnerungen, die Geborgenheit auslösen, genau wie die meist etwas steif wirkenden, selbstgeschneiderten Kleider unserer Kindertage. Mich machte das Tragen der gleichen Schwesternmodelle stolz, meiner großen Schwester ward es mehr und mehr peinlich. Sie dreizehn, ich zehn, welchem Teenager wollte das schon gefallen?

Durch all das in meiner Kindheit und Jugend in diesem Haus Erfahrene, kann ich es nur lieben. Die Erinnerungen sind ausnahmslos positiv. Das vorhandene Potential dieses Hauses, für meinen Ideenreichtum endlos inspirierend, dass ich all mein dazu Erdachtes und Ersonnenes innerhalb meiner diesmaligen Lebenszeit kaum werde umsetzen können. Somit werde ich, so Gott will, wohl ein weiteres Mal hier hineingeboren werden müssen oder in Bälde plötzlich und unerwartet mit entsprechenden Finanzen ausgestattet sein oder auf Menschen treffen, die genau das möchten, was mir hier schon seit Jahren immer wieder vorschwebt. Sollte der Plan ein anderer sein, werde ich kaum rebellieren und mein Erdachtes auf ein machbares Maß reduzieren.

Es ist nicht das fertig vollbrachte Erdachte, was den Reiz dieses Hauses für mich ausmacht. Es ist der endlose Raum für meine Ideen. Die Möglichkeit, immer wieder Neues zu ersinnen, umzusetzen oder auch zu verwerfen. Das Unfertige dieses Hauses inspiriert mich alle Tage neu, lässt das Feuer meiner Fantasie lodern und wärmt mich zu jeder Jahreszeit.

All das, die guten Gefühle zu meinen Ahnen, die Liebe für mein Tun und der immens große Raum für meine Popcorn-Gedanken, könnte die Erklärung für meine Verbundenheit, mein Verwachsensein, mein Wohlgefühl in und zu diesem Haus sein.

6.

In unserem Leben gibt es immer Menschen, die uns etwas Besonderes sind und es auch bleiben, selbst wenn der Kontakt nicht fortbesteht oder wir sie gänzlich aus den Augen verloren haben. Durch unser gemeinsam Erlebtes und die Erinnerung daran bleiben sie ein Teil unserer Geschichte, ein Teil von uns. Wir fühlen uns verbunden, gar verwachsen, ob es dabei nun auf Gegenseitigkeit beruht oder auch nicht.

Frage mich gerade, ob Kreta sich mit mir ebenso verbunden fühlt wie ich mich mit ihr? Oder ob dieser ostfriesische Steinhaufen, den ich mein Familienhaus nenne, mich auch nur in einem seiner Ziegel gespeichert hat und weiß, dass es mich gibt? Alles lebt, alles denkt, alles nur Materie?

Realistischer ist die Frage nach gegenseitiger Verbundenheit von Mensch zu Mensch. Ob sich meine Menschen gleichermaßen mit mir verbunden fühlen? Ob meine Bedeutung für sie größer, kleiner oder gar nicht mehr vorhanden ist? Was dem einen ein besonderer Moment, eine besondere Zeit, kann dem anderen ohne Erinnerung sein.

Die ersten in meiner Erinnerung verhafteten Menschen außerhalb meiner Familie sind Maike, Maren, Heinz, Helmut und Wilfried. Wir teilten unterschiedlich intensive Erlebnisse, die alle mit Zuneigung und Nähe einhergingen und mit Erste-Male.

Maike war meine erste Freundin. Sie war vier, ich drei. Wir waren eng miteinander und erlebten unser erstes kindliches Desaster, als sie eingeschult werden sollte und ich nicht. Sie wollte nicht zur Schule, nicht ohne ihre Lilli, und ich wollte mit!

Maren war meine zweite dicke Kinderfreundin. Ihre Schwester Gundela ging nun mit meiner Maike in die erste Klasse. Maren und ich gewöhnten uns, während wir weiter in der Sandkiste buddelten, im Garten tollten, auf der Picknickdecke Kekse aßen und mit meinem Hund Strolchi Kunststücke einübten. Im nächsten Jahr kamen auch wir zur Schule und blieben bis zum Beginn der vierten Klasse unzertrennlich. Dann wurde Christa ihre neue beste Freundin und ich passé.

Heinz war der erste Junge, dem ich sehnsuchtsvolle Blicke schenkte. Er war der Schwarm vieler Mädchen, hatte alle naselang eine andere und irgendwann auch mich. Wir waren gerade zehn, gingen miteinander, Hand in Hand, Arm in Arm, für ein paar Tage der Glückseligkeit.

Mit Helmut tauschte ich den ersten richtigen Kuss, als Piratin auf einem Faschingsfest im Keller unserer Schule. Wir waren zwölf oder dreizehn. Ich erinnere, dass es schön war, selbstverständlich und jung, ohne jedes Gefühl von Erwachsensein.

Wilfried brachte mich nach der Schulabschlussfeier nach Hause. Wir küssten wunderbar miteinander - das erste Mal im überdachten Hauseingang meines Elternhauses. Wir saßen Händchen haltend, ohne jede Knutscherei in der letzten Reihe unseres kleinen Kinos, diskutierten über Gott und die Welt und wie wir sein wollten oder eben auch nicht, und wir machten es uns damit nicht leicht.

Ob Wilfried, Heinz, Helmut, Maike oder Maren mit meinen erinnerten Geschichten nun zu den mehr oder weniger kräftigen Verwurzelungen meines gesamten Verwachsen-Seins beigetragen haben, vermag ich nicht zu sagen. Ich weiß nur, dass sie dazu gehören, zu meinem Lebensschatz, und dass ich keine sechzehn war, als Wilfried und ich versuchten, unsere Zuneigung füreinander zu verstehen und einzuordnen.

7.

Dann und wann hörte ich von Micháli. Wortreiche SMS, aus denen ich mir ob der übermittelten Hieroglyphen den Inhalt wie üblich zurechtpuzzeln konnte, mal ein kurzes „miss you" oder „love you" und manchmal auch „call me", eine seiner Lieblings-Wort-Kombinationen aus dem Programm seiner persönlichen griechischen Ökonomía. Bei dieser eindeutigen Aufforderung zum Rückruf vermutete ich ihn alleine. Wenn's passte, setzte ich eine Billigvorwahl vor seine Nummer und rief ihn zurück. So erfuhr ich, wo er saß, was er machte und mit wem er gerade sein Abendessen eingenommen hatte. Manchmal saß er im Xenia, häufiger an seinem Stammplatz vor dem Aufgang der Léfka-Óri-Zimmer oder unter der grellweißen Neonbeleuchtung seines „Wohnzimmers" im Innern der familieneigenen Taxibootzentrale. Ich sah ihn vor meinen Augen an diesem Schreibtisch zwischen Kühltruhe mit Werbeaufdruck und der zusammengeklappten Schlafliege auf seinem Drehstuhl sitzen. Rauchend, eine Flasche Amstel neben sich, mit zur Straße gerichtetem Blick.

Die Tage vergingen. Die Wochen auch. Zwei weitere Verlage hatten ihr Desinteresse bekundet. Einige meiner Probeleser mir ihren Gesamteindruck oder ihre Anmerkungen zukommen lassen und Silke und ich weitere unserer wöchentlichen Lektorinnen-Kaffee-Stunden abgehalten. In den Zwischenzeiten suchte ich, alle Anmerkungen zu beachten, zu betrachten, zu bedenken und zu verbessern. Das Buch sollte ein gutes werden. Das Meisterstück meines autodidaktischen Schreibstudiums. Es ging dabei nicht um schnell. Es ging dabei um gut, besser, am besten. Nie dachte ich: „Nee, nicht schon wieder dieses Kapitel oder dieser Absatz." Ich dachte eher: „Solange da noch etwas anzumerken ist, wird es besser gehen."

Es wurde August. Ich kaufte die Tickets für meine Herbstflüge. Wilma und ich waren in allem gut auf dem Stand. Sie war aus ihrem Urlaub zurück. Wir erwarteten noch ein paar Lieferungen vor meiner erneuten Reise. Hatten mit einigen Firmen Valuta vereinbart, also baldige Lieferung mit nach hinten verschobenem Zahlungstermin, und einige Bestellungen bewusst auf den Oktober terminiert. Wer brauchte schon Herrnhuter Sterne vor dem 15. Oktober?

Ist es nicht immer wieder erstaunlich, wie komprimiert und gut wir alles erledigen und schaffen können, wenn uns weniger Zeit zur Verfügung steht?

Zehn statt zwölf Monate Ladenzeit für mich, bei gleichem Arbeitsaufkommen und dennoch eher fertig. Ich fand unser Handling und Timing famos, war dankbar über das ehrliche Interesse und die Mühe meiner Probeleser, beglückt und stolz auf das stetige Verfeinern meiner Texte und fand meine Vorbereitung für eine eventuell völlig ausbleibende Verlagszusage äußerst professionell.

Das Manuskript musste so oder so bestmöglichst vorbereitet sein. Ich wusste, welche Außenmaße mein Buch haben sollte, welche Papiersorte und welche Papierstärke. Wusste um die Schriftgröße und den Textumfang und die sich daraus ergebende Seitenzahl, und ich hatte eine klare Vorstellung davon, wie der Umschlag sein und wie er sich anfühlen sollte. Dazu hatte ich bei zwei der größten deutschen Buchdruckereien um Angebote gestaffelter Stückzahlen gebeten. Die Pro-Stück-Preise für fünfhundert, ein-, zwei-, drei- und fünftausend Exemplare lagen mir inzwischen vor. Dazu der einmalig zu zahlende Betrag für Satzkosten. Ich wusste, dass die E-Book-Vermarktung über Amazon die für mich finanziell interessanteste sein würde, hatte die Preise für Werbepostkarten erfragt, wusste, wo und wie die ISBN für ein Buch zu beantragen und was dafür zu zahlen sei und kannte darüber hinaus für alles die Lieferzeiten.

Ende Oktober würde definitiv mit keiner Verlagszusage mehr zu rechnen sein. Von Mitte September bis Mitte Oktober wäre ich auf Kreta, vielleicht mit dem Erleben einer neuen, gut zu erzählenden Reisegeschichte.

In den bis zum Abflug verbleibenden vier Wochen wollte ich die Korrekturen zu meinem „Warrum nicht!" abgeschlossen haben, um nach meiner Rückkehr ohne jede vermeidbare Verzögerung in null Komma nichts meinen Plan B für die Fertigstellung meines Schreibwerkes durchführen und abschließen zu können.

Nebenher begann ich an den Wochenenden und immer wenn mir etwas dazu in den Sinn kam, meine Reisesachen vorzubereiten und zurechtzulegen. Sexy-Hexi-Wanderschuhe zum Schuster. Löcheriges geflickt und ausgebessert. Neue Socken gekauft. Kleinpackungen von Shampoo, Cremes und Zahnpasta ebenso. Ich bereitete meine helle Haut auf die kretische Sonne vor, ließ Wimpern und Augenbrauen dunkel färben, Haare kürzen und Fußnägel rot lackieren. Ich leerte meine Fotospeicherkarten, kaufte mir einen Ersatz-Akku für den Fotoapparat, zwei neue Haarspangen und Blasenpflaster.

Ich liebe es, wenn schon Tage vor der Abreise alles für meine Reise bereitliegt. Stress, Hektik, Panik, mich sputen müssen, auf die letzte Minute sein - alles nichts für mich! Ich vergleiche vorgegebene Zeiten gerne mit dem Maß eines Zollstockes. Ein Zollstock hat gewöhnlich zweihundert Zentimeter, die in diesem Beispiel der mir zur Verfügung stehenden Zeitspanne entsprechen sollen. Für das Zusammenstellen meiner Reiseutensilien benötige ich angenommene einhundertfünfzig Zentimeter. Nun habe ich die Wahl zwischen entspannt, wäre gut zu schaffen, gerade noch so oder knapp bis gar nicht. Manch einer wählt das Mittelmaß und beginnt bei fünfundzwanzig Zentimetern, ein anderer kurz vor knapp bei neunundvierzig und ich zwischen dem ersten und dem zehnten Zentimeter.

Óchi Stress mit viel Raum für Unvorhersehbares.

Meine langjährige Freundin Anne würde mich zum Zug nach Oldenburg fahren, mein Dieter mich in Hannover vom selbigen abholen. Wir würden schön Essen gehen, danach in seiner Wohnung übernachten, vor dem Schlafengehen beide unsere Handywecker stellen, für den nächsten Morgen ein frühes Taxi vorbestellen und es schön miteinander haben. Nein, er würde mich nicht ein zweites Mal vergessen, hoch und heilig versprochen und geglaubt.

Organisation ist eben alles - Orgánosi eínai to pan.

8.

Orgánosi ist weder als allgemeingültiges Talent für Kreter zu nennen noch als das meines Dieters, und dennoch hatte bis zur Landung in Heráklion alles wunderbar geklappt. Dieter war nachts mit mir aufgestanden, hatte mir einen exzellenten Milchkaffee bereitet, nach meinem Frühstücksbedürfnis gefragt und mich, als das Taxi fünfzehn Minuten nach der vereinbarten Zeit immer noch nicht vor der Tür stand, selbst zum Flughafen gefahren. „Ich bin eh hellwach", hatte er gesagt, und dass er so direkt vom Flughafen aus zur Werkstatt fahren könne. „Wer zeitig anfängt, ist eher fertig", grinste er, während er die Träger seines Blaumannes über das karierte Flanellhemd zog. Er stieg in seine Arbeitsschuhe, steckte Zollstock und Schraubendreher in eine der Hosenbeintaschen, Tabak, Feuerzeug und Spickzettel in die mittig angebrachte Latztasche und den Autoschlüssel seines Firmenbullis in die rechte Hosentasche. Als ich auf seine Fertig-Frage mit „Ja!" geantwortet hatte, schulterte er meinen Rucksack und schritt vor mir die Stufen im Treppenhaus hinunter.

Dieter im Blaumann,
da darf man davon ausgehen,
dass mir der Anblick wohl gefiel.

Acht Uhr am Morgen ist eine wunderbare Zeit für die Ankunft an einem erwählten Reiseziel. Der ganze Tag liegt vor uns. Wir können nach Lust und Laune trödeln oder auch nicht und den Tag ohne Hektik frei gestalten.

Ich schlenderte wie immer langsam vom Flughafengebäude zum Busplatz an der Straße. Richtete, nachdem ich mein Busticket gekauft hatte, noch einmal bewusst meinen Blick auf das

Namensschild an der oberen Kante des Flughafengebäudes, um ihm, meinem imaginären Ehemann Níkos Kazantzákis, zu signalisieren, dass ich zurück sei.

Die Sonne war hell und mild zugleich. Die Busse fuhren wie gehabt in relativ geringen Abständen von hier zum zentralen Busbahnhof in Heráklions Innenstadt. Dieses Mal war ich nicht die einzige Rucksackreisende, die dieses Angebot nutzte. Mit mir stieg eine Gruppe fünf junger Männer ein. Alle zwischen vierzig und fünfzig, guter Dinge, für sieben Tage dem Alltag entflohen. Sie machten das jedes Jahr in dieser Konstellation. Immer mit einem anderen Ziel und immer etwas mit Wandern. Kreta war für alle neu. Als sie mir von ihrer geplanten Reiseroute erzählten, konnte ich sie nur beglückwünschen. Von hier nach Chaniá in den Westen Kretas. Sie wollten auf die Ómalos Hochebene, in die Weißen Berge - die Lefká Óri, den Páchnes besteigen und am nächsten oder übernächsten Tag die Samariá-Schlucht durchqueren. Der Rückweg sollte sie dann für die vorletzte Nacht nach Chóra Sfakíon und für die letzte nach Chaniá oder Heráklion führen. „Nun“, sagte ich, „wenn der Zufall es will, werden wir uns dort vielleicht irgendwo auf dem Weg zwischen Ágia Rouméli, Loutró und Chóra Sfakíon wieder begegnen.“

Als ich an der Hauptstraße bei Vríses aus dem Bus stieg und sie nach Chaniá weiterfuhren, sagte ich ihnen „kaló taxídi - gute Reise“ und sie mir „Bis bald!“ „Ja“, sagte ich, „ antío gia tóra!“

Ich blickte in die Ferne und sah am Himmel, oberhalb der im Frühjahr noch von Schnee bedeckten weißen Berge, ein mächtiges Wolkenband. Es schien, als ob es sich mit seiner ganzen Schwere auf die Gipfel der Lefká Óri niedergelegt hatte, ein wenig auszuruhen. Mittige Berge sorgen leicht dafür, dass die

Wetterlagen dies- und jenseits ihrer Höhen unterschiedlich ausfallen. Wie Tag und Nacht, Sonne und Regen oder eben wie schönes und graues Wetter. Hier in Vríses war es am heutigen Mittag weder so noch so. Es war hell und wirkte dennoch durch das droben schwebende dunkle Gewölk nicht wirklich südländisch.

9.

Mir schien die Fahrt von Heráklion bis zu meinem Ausstieg an der New Road in Vríses heute, bei meiner dritten Ankunft in Folge, wesentlich kürzer. Mit dem Fußweg von hier bis zur Ortsmitte, dem Bus-Café von Vríses, erging es mir ebenso. Lag es an meiner inzwischen besseren Ortskenntnis oder an meinem geringeren Fotografierbedürfnis? Es war gerade 13 Uhr, als ich das Bus-Café erreichte. Männer saßen im Innern des Lokals und spielten Távli, eine griechische Variante des Backgammon. Schulkinder saßen auf der Bordsteinkante und warteten auf ihre Weiterbeförderung, Frauen mit ihren Einkaufstaschen an den Tischen auf dem Gehweg, mit zur Straße gerichtetem Blick. Zu dieser eher frühen Uhrzeit war ich die einzige Touristin hier. Ich bestellte mir einen wortwörtlich gesprochenen Freschpresst-Oränsch-Jus und einen Nescafé, kaufte mein Ticket für den Bus nach Chóra Sfakíon und setzte mich an den einzig freien Tisch ins Lokalinnere, an eine der geöffneten Schiebetüren. Wahrscheinlich nahmen mehr Reisende den späteren Bus um halb eins ab Heráklion oder den Vierzehn-Uhr-Bus aus Chaniá, der von Vrises aus über die Berge nach Askífou und Ímbros und dann weiter nach Chóra Sfakíon an die Süd-Westküste Kretas fuhr.

Wie schön, dass ich mich in Begleitung meines Reisetagebuches nie wirklich alleine fühle. Weder, wenn ich tatsächlich alleine bin, noch wenn ich allein unter Fremden weile. Sicher hätte es auch hier die Möglichkeit einer Plauderei gegeben, doch empfanden es wohl alle hier Anwesenden so wie es war - passend. Ich grüßte beim Hereinkommen, lächelte dem ein oder anderen zu, setzte mich an den freien Tisch und verhielt mich darüber hinaus ruhig.

Oskar Wilde sagte einst: „Schade, dass ich mein Tagebuch nicht mitnahm. Man sollte stets etwas Spannendes zu lesen dabei haben." Ich finde diesen Satz wunderbar, auch wenn ich meines mehr vermissen würde, wenn ich beim Verweilen nichts zum Hineinschreiben dabei hätte.

Als der zweite Bus aus Heráklion weitere Reisende aus- und die wartenden Frauen und Schulkinder einsteigen ließ, veränderte sich das Bild vor dem Café. Zwei Paare setzten sich an die beiden rechten Tische vor meinem, zwei Frauen sich an den linken neben der Eistruhe. Ein vielleicht vierzigjähriger Mann fragte, ob einer der Stühle an meinem Tisch noch frei sei. Ich lächelte, nickte, gebot ihm mit einem Handzeichen, sich zu setzen, und rückte meinen Orangensaft etwas näher an meine Kaffeetasse.

Wir waren beide mit dem Rucksack unterwegs, und es scheint mir immer noch so, dass Rucksackreisende leichter miteinander ins Gespräch kommen als andere. „Strandkörbe Jannen" stand auf seinem T-Shirt, darunter ein abgebildeter Strandkorb und darunter das Wort „Amrum". „Na", fragte ich, „machste Insel-Hopping?" „Nee, wieso?" Ich wies auf sein Shirt. Er guckte, er stutzte, er bemerkte, er lächelte und sagte dann mit einem etwas langgezogenen: „Jaaa, so gesehen, ja und anders gesehen auch."

Clemens kam aus Hamburg, wollte nach einer Übernachtung in Chóra Sfakíon mit der Fähre nach Gávdos rüberfahren, dort eine Woche bleiben und den Rest seiner zweiwöchigen Reisezeit in der Sfákia verwandern.

Gávdos liegt 35 Kilometer vor der kretischen Süd-Küste, gilt als südlichster Punkt Europas, hatte im Jahr 2012 152 Einwohner und misst bei einer Größe von 33 Quadratkilometern in etwa 9,5 mal 5,5 Kilometer. Clemens meinte, dass die höchste Erhebung dort an die 240 Meter sei und dass es zwei Mal pro Woche eine Fähre von Chóra Sfakíon nach Gávdos gäbe und dass eine davon morgen führe.

Es ist, wie es ist. Ohne dass wir es bewusst steuern, bemerken wir manche Menschen mehr, manche weniger, manche positiv, manche anders und andere gar nicht.

Die beiden Frauen am Tisch neben der Eistruhe gehörten zu meinen Gefallens-Menschen. Ich schätzte sie etwas jünger als mich, aber auch über fünfzig. Beide waren dunkelhaarig, mit längerem Haar, unterschiedlich gelockt. Die eine trug Hose und Pulli, die andere einen bis an die Knie reichenden schwarz-weiß gemusterten Glockenrock, dazu ein helles Shirt unter kurzer schwarzer Strickjacke. Sie trug Ohrschmuck und Lippenstift und hielt ihre lockigen, fast bis zur Taille gehenden Haare im unteren Drittel mit einer breiten Libelle zusammen. Ihr Lächeln - zurückhaltend und freundlich. Beide waren aus der Schweiz, hießen Edith und Bärbel und reisten mit Rollenkoffern und kleinen Zusatztaschen.

Als wir in den Bus stiegen, wählten wir zwei hintereinanderliegende Sitzreihen, rätselten über das uns auf der anderen Seite erwartende Wetter und erzählten uns von unseren Reisezielen.

Für Clemens war es vorerst Gávdos, für Edith und Bärbel Lýkos im Akrogiáli, gleich neben dem Small Paradise, und für mich für die ersten Tage Chóra Sfakíon mit einem Schlafplatz im Xenia. Wir waren uns sicher, dass wir uns bei all unserer Wanderlust in den nächsten vierzehn Tagen auf dem einen oder anderen Pfad dieser Gegend erneut begegnen würden.

Oben am Busplatz trennten sich unsere Wege. Meine drei Busbegleiter wählten den leichteren Weg über die Straße um die kleine Kirche herum, ich nach einiger Zeit des Innehaltens die Steinstufen, die direkt zum Dorfplatz mit der angrenzenden Uferpromenade führen. Ich folgte meinem Ritual. Schoss ein Foto von mir, eines von meinem auf der Bank des Buswartehäuschen stehenden Reiserucksack und eines vom Ort, der durch den bewölkten Himmel heute etwas traurig wirkte. Dennoch war ich voller Freude, als ich ins Innere Chóra Sfakíons hinabstieg. Ich spürte den Herzschlag dieses kleinen Ortes, der dem meinen so gleich ist, spürte Heimat und fühlte und dachte erneut: „Zu Hause!"

Ich betrat den Dorfplatz mit auf die Uferpromenade gerichtetem Blick. Sah als erstes Manoúsos, der mir mit hochgestrecktem Arm entgegenwinkte. Als nächstes trat Claudiu ins Bild und tat es ihm gleich. Diese Jungs aber auch. Sie hatten mich bemerkt, bevor ich richtig angekommen war. Es fühlte sich gut an - gut und schön und willkommen. Ich dachte an mein ostfriesisches Zuhause, an meinen Laden, an meinen Fensterplatz dort, der mich meine Kunden oft schon erkennen ließ, bevor sie die Klinke der Ladentür überhaupt berührt hatten. Ein Hallo mit Namensnennung vor unserem ersten Blickkontakt war von meiner Seite aus somit nicht verwunderlich und beidseitig immer wieder Grund zur Freude.

Ich schaue aus dem Fenster und weiß vor dem Eintreten meiner Kunden schon, wem ich da gleich „Hallo“ sagen werde.

Claudiu und Manoúsos mochten ihre Taverne und ihre Arbeit ebenso, wie ich meinen Laden und meine Arbeit daheim mochte, und so ging ich davon aus, dass ihre Sympathiebekundungen gleichermaßen echt waren wie meine. Sie lächelten mir zu, geboten mir mit ein paar Worten und einer verbeugenden Armbewegung einzukehren und hießen mich willkommen.

„Nice to have you back, my Lady - our Queen.
Take a seat, Elisabeth, ….please - kátse ligo.“

Sie wussten, wie gerne ich ihren Worten folgen würde und dass ein Besuch Chóra Sfakíons für mich nicht anders beginnen konnte - als so!

„Yaurti me Meli, with fruits and ena Nescafé?“
„Yes please, the same game like ever, parakaló.“

Joghurt mit Apfel-, Kiwi-, Melonen- und Pfirsichstückchen unter einem Berg kleiner Weintrauben. Es war Traubenzeit, und da musste das so sein. Während ich am Geländer des Obrosgialos vor meinem Trauben-Joghurt saß, schweifte mein Blick um das alte Hafenbecken herum. Zuerst bemerkte ich meinen Zaubergriechen, hantierend an seinem Taxiboot, dann lehnte er Ausschau haltend auf dem Steinsockel in der Nähe des Taxiboottisches, und dann war er verschwunden. Micháli wusste, dass ich heute mit dem 16-Uhr-Bus in Chóra Sfakíon ankommen würde. Er wusste das Datum, und er wusste die Zeit.

Als ich ihm vor etwa vier Wochen bei einem unserer Telefonate sagte, dass und wann ich erneut nach Kreta reisen würde, kam es zu folgendem Dialog:

„How wonderful, I'm free in this time."
„Oh Micháli, you are free in this time?"
„No, it was a joke."
„It was a joke, you are not free?"
„No, it was a joke and I'm free,
I'm always free for you, Elisabeth."

Na, das war doch schön zu hören, dass er in meiner Reisezeit frei sein würde, frei für mich, always, auch wenn wir beide wussten, dass sein Versprecher kein wirklicher Versprecher war.

Als ich wenig später ans Ende der Uferpromenade kam, saß Mr. Micháli auf einem der Korbstühle vor dem Barbereich des Lefká Óri. Die Sonnenbrille auf der Stirn, seine langen Beine übereinandergeschlagen, geradeaus in mein Gesicht schauend. Lächeln, strahlende Augen, von beiden Seiten. Unter der Überdachung hinter ihm unterhielten sich einige Gäste beim Sundowner. Ich schlenderte lächelnd auf ihn zu, reichte ihm meine Hand zum Gruß, die er im Gegenzug auch nahm. Vielleicht kam ein „Hallo" aus meinem Mund, vielleicht auch: „Mr. Micháli, nice to see you again." Mehr wollte ich in diesem Moment nicht wagen. Er, der hier lebte, bestimmte für mich das Maß der öffentlichen Preisgabe unseres Miteinanders, nicht ich. Er hielt meine Hand, schaute mir in die Augen und fragte erstaunt: „No kiss?"

„No kiss...?", dachte ich, und „Scherzkeks!" Im Frühjahr hatten wir uns in der Öffentlichkeit Chóra Sfakíons noch fast siezen müssen, und jetzt wollte er einen öffentlichen Kuss. Ich fand meine höflich distanzierte Begrüßung passend. „No kiss...?"

Im und am Xenia wäre das etwas anderes gewesen, doch hier, im erweiterten Bereich Chóra Sfakíons waren wir bis dato seines Verhaltens nach offiziell eher Fremde füreinander gewesen.

Er nahm mir den Rucksack von den Schultern, zog mich zu sich heran, küsste mich anhaltend auf den Mund und gebot mir, mich zu setzen. - Nun denn!

10.

Er hatte unseren Raum erweitert, ohne dass ich die Beweggründe dafür kannte. Wie war es auch schön, endlich wieder Auge in Auge mit ihm zu sein. Worte, wie bei unseren Telefonaten, nicht nur durch das Wort selbst oder eine dazu mögliche Umschreibung verstehen zu müssen. Hier und jetzt trug alles uns Mögliche dazu bei, die Inhalte unseres Mitteilenwollens zu verstehen. Mimik, Körpersprache, ein wohlwollendes Lächeln, ein fragender Blick, das Zeigen nach hier oder dort und im Zweifelsfalle der Griff zu Stift und Papier.

Als wir nach wohl einer Stunde das letzte Stück Weg zum Xenia wählten, schulterte er meinen Rucksack. Er legte seinen Arm um meine Schulter und erzählte, dass er das Zimmer Nummer 104 für uns hatte reservieren lassen. Georgos rief: „Kalispéra Turteltäubchen“, was bei mir einen amüsierten und bei Micháli einen fragenden Blick auslöste. Georgos erklärte: „Pitsounákia!“

Er holte den Zimmerschlüssel, legte ihn zwischen Micháli und mir auf den Tisch und fragte, ob wir noch etwas Zeit für einen Begrüßungstrunk hätten.

„Some time for a little medicine?"
„Yes", sagte ich, „it's holiday time."
„For you, yes, but for Micháli maybe it's time for love."
„Georgos, you're right, but first a little raki will be good."

Georgos und ich grinsten. Micháli schüttelte amüsiert den Kopf und ließ dabei liebevoll seine Hand über mein Bein gleiten. Beide Männer sahen gut aus. Georgos hatte mit Vanna und Pedro bis zum frühen Nachmittag Essen vorbereitet, den Grillspieß vor der Terrasse des Xenia bestückt und sich dann für zwei Stunden im Apothíki, dem Rumpelraum an der Terrasse des Xenia, ein Nickerchen gegönnt. Es roch nach frisch gebratenem Fleisch und Paprika. Der Garvorgang war im Gange.

Micháli wirkte entspannt. Seine Augen waren klar, seine Haut vom Sommer-Sonnen-Wind gebräunt, sein Bart elendig gewachsen. Was ich sah, wollte mir wohl gefallen. Als Georgos uns den dritten Raki einschenken wollte, sagte Micháli: „Enough medicine, páme, let's go!"

Wir gaben uns, was wir einander geben wollten. Wir genossen unsere Nähe, unser Spiel und uns. Unsere Zweisamkeit, unseren Humor, unsere Rituale und unsere Lust, bei der auch unser nun im Dunkeln liegende Balkon nicht außen vor bleiben wollte.

Nachdem Micháli zu seinem Gang für was auch immer unser Zimmer über das große Flachdach verlassen hatte, lag ich noch eine Zeit wohlig entspannt unter dem weißen Bettlaken. Ich genoss die Weichheit meines Körpers und das Lächeln in meinem Gesicht und in meinen Gedanken. Es war schön, wieder hier zu sein, und es war schön, dass wir einander erneut so wunderbar hatten annehmen können. Das Leben von einem Augenblick zum nächsten war mir ein gutes, seit ich den Weg zu mir zurückgefunden hatte. Alles, was ich zu meinem aus mir selbst heraus gelebten Leben dazu bekam, war mir Geschenk, eine Zugabe, ein Obenauf - Luxus.

Ich suchte meine im Zimmer verteilten Sachen zusammen, steckte mir die Haare hoch, duschte, trocknete mich flüchtig ab und wickelte mich in eines der kleineren Bettlaken. Sie halten gut, passen großzügig zweimal um mich herum und sind ob ihrer andauernden Wäschen angenehm geschmeidig.

Mein Rucksack lehnte noch unberührt an der weiß getünchten, rau verputzten Wand neben der Balkontür. Als ich ihn hochnahm und auf den Stuhl unterhalb des großen Spiegels stellte, sah ich eine Weichheit in meinem Gesicht, die mir wohl gefallen wollte.

Micháli und ich wollten gegen zehn auf der Terrasse vom Xenia gemeinsam zu Abend essen. Ich wusch meine Reisekleidung durch, packte meinen Rucksack aus und brachte alles so im Zimmer unter, dass es meins wurde. Bevor ich das Zimmer verließ, machte ich mich abendschön. Ich schritt die Treppe zur Terrasse hinunter, sah, dass alle Tische dort besetzt waren, ließ meinen Blick schweifen und wählte einen der beiden freien Tische am Meer. Vanna brachte mir Wasser und Wein. Micháli kam mit seiner Porsche-Mechanáki angefahren, holte sich ein Amstel aus dem Kühlfach, sprach kurz mit Vanna und steuerte dann direkt auf mich zu.

Spaghetti mit Tomaten und Schinken für Micháli. Fleisch mit Paprika und Gemüse für mich. Wein und Bier und Bier und Wein. Plaudereien, ein Zigarettchen und die unerwartete Frage nach meinem Liebesleben.

„Micháli!"
„Okay, I only want to know."
„Yes, I know, but - you are the only one."
„All summer long?"
„Yes, all summer long!"

Was scherte mich die Wahrheit. Ein Mann, ein jeder, ob Schürzenjäger oder nicht, hätte nichts anderes hören wollen. Mit einem Lächeln sagte ich ihm, dass er der einzige sei, der mich, was das anginge, derzeit interessiere und anziehe. Dass Sex ohne einen Mann meiner Begierde für mich außerhalb meines Interesses läge und dass ich nun Freude daran haben wolle, unser Uns für diese unsere jetzige gemeinsame Zeit erneut zu genießen.

Es war ein schöner Abend, der uns zu später Stunde Verena an den Tisch wehte. Verena, Schweizerin, verheiratet mit Georg, befreundet mit Ulli, Ralf und Hündin Cora und Mitglied der illustren Sechserrunde, die mich bei meinem ersten Kreta-Aufenthalt hier im Xenia, im Herbst 2011, einfach nicht recht hatte mögen können oder wollen. Im darauf folgenden Frühjahr tranken Verena und ich zur Begrüßung einen Apéro, und nun hatten wir spontan für die nächsten Tage einen gemeinsamen Ausflug zum Kloster Préveli abgemacht.

Die Nachspeise am Tisch mit Verena zu dritt. Den anschließenden Gute-Nacht-Raki dazu mit Vanna zu viert. Beim allgemeinen Gute-Nacht-Sagen auf der Terrasse des Xenia rief Georgos von seinem Schreibtisch aus der linken Raumecke des Speisesaales:

„Kaliníchta óloi mazí." und „Kalínichta Turteltäubchen."

Was ist es auch schön, wenn Erwachsene so wunderbar albern miteinander sein können. Leise neckend gingen Verena, Micháli und ich die Treppe zu den Zimmern hinauf. Micháli bog nach links zum großen Flachdach ab, to smoke a cigarette on my balcony, ich nach rechts ins Hotelgebäude zur offiziellen Eingangstür des Zimmers 104 und Verena eine Treppe höher zu ihrem Zimmer mit Nord-West-Balkon im neueren Trakt des Hauses.

„Kaliníchta Verena."
„Kaliníchta Elisabeth."

Nachdem ich die Balkontür geöffnet hatte, um mich für eine Zigarette zu Micháli auf den Balkon zu setzen, sagte er mit leicht skeptischem Blick:

„No other man, all summer long, no sex? I can't believe!"
„Believe it, Micháli, believe it or not, but now we are here."
„Yes, and so let's do it now! We have a lot to catch up!

11.

Als Micháli und ich die Treppe zur ersten Etage hochgingen, fing es leicht an zu regnen. Als wir einander liebten, prasselte der Regen geräuschvoll aufs große Flachdach, und als wir unseren Höhepunkt erreichten, schlug es Blitze und Donner vom Himmel - okay, das war jetzt leidlich übertrieben. Am Himmel blitzte und donnerte es vielleicht zu dem Zeitpunkt, als wir uns in unsere Bettlaken gehüllt für die Zigarette danach auf dem Balkon niedergelassen hatten. Donner, Meer, Berge und Blitze wirkten mächtig miteinander. Wir genossen unsere Zweisamkeit, das Verweilen im Dunkel unseres regengeschützten Balkons, die Regentropfen auf unsere übers Balkongitter gelegten Füße und die Weichheit dieser tausendfach gewaschenen Bettlaken.

Ich zählte die Sekunden zwischen Wetterleuchten und Donnerschlag und kam beim letzten Mal über die Zahl Drei nicht hinaus. Micháli erzählte von den Gefahren solcher Regenfälle, von Erd- und Geröllrutschen und von großen und kleineren Katastrophen am Sweet-Water-Beach. Es seien dort schon Menschen von herabfallenden Stein- oder Felsbrocken verletzt oder gar erschlagen worden. Er berichtete von einem jungen Paar, das sich bei solch einer Wetterlage zum Schutz in eine der kleinen Höhlen im Fels zurückgezogen habe, in der sie dann nach einem kräftigen Erdrutsch eingeschlossen und jämmerlich erstickt seien. Der Berg hatte sie einfach zugeschüttet.

Wetterkunde und das Wissen um mögliche Gefahren seien in solchen Gebieten immens wichtig, ob man sich nun in den Bergen befände, auf dem Meer oder unterhalb solch aufsteigender Felswände.

„So Elisabeth, be careful,
when you are going or lying below
such rocks, on the beach or wherever.“

Irgendwann war es spät genug. Wir gingen zurück ins Zimmer, verwurschtelten unsere Beine für die Nacht und schliefen kurz darauf mit armumschlungenen Körpern bei noch prasselndem Regen ein.

Der nächste Morgen leuchtete wieder in kretischem Blau. Die Sonne ließ letzte Wolkenreste am Himmel verdunsten, sich in ein unauffindbares Nichts auflösen. Michális Bruder

Theo legte mit dem Sfákia Express im alten Hafenbecken am Abfahrtplatz der Delffíni an. Es waren nur zwei Gäste an Bord, die mit allerlei Gepäck das Boot verließen. Sie wirkten mitgenommen. Georgos und Pedro schienen informiert. Sie waren schon vor dem Anlegen des Sfákia Expresses zur Anlegestelle gelaufen und halfen nun beim Transport der Gepäckstücke.

Das Paar Friederike und Wolfgang, beide um die Fünfzig, nahm seit Jahren für die gesamte Zeit ihres Urlaubes hier in Chóra Sfakíon in einem der Zimmerhäuser an der Uferpromenade Quartier. Sie aßen im Wechsel im Léfka Óri, im Delfíni und auch im Xenia bei Georgos und Vanna und zählten somit zu den Stammgästen des Ortes. In den ersten Tagen, zu Beginn einer jeden Reise, ließen sie sich die in ihrer Unterkunft eingelagerten Camping-Utensilien von Theo zum Sweet-Water-Beach hinüberfahren. So konnten sie ohne jede weitere Vorbereitung spontan ein, zwei, drei Nächte dort verbringen. Sie liebten den sternenklaren Himmel dort, genossen die Einsamkeit, das abendliche Sitzen am Lagerfeuer alleine oder in Gesellschaft anderer Strand-Schläfer, beobachteten das Abfahren des letzten Bootes am frühen Abend und das Ankommen der Delffíni mit frischem Brot am nächsten Morgen um zehn.

Bis gestern wäre das Wetter herrlich gewesen. Die Tage sonnenverwöhnt, die Nächte sternenklar mit erhöhtem Sternschnuppenaufkommen. Je weniger Licht das nächtliche Dunkel auflöst, um so intensiver das Erlebnis dieser fallenden Lichtpunkte. Als am gestrigen Himmel mehr und mehr Wolken auftauchten, hatten sie kurz überlegt, mit der Delffíni nach Chóra Sfakíon zurückzukehren, sich aber ob des Neumondes fürs Bleiben entschieden. Kein Mond am Himmel, kein störendes Licht fürs zu erwartende Himmelspektakel.

Bis zum Einsetzen der ersten Tropfen wäre es einfach nur schön gewesen. Sie hatten mit ihren Schlafsäcken am Lagerfeuer gesessen, in Erinnerungen geschwelgt, Gitarre gespielt, dazu gesummt und ein wenig gesungen oder auch einfach nur den Geräuschen des Meeres gelauscht. Plötzlich sei Wind aufgekommen und Donner und Blitz mit bald darauf folgendem heftigen Regenfall. Hastig hatten sie in ihrem Zelt Unterschlupf gesucht. Als sie jedoch erste Geräusche von herabfallenden Steinen wahrgenommen hatten, entschieden sie sich schnell für einen Umzug auf die Terrasse der Taverne am Sweet-Water-Beach. Zum Glück! Sie griffen flink nach ihren warmen Jacken, gaben das Wichtigste in ihre kleine Rucksäcke, nahmen ihre Schlafsäcke unter den Arm und huschten, um dem Regen nicht gänzlich ausgeliefert zu sein, mit allem von einer Tamariske zur nächsten.

Es muss gegen Mitternacht gewesen sein, als sie nach erfolglosem Morsen per Taschenlampe in Richtung vorbeifahrender Boote Michális Bruder Theo telefonisch um Hilfe baten. Sie schilderten ihm ihre Situation. Er fragte, ob sie verletzt oder anderweitig in Gefahr seien, und riet ihnen, als sie verneinten, die Nacht in ihren Schlafsäcken auf der Terrasse der Taverne zu verbringen, weil das Meer für eine nächtliche Bootsfahrt zu stürmisch sei und die Steine nicht bis zur Tavernenterrasse rollen würden.

Als sie nach unruhiger Nacht beim ersten Sonnenstrahl aus ihren leicht klammen Schlafsäcken gekrochen waren, wurde ihnen das Ausmaß der Stein- und Geröllschläge erst bewusst, ebenso wie die große Größe ihres Glücks! Vom Berg hinabgespültes Sand-Kiesel-Gemisch hatte sich mit Regenwasser zu Schlamm verbunden und sich in unterschiedlichen Breiten seinen Weg über den Strand zum Meer gesucht. In Ufernähe war das Wasser vom Schlamm ocker-gelb gefärbt. Am Vortag noch nicht vorhandene Steine und Felsbrocken lagen überall am Strand verteilt. Als sie sich ihrem Zelt näherten, um ihre restlichen Sachen zusammenzusuchen, wurde ihnen die nächtliche Anwesenheit ihrer Schutzgeister sehr bewusst. Neben ihrem Zelt lag ein riesiger Felsbrocken. Gemeinsam luden sie ihre Habseligkeiten mit Theo aufs Boot, fuhren mit ihm zurück nach Chóra Sfakíon und waren nun erleichtert, hungrig und glücklich mit Sack und Pack auf der Terrasse des Xenia eingekehrt.

12.

Als Verena auf die Terrasse kam, hatten sich die beiden Sweet-Water-Glücklichen Friederike und Wolfgang gerade auf den Weg in ihr geschütztes Zimmer aufgemacht. Sie wollten nach dieser Nacht nur noch duschen und schlafen und sonst nichts.

Verena erzählte, dass ihr Georg erst in ein paar Tagen anreisen würde und sie nach ihrer gestrigen Ankunft heute nichts anderes wolle als Ruhe-, Strand-, Schlaf- und Lesezeit. Ich wollte nicht mehr und nicht weniger als das - wollte nur etwas anderes. Ich wollte ankommen, Micháli bei der „Arbeit" zusehen, an seinem Taxiboottisch sitzen, schauen und reden und schweigen und dazu ein wenig fabulieren. Es war nett, einfach nur wohlwollend und nett. Micháli kam und ging und ging und kam. Strich mir übers Haar, verweilte eine Zeit, flachste mit Georgos, plauderte mit interessierten Touristen, lächelte mir zu, bot mir von seinem Bier an, las in seiner Zeitung, erwähnte dann und wann etwas daraus, bis ihn seine Unruhe oder ein Taxibootauftrag erneut von dannen ziehen ließ. Am frühen Nachmittag gingen Verena und ich oberhalb des heimeligen Strandes bei den Drei Brüdern eine Kleinigkeit essen. Am Abend fanden Micháli und ich uns wie üblich auf der Terrasse des Xenia zum gemeinsamen Abendessen ein. Als er danach noch einmal fort musste, machte ich mich zu einem Spaziergang rund um die Bucht von Chóra Sfakíon auf.

Vom Diving-Center klang Musik. Junge Leute saßen im Halbdunkeln, palaverten, tranken Bier und rauchten. Als ich vom Endzipfel der neuen, mit Betonkegeln gesicherten Mole zurückkam, bot mir eine der jungen Frauen einen Platz an, reichte mir ein Amstel und fragte, wer ich sei und woher ich käme.

Elisabeth, aus dem Norden Deutschlands.

Oh, sie wäre schon einmal in Berlin gewesen, gleich nach dem Studium. Sie sei vierundzwanzig, heiße Maria und arbeite als Lehrerin in Frangokástello, und ja, es gefalle ihr, auch wenn das Gehalt recht gering sei. Sie habe mit einer Freundin eine kleine Wohnung vor Ort, käme ursprünglich aus Chaniá und spare, was ihr möglich sei, um in den Ferien irgendwann wieder auf Reisen gehen zu können. Süß, diese junge Frau. Ihr Freund setzte sich zu uns. Ein junger Grieche mit schwarz-gelocktem Haar und sfákia-blauen Augen. Wir sprachen auf Englisch, doch als er bemerkte, dass ich aus Deutschland kam, sprach er in perfektem Deutsch mit mir weiter. „Oh la la“, sagte ich und fragte, woher er so gut Deutsch spreche. Er erzählte, dass er in Frangokástello geboren sei, dass seine Familie dort ein Fischrestaurant habe und dass sie dazu ein paar Fremdenzimmer vermieteten. Sein Deutsch habe er von klein auf in seiner Familie erlernt, denn auch wenn seine Eltern beide Griechen seien, wurde im gesamten Familienverbund ebenso viel

Deutsch gesprochen wie Griechisch und das gleichermaßen gut. Drei der Brüder seines Vaters wären mit deutschen Frauen verheiratet. Alle seine Vettern und Cousinen sprachen somit neben dem Griechischen wie selbstverständlich Deutsch und das nicht nur mit ihren Müttern. Sie plauderten mit deutschen Touristen, spielten in beiden Sprachen miteinander, lasen sich gegenseitig vor und machten zwischen ihm und sich keinen Unterschied - easy learning by doing.

Und ja, ich solle doch mal zum Essen vorbeikommen, wenn ich in Frangokástello sei. Wäre ja nicht so weit, und Busse führen auch.

Mitternacht stand vor der Tür. Zeit für meinen Rückweg. Als ich am Xenia zurück war, fand ich Verena und Micháli auf der Terrasse im Gespräch. Alle Lichter waren erloschen, alle anderen schon zu Bett gegangen und sie beide kurz davor, sich zu sorgen oder sich anderweitige Gedanken zu machen.

„It's bedtime Elisabeth, where have you been?“
„No Micháli, no reason to be jealous!”
„No reason to be jealous, Elisabeth?”
„Nein Micháli, kein Grund zur Eifersucht!“
„Okay Elisabeth, kanénas lógos gia tin zília!“

Micháli spielte dabei mehrere Gesichtsvarianten durch. Verena grinste. Ich tat es ihm gleich und erzählte, dass ich noch ein wenig Bewegung gebraucht hätte, dass ich nicht auf ihn habe warten wollen und dass mir ein Spaziergang zum Diving-Center ob der grellgelben Hafenbeleuchtung bei Tag und Nacht recht unbedenklich erscheine. Ich sprach von meiner Begegnung mit den jungen Leuten aus Frangokástello am Diving-Center, von unserem netten Gespräch dort und sagte, dass ich nun entspannt und bettreif zurück sei.

„Verstehst du, Micháli - katalavaínete?“
„Né, katalavaíno, Elisabeth! - Ja, ich verstehe!“
„Okay, páme, lets go!“

13.

Als ich meine Flüge für diese Herbstreise gebucht hatte, hatte ich es außer meinen Leuten zu Hause und Micháli auch Ludwig mitgeteilt. Unser gemeinsames Reisen über die Insel im Herbst 2011 hatte uns beiden dermaßen gefallen, dass wir es gerne wiederholen wollten, falls es uns wieder einmal zur selben Zeit nach Kreta verschlagen sollte. Mein Zeitraum war klar, seiner völlig unbestimmt. Sollte er sich in meiner Zeit auf den Weg machen können, würde er sich bei mir melden.

Nach dieser regenfreien Nacht, die Micháli und ich wieder unserem Wohlgefühl gewidmet hatten, schien allerorts die Sonne, am Himmel ebenso wie in seinem und meinem Gemüt.

Ich schlenderte über die Uferpromenade zum Café Déspina. Frühstücks-Premiere bei Déspina. Ich war gespannt, wie sie meinen so geliebten Yaurti me Meli kai Fruta bereiten würde. Ihre angebotenen Kuchen waren gleichermaßen ansehnlich wie schmackhaft, und so ging ich davon aus, dass es bei ihrem Früchte-Yoghurt ebenso sein würde. Déspina gehörte wie ich zu den Menschen, die tun, was sie lieben, und die lieben, was sie tun.

Das Frühstück - ein Gemälde.

Auf einem quadratischen Teller zwei längs geteilte Bananenhälften zum Oval gelegt. In der Mitte des Bananen-Ovals glatt gerührter Joghurt unter einem bunten, frisch geschnittenen Obstgemisch aus Apfel, Birne, Erdbeeren, Pfirsich und Weintrauben, darüber der goldgelb glänzende Honig. Ich aß. Ich genoss. Sie wirtschaftete. Als ich aufgegessen hatte, setzte sie sich mit einem Kaffee zu mir. Irgendetwas war anders. Sie hatte den ehemaligen Zigaretten-Kiosk ins Ladeninnere verlegt. Hatte an seine Stelle ein großzügiges Fenster einbauen lassen, das nun zum einen als Durchreiche diente, zum anderen einen gemütlichen Fensterplatz zum Ausschau halten, Plaudern und Laptoppen bot. Wenn ich's recht erinnere, war es in diesem Herbst der absolute Lieblingsplatz ihres Sohnes Georgos.

Meine Freundin Neli fragte per SMS nach meinem Befinden. „Das Leben liebt mich! Es scheint, als ob der Himmel es gut mit mir meint", schrieb ich ihr aus meinem Wohlgefühl heraus zurück.

Wer hätte das vor einem Jahr gedacht? Ich nicht und all meine Lieben um mich herum wohl auch nicht. Meine Trauer hatte mit kleinen Unterbrechungen festgesessen, elf lange Jahre, und war nun schon seit mehr als einem Jahr verschwunden, vom Winde verweht, durch Susannes Zauber aufgelöst, verschwunden.

Ludwig rief an. Er hatte nach meiner Reise-Zeit-Info immer wieder nach günstigen Flügen geschaut und beim rechten Preis spontan einen Flug von Salzburg nach Kreta gebucht.

Er sei oben in Livanianá. Wäre bereits zwei Tage vor mir auf Kreta angekommen und teile sich nun mit Nina das Haus mit der Zwergenbadewanne und dem Schlafpodest hinter der weiß gekalkten, nicht ganz bis zur Decke reichenden Wand, auf dem ich im Mai diesen Jahres für eine Woche mein Domizil hatte aufschlagen dürfen. Er habe das Haus direkt ab Ninas geplanter Rückkehr in die Schweiz für ein Jahr mieten können und wäre somit nun in der Lage, seinen Traum vom kretischen Leben auszuprobieren. Gäbe es sein österreichisches Leben her, wäre er hier. Durchgängig könne er noch nicht auf Kreta bleiben, und so empfände er es als angenehm, sich die Kosten für das Haus ob Ninas verschobener Abreise noch bis Oktober mit ihr teilen zu können. Sie hätten den rechten Teil der langgestreckten Küche hinter der Eingangstür leer geräumt, die Kühlkombination kurzerhand auf die überdachte Innenterrasse gestellt und somit neben den beiden im Hauptraum befindlichen Schlafmöglichkeiten einen neuen, wahrlich heimeligen Platz für eine dritte Bettstatt geschaffen.

„Egal", sagte er dann unvermittelt, „ich wollte dir nur sagen, dass ich jetzt da bin und dass ich mich sehr darüber freue, dich bald zu sehen, um mit dir den Plan für unsere nächste gemeinsame Reise in der Reise, unsere nächste kleine Kreta-Tour, zu besprechen."

Wir verabredeten uns für einen der folgenden Tage in Loutró. Bei Nina habe sich zwischen dem 28. September und dem 6. Oktober eine vierköpfige Familie angesagt, und so wäre ihm dieser Zeitraum für unseren Ausflug der liebste.

Als ich am Xenia zurück war, sah ich Micháli mit einer blauen Spule hantieren. Er stand neben seinem Taxiboottisch am Geländer. Angelhaken, Nylonschnur, kreisrunde Spule. Die Spule locker in der Hand haltend, weit ausgeholt und den Angelhaken samt Schnur mit Schwung Richtung Wasser geschleudert. Ich stellte mich zu ihm. Er holte das Nylon wieder ein. Zeigte mir den Angelhaken, steckte neues Brot darauf und warf die Leine erneut aus. Sollte er etwas fangen, wäre unser Abendessen gesichert, sagte er in einer Form, als ob er selbst nicht recht daran glauben wolle. Dennoch warf er die Schnur immer wieder neu aus. Plötzlich rief er :

„Elisabeth, féro mou ta díchtya alieías!"
„What?"
„Fetch the fishing nets from the apothíki!"

Ah ja, den Käscher aus dem Rumpelraum. Ich sprintete die Steinstufen zur Terrasse hinauf, öffnete die Tür zum Rumpelraum, ließ meine Augen durch das Gerümpel schweifen, sah ihn linksseitig in der äußersten Ecke an der Wand lehnen, bahnte mir den Weg dorthin und zurück und ging flotten Schrittes mit dem Teil seiner Begierde zu Micháli, der sich inzwischen unten ans Wasser begeben hatte. Er sprach beruhigend auf den zappelnden, am Haken hängenden Fisch ein. „Entáxeiiii - everything gooood." Käscher übergeben. Fisch damit gesichert. Vom Haken gelöst und im bereitstehenden Eimer mit Meerwasser versenkt. Am späteren Nachmittag weilten drei speisefähige Fische darin. Micháli brachte sie zu Georgos und Pedro in die Küche mit der Bitte, sie fürs Abendessen um neun für uns zuzubereiten.

Das Beobachten des Sonnenuntergangs, von den am Meer liegenden Terrassen des Xenia aus, war mir immer wieder ein schöner Tagesabschluss. Ich überließ dem Fischer das Feld vor dem Haus und verabschiedete mich für ein spätes Sonnenbad auf dessen Rückseite. Dazu antwortete ich Micháli mit „Né!", als er mich nach unserem gemeinsamen Essen „at nine o'clock" fragte. Inzwischen kam mir das griechische „Né" recht automatisch über die Lippen, ohne den Umweg über „ja" oder „yes" denken zu müssen. Ich meinte „ja" und sagte „né" oder im gegensätzlichen Fall eben „óchi", wenn ich „nein" meinte.

Nach einem einstündigen Spätnachmittagsschlaf hielt ich den Untergang der Sonne in neun Sequenzen fest. Am wolkenlosen Himmel wechselte sie ihr sonnentypisches Gelb zuerst in ein schwaches, dann in ein immer kräftiger werdendes Orange, bis sie kurz vor ihrem endgültigen Verschwinden hinter dem dritten Felsausläufer der sfakiotischen Bucht in scharlachfarbenem Rot zu sehen war.

Sonnenuntergänge sind erbaulich und lösen gleichzeitig leicht einmal einen kleinen melancholischen Schub in mir aus. Nicht, dass es dabei arg dramatisch in mir zuginge, nee, nee. Sie verunsichern mich vielleicht ein wenig und ließen mich im vorliegenden Fall denken, dass Micháli eventuell doch nicht zum abgemachten Zeitpunkt am verabredeten Ort erscheinen könnte, ohne mich vorher darüber informiert zu haben. Vorsichtshalber nahm ich das nicht Erwünschte als Realität an, wie ich es mir im Laufe meines Lebens zum Schutz meiner Seele angewöhnt hatte. Bei meiner ersten großen Liebe war ich voll ins Messer gelaufen. Ich hatte vertraut, hatte auf uns gesetzt, auf Liebe und Gegenliebe, und war völlig unvorbereitet, als mein damaliger Liebster mir kurz vor meinem neunzehnten Geburtstag das Ende unserer Beziehung mitteilte. Beim Aus meiner Ehe, meiner Familie, war es ebenso. Ich hatte für uns die Aussage „Für immer!“ im Kopf und nicht den Satz „Bis die Kinder aus dem Haus sind.“

Wir lernen - einige schneller, andere nach mehrfachen Fehleinschätzungen. Das eine Menschenkind fasst einmal auf die heiße Herdplatte, das andere braucht wiederholende Erfahrungen, bis es begriffen hat.

Ich denke immer wieder darüber nach, warum ich Dinge so sein lassen kann, warum ich nicht verletzt oder enttäuscht bin, wenn Verabredungen nicht eingehalten werden, warum ich nicht nachtragend oder wütend werde, warum ich Abgemachtes nicht einfordere, warum alles, was mir entgegengebracht wird, nur freiwillig sein kann. Was schrieb ich noch in meinem zweiten Kreta-Band? „Treue ist ein Akt der Freiwilligkeit, genau wie die Liebe daselbst." Genauso ist es für mich mit verabredeten Sachen. Sind sie zum abgemachten Zeitpunkt nicht freiwillig, möchte ich sie nicht!

War ich schon immer so, oder bin ich erst durch wiederkehrende Enttäuschungen aus Erfahrung zu diesem Denken gekommen? Ich verlasse mich schon sehr auf mich selbst. Habe meine Erwartungen an andere stark reduziert, ohne verbittert oder unzugänglich zu sein, und lasse mich gleichzeitig immer wieder gern positiv überraschen. Worte meines Gegenüber sind für mich Absichtserklärungen, keine Versprechen. Ich ziehe ihre Erfüllung in Erwägung, bin vorbereitet, falls sie eingehalten werden, und erwarte sie gleichzeitig nicht. Dinge geschehen oder eben auch nicht, und ich bewerte sie nicht in gut, besser oder schlecht. Ich schütze mich vor Ent-Täuschungen, indem ich das Ausbleiben, von was auch immer, von vornherein zu hundert Prozent mit einkalkuliere.

Ob das nun gut ist oder schlecht? Ob ich mich damit immer mehr zum Einsiedler entwickle? Ob das auf Dauer gesund ist? Ob es eine reine schmerzverhindernde Strategie ist, oder ob es mir ohne diesen Selbstschutz besser ginge, vermag ich nicht zu sagen.

Es geht mir gut auf meiner Scholle mit Ausblick. Ich genieße meine Unabhängigkeit, mein Alleinsein ebenso wie meine Zwei-, Drei- und Mehrsamkeiten, und ich möchte auf nichts davon verzichten.

Ist es meiner Lebensfreude zuträglich, erlaube ich mir, meine stabile Mitte zu verlassen. Ich weiß um den Genuss des sich Einlassens auf einen anderen Menschen, genau wie ich um die Gefahren des Sich-selbst-Verlassens weiß. Und - ich weiß seit einiger Zeit den kürzesten Weg dorthin zurück. Holzauge sei wachsam. Lisbeth sei vorbereitet. Mensch, achte gut auf dich und sei dir, nach Buddhas Worten, egal was dir auch passieren mag, immer wieder „selbst eine Insel der Zuflucht."

Auch hier sind die Worte meines imaginären Ehemannes wieder wunderbar passend. „Ich hoffe auf nichts, ich habe keine Angst, ich bin frei."

Ich saß auf meinem Balkon, wohlgekleidet bis zum Lippenstift, mit noch nackten Füßen und lauschte den Geräuschen des Meeres, als eine lange Gestalt den Weg über das große Flachdach zu meinem Zimmerbalkon nahm.

„Elisabeth, are you ready?
Tonight we need to be in time.
Georgos will serve our fish at nine."

Er lehnte sich entspannt an die Hauswand, steckte sich eine seiner vorbereiteten, selbstgedrehten Zigaretten an und wartete auf mich.

„Páme?", fragte ich.
„Páme!", antwortete er.
„Gehen wir?"
„Wir gehen!"

Allein die Betonung entscheidet, ob Frage oder Antwort. Páme, inzwischen so selbstverständlich wie né und óchi.

Nicht so das gleichzeitige Benutzen der selben Treppe zur selben Zeit. Unserem gemeinsamen Etagenwechsel, vom Zimmer hinunter auf die Terrasse des Xenia oder von dort aus wieder in die erste Etage hinauf, fehlte es immer noch an Selbstverständlichkeit. Micháli entschied es von Fall zu Fall neu. Bei gesichtetem oder zu erwartendem höheren Gästeaufkommen nahm er eine andere Treppe. Nahm ich die von den Zimmern auf die Terrasse des Xenia führende, nahm Micháli die innere Hoteltreppe, über die er ohne Gästekontakt auf die Uferpromenade gelangen konnte. Begegneten wir uns dann kurz darauf auf der Terrasse des Xenia wieder, sah es wie neu und zufällig aus.

Drei frisch zubereitete Fische mit Reis und Gemüse, Brot, Salat, Wasser und Wein. Tisch Nummer sieben, nur Micháli und ich, bis sich Verena nach kurzer Zeit dazu gesellte. Verena und ich entschieden, dass wir uns am nächsten Tag gleich nach dem Frühstück endlich zum Kloster Préveli aufmachen wollten. Micháli erzählte Verena von seinem grandiosen Fischfang, ließ ein weiteres Gedeck bringen und lud sie ein, an unserem Self-fishing-Mahl teilzunehmen. Wir genossen unsere Dreisamkeit, die gute Speise und stießen dabei auf alles an, was wir für anstoßenswert hielten. Es war ein schöner Abend, ohne Frage, unterhaltsam, lustig, albern, tiefsinnig, weinselig und rakigeschwängert. Als es nach Zeit und Zustand erforderlich war, nahmen Micháli und ich Verena in die Mitte, begleiteten sie ums Haus herum durch den rückwärtigen Eingang bis zu ihrer Zimmertür in die zweite Etage und schlichen dann leise treppabwärts hinunter zu unserem Gemach mit der Zahl 104 - einhundertundvier!

14.

Nach dem Frühstück ist vor dem Frühstück, oder nach dem Frühstück ist relativ. Verena erschien spät an diesem Vormittag. Sie kam mit Sonnenbrille und Kopfschmerzen auf die schattige Terrasse des Xenia. Ihr Kopf brummte. Ihr Wunsch nach Kaffee und Aspirin war groß. Aspirin und Wasser kamen von mir, Kaffee von Vanna. „Nein!" Frühstück wollte sie keines und sprechen und hören wollte sie am liebsten auch nichts. Nach der Tablettengabe ließen wir sie bei Kaffee und trocken Brot für eine Weile in Ruhe. Wir wussten, dass Aspirin an die zwanzig Minuten brauchte, und die wollten wir ihr gerne geben.

„Was macht eigentlich dein Kopf?", fragte sie mich keine drei Minuten später über den Rand ihrer Sonnenbrille hinweg.
„Nichts - alles gut!", antwortete ich und fragte dazu:
„Wieso?"
„Na, du hattest doch gestern auch mindestens zehn Raki!"
„Jaaa", grinste ich, „um die zehn Raki und fünf Wasser, aber keinen Wein - óchi Krazí, Verena - óchi Krazí!"
„Óchi Krazí - Raki und Wein - wie konnte ich nur?"

Eigentlich wusste sie, dass diese Mischung für sie kaum ohne morgendliche Kopfschmerzen vonstattengehen könne, aber..., nicht bedacht. Wein zum Abendessen, mit abschließenden ein, zwei Raki nach dem hauseigenen Dessert seien immer ohne Folgen geblieben, doch im Wechsel getrunken und das bis an die zehn Mal - eben nicht!

Wir packten unsere kleinen Rucksäcke, verließen das Xenia durch den rückwärtigen Hoteleingang, stiegen in Verenas Leihwagen und fuhren los. Die Abfahrt vom Xenia-Parkplatz hinunter zur Uferpromenade ist schon speziell. Eng ist sie, abfallend mit zwei scharfen Kurven. Sie führt vom Parkplatz an der Hauswand des Xenia um eine kleine Kirche herum und bleibt auch nach der zweiten Kurve eng. Die erste Kurve ging wunderbar, die zweite nicht so. Verena kam mit dem Wagen nicht recht herum, trat auf die Bremse und stand. Sie zog die Handbremse bis zum Anschlag und ließ mich Georgos holen.

Ein Spaß für einen jeden Mann. Bis zur Steinmauer keine zehn Zentimeter mehr, der Radeinschlag - falsch. Die Steigung der schrägen Abfahrt ungünstig. Manchmal sind Männer einfach genial. Georgos nahm einen großen Stein, legte ihn unter das rechte Vorderrad, startete den Motor neu, setzte zurück, ohne nach vorne rollen zu können, änderte den Radeinschlag und fuhr uns den Wagen bis zum Ende der Abfahrt. „Efcharistó Georgos - polý!"

Verena fuhr über die Hinterstraße Chóra Sfakíons zum Dorfplatz. Erst links, dann rechts um die kleine Kirche herum, am Busplatz vorbei, weiter kurvig und bergan bis zur Taverna Mesohóri. Drumherum und weiter ortsauswärts Richtung Frangokástello.

Das Kloster Préveli - Moní Préveli - befindet sich in der Gemeinde Ágios Vasilíos, cirka 7 Kilometer von Plákias entfernt.

Verena fuhr auf der Hauptverkehrsstraße durch Komitádes nach Vouvás, weiter über Ágia Nektários, Patsiános und Skalóti und bog ob ihres plötzlichen Hungergefühls kurz vor Rodákino für eine kleine Rast rechts Richtung Meer zum Kórakas-Beach ab. Ludwig und ich hatten dort im 33. Kapitel meines „Warrum nicht!“ den letzten Halt unserer damals fünftägigen Reise.

Nach einer halbstündigen Pause bei Níkos & Anna vor dem hohen Fels am westlichen Ende der Bucht ging es zurück zur Hauptstraße über Rodákino, Richtung Sellía, Mírthios und Marioú, bis wir in Asómatos scharf rechts den Abzweig hinunter zum Kloster Préveli fanden und auch nahmen. Irgendwie beglückte es uns jedes Mal neu, wenn wir durch Ortshinweisschilder bestätigt bekamen, dass wir weiter auf dem richtigen Weg waren. Denn auch, wenn wir eine ordentliche Straßenkarte dabei hatten, des Lesens im allgemeinen mächtig und uns Kreta nicht völlig fremd, gehörten wir doch eher zu den weiblichen Wesen, die zum besseren Gegendschauen ihren eigenen geographischen Sinn abstellten, sobald ein Mann die Orientierung für sie mit übernahm.

Wir passierten eine recht steile, mit alten Steinen gepflasterte Bogenbrücke in venezianischem Stil, erbaut zwischen

1850 und 1852, in Zeiten türkischer Vorherrschaft Kretas. Da kann man nichts anderes tun, als rückwirkend anzuhalten, sich umzuschauen und ein Foto zu nehmen. Die Brücke ist mit einer Höhe von mehr als sieben und einer Bogenweite von über dreizehn Metern eine der größten Steinbrücken dieser Art. Das Halbrund der Brücke verläuft ebenmäßig, die beidseitig seitlich hinaufführenden Begrenzungsmauern begegnen sich am höchsten Punkt in einem weiten Winkel, der seinen Mittelpunkt kaum erkennen lässt. Die Brücke verbindet an dieser Stelle die beiden Ufer des Bergbaches Megálopotámos. Der Megálopotámos, der Große Fluss, ist einer der letzten zehn ganzjährig wasserführenden Gewässer Kretas.

Es war erstaunlich, welch großes Gefühl der Geborgenheit dieses so wohlgeformte alte, steinerne Gemäuer in mir auslöste. Hier wollte ich verweilen, hier wollte ich sein. Träumte, bei Regen unter seinem weiten Bogen Zuflucht zu finden. Bei zu großer Hitze ein kühlendes Bad im seichten Quellwasser zu nehmen. Bei Sonne im Schatten des großen Baumes zur Rechten zu verweilen - schlafend, singend, ja dichtend, bis mich das Ende des Tages in mein nahe gelegenes Zuhause rufen würde.

Μονή Αγίου Ιωάννη
Προδρόμου Πρέβελη
Monastery of Ayios Ioannis
Prodromos Preveli

Im Zusammenspiel mit dem Busch- und Baumwerk drumherum, dem leise dahin fließenden Gewässer, dem steinsandigen Ufer und den im Laufe der Zeit rundgeschliffenen Pflastersteinen würde ich dann und wann den Weg über die Brücke gehen, zur besseren Konstitution und um zu schauen, was das Leben auf der gegenüberliegenden Seite des Megálopotámos so machte.

Wir fuhren weiter. Hielten nach cirka fünfhundert Metern am zweiten Arm der 90-Grad-Kurve, die uns um eine Ansammlung alter grau-brauner Gebäude herumführte. An der Straße ein Schild mit dem Namen „Káto Moni Préveli". Die Gebäude wirkten unbewohnt, waren teils zerfallen, teils erhalten und füllten sich in meiner Vorstellung schnell mit Leben. Die kleine Klosterkirche ist Johannes dem Täufer gewidmet. Das stillgelegte Kloster liegt im Tal des Megálopotámos, steht unter Denkmalschutz und wurde nach der Räumung einer Hippie-Kolonie in den siebziger/achtziger Jahren komplett eingezäunt. Seither ist das Betreten des Geländes untersagt.

Nach drei weiteren gefahrenen Kilometern erreichten wir das von Mönchen bewohnte terrassenförmig angelegte hintere Kloster, das „Píso Moni Préveli". Es liegt direkt an der Küste, hundertsiebzig Meter oberhalb des Libyschen Meeres im Süd-Westen Kretas, vor dem weiter im Landesinneren liegenden Ruinen-Klosters „Káto Moni Préveli". Das neue Kloster beherbergt ein kleines Museum, in dem Ikonen und anderes Kirchenbeiwerk gezeigt werden. Neben der Kirche, im tiefergelegenen Klosterhof, gibt es einen in eine Wand eingelassenen Quellenbrunnen mit der Inschrift „Wasche deine Sünden ab, nicht nur dein Gesicht". Dann und wann kommt er mir bei meiner abendlichen Katzen-Wäsche in den Sinn. Dann bedenke ich den vergangenen Tag, horche kurz in mich hinein,

Μονή Αγίου Ιωάννη
Θεόλογου Πρέβελη
Monastery of Ayios Ioannis
Theologos Preveli

um meist mit Glück feststellen zu dürfen, dass die einfache Gesichtswäsche plus Zahnpflege völlig ausreichend ist.

Kloster besichtigt. Inschrift notiert. Auf einer Mauer in der Sonne gesessen. Beine baumeln lassen. Mädchengeschichten erzählt. Katzen, Esel und Schafe vorbeiziehen sehen. Vom Klosterhof hoch oben weit übers Meer geschaut. Mönche und Reisende beobachtet und den Rückweg angetreten.

15.

Als wir in Chóra Sfakión zurück waren, erstrahlte die Terrasse der Taverne Delfíni einladend im Glanz der tiefstehenden Sonne. „Dío Tequila Sunrise, parakaló." Um diese Uhrzeit ist es hier einfach nur gut, ob für das heutige Abschlussgetränk unserer schönen Klosterfahrt, für einen frühen Abendsalat, zur Neuausrichtung der eigenen Mitte oder als Kraftplatz zur Stärkung wankender Seelenmomente.

Verena und ich blieben uns anhänglich. Wir trennten uns nur für die Nacht, die sie in sehnsuchtsvoller Erwartung in Gedanken an ihren Georg verbrachte und ich in liebevoller Umarmung mit Micháli. Zur Linderung ihrer Sehnsucht fuhren wir am nächsten Morgen mit der Delffíni zum Sweet-Water-Beach. Bewegung hilft gegen Sehnsucht ebenso wie gegen und für alles andere. Wir nahmen am Sweet-Water unseren zweiten Morgenkaffee und machten uns alsbald zu Fuß auf nach Loutró. Verena vertrieb unser Wandern die Sehnsucht nach ihrem Liebsten, den sie am nächsten Tag vom Flughafen Níkos Kazantzakis in Heráklion abholen konnte. Mich brachte es zu meiner Verabredung mit Ludwig, die wir am Morgen per SMS kurz verabredet hatten, und für uns zwei Frauenzimmer war sie eine wunderbare Einlage zur Steigerung unserer Fitness. Lief ich ihr zu schnell vorne weg, rief sie mir „Mama, warte!“ hinterher und ich ihr „Ja mein Kind, die Mama wartet schon.“ Vom Längenmaß mochte diese Rollenverteilung für uns passend gewesen sein, altersmäßig hätte ich sie allerdings fünf Jahre vor meiner eigenen Geburt auf die Welt gebracht haben müssen.

Wir sprachen über unser Kind- und Jungsein, unser Erwachsenwerden und über das Verhältnis zu unseren Eltern, das für sie immer wieder schwierig gewesen sei. Bis auf die wiederkehrenden Depressionsschübe meiner Mutter war meine Kindheit im Gegensatz dazu eher schwerelos. „Egal“, sagte sie am Ende, auch wenn unsere Geburtsfolge falsch herum ist und der Abstand dazu so oder so keineswegs ausreichend, würde ich dich, so ich könnte, als meine Mutter erwählen.“ „Vereeena!“ „Ja, wirklich!“ Dieses Mutter-Kind-Spiel erheiterte unser Zusammensein immer wieder und ließ die Menschen in unserem Umfeld gerne einmal erstaunt oder amüsiert aufblicken.

In Loutró bellte uns Cora schwanzwedelnd entgegen. Die kleine Hundedame war gestern am späten Abend nach unserem Zubettgehen mit ihren „Eltern“ Ulli und Ralf im Xenia angekommen. Nach ihrem Ausschlafen hatten sie sich nun von Micháli mit seinem Taxiboot zum Mittagessen nach Loutró herüberfahren lassen. Als Ludwig mir vom Café Loutró aus zuwinkte, verließ ich den kleinen Freundeskreis und schlenderte zu ihm hinüber.

Wie groß Wiedersehensfreude doch sein kann. Ob nun bei Liebespaaren oder bei Menschen wie uns. Wir hatten ein Jahr kaum etwas voneinander gehört. Hatten in unseren Leben nicht mehr miteinander geteilt als diese fünftägige Reise im

Herbst 2011 und diese so wunderbare zehnstündige Wanderung am Tage zuvor, die uns von Ágios Ioánnis über Ágios Pávlos, der kleinen Kirche am Strand, um den Schattenberg herum bis Mármera geführt hatte und weiter hinauf bis zur Straße nach Livanianá, an der uns Tilmans Sohn dann am frühen Abend mit dem Auto seines Vaters abgeholt hatte. Wir waren damals leidlich geschafft und gleichzeitig doch so überaus glücklich gewesen. Wir hatten einander nie gestört, hatten uns über unsere Sicht auf die Dinge und das Leben ausgetauscht und waren füreinander zudem so ausgesprochen angenehme Reisebegleiter gewesen. Summa summarum hatten Ludwig und ich nur Angenehmes und Schönes füreinander in unseren Erinnerungen gespeichert.

Nachdem wir uns herzlichst angelacht und umarmt hatten, setzte ich mich zu ihm in einen der Regiestühle ans Wasser des Café Loutró. Gut sah er aus, mein Ludwig - einfach nur gut! Entspannt und angenehm gebräunt, von hier und von den Segeleien unter der Sonne seines heimischen Atter-Sees.

Wir warfen unterschiedliche Ideen in den Raum. Ludwig dachte an Gávdos. „Gávdos, jaaa, warum nicht nach Gávdos?", sagte ich, auch wenn mir der Sinn eigentlich nicht nach einer längeren Bootsfahrt fern aller Ufer stand. Alleine würde ich niemals dort hinüberfahren wollen, in Begleitung Ludwigs - vielleicht. „Wir könnten uns auch Richtung Westen auf den Weg machen, nach Soúgia, Paleochóra, Ellafoníssi und Kándanos." Am Ende wollten wir das Wetter entscheiden lassen. Bei ruhiger Wetterlage sollte es Gávdos werden, bei unruhiger See Paleochóra und Co.

Ludwig hatte im kleinen Supermarket für sich, Nina und Tilman Besorgungen gemacht. Was beim Großeinkauf mit dem

Auto in Chóra Sfakíon vergessen oder zu früh verbraucht war, wurde bei Gelegenheit zu Fuß aus Loutró mitgebracht. Wer ins Dorf hinunterging, brachte die fehlenden Kleinigkeiten mit hinauf. Ludwig nahm jeden dieser Fußwege als Trainingseinheit, notierte sich die Zeiten und freute sich über jede Verbesserung. Ich musste an Franz denken, an Franz-Felix de Luxe und seine täglichen Touren von Chóra Sfakíon zum Sweet-Water-Beach, an seine zum Urlaub hin raspelkurz geschnittenen Haare und an den Blumenkranz vom Xenia-Georgos, dessen Kranzhalter Franz am 1. Mai diesen Jahres für eine kleine Zeit gewesen war.

Nachdem Ludwig sich auf den Heimweg nach Livanianá gemacht hatte, schlenderte ich hinüber zum Sífis House, in der Hoffnung auf einen kleinen Plausch mit Christina. Was war es hier auch wieder alles schön. Dekoriermäuse können nicht gegen ihre Natur. Sie folgen ihrem Bedürfnis, ihrer ureigenen Lust, vielleicht sogar einem unausweichlichen Zwang. Es war alles ein wenig anders als im letzten Jahr, aber nicht minder schön. Auf der unbenutzten Theke am Anfang des Sífis-Imperiums standen bemalte Hölzer. Die Form der Hölzer schien zufällig. Die Motive der Holzform angepasst. Kleine Segler, mittlere Boote, große Schiffe. Breite Segel, hohe Masten, viele hingehauchte Schaumkronen und immer wieder Küste, Wolken, Himmel und Meer.

Christina saß in der Rezeption an ihrem Laptop: „Elisabeth, I'm busy. Sit down and wait for me. I'm coming soon." Ich wählte einen Sonnenplatz auf der Terrasse vom Sífis House, bestellte mir eine Kanne Bergtee und setzte mich. Ich bemerkte den fertiggestellten neuen Strand am gegenüberliegenden Ende der Bucht. Zählte dort vierzehn Sonnenschirme mit entsprechend doppelt so vielen Liegen. Erkannte eine aus Sandsteinen gemauerte Theke mit weit überstehendem Strohdach und empfand diesen im Frühjahr begonnenen und nun in Betrieb genommenen zweiten Strand als wahre Bereicherung. Zum Sehen und Gesehenwerden gab es den in der Ortsmitte gelegenen „Stadtstrand", am rechten Ortsrand nun diese wunderbare Alternative.

Christina ließ nicht lange auf sich warten. Wir begrüßten uns mit Namen, nahmen uns herzlich in die Arme und erzählten uns die Wichtigkeiten des vergangenen halben Jahres. Ihr Sohn Christo habe sein Ingenieur-Studium abschließen können und unterstütze sie nun während der Saison in allem hier, bis er im November seine erste Anstellung in Chaniá antreten würde. Ihre Schwester sei für einige Zeit nach Hause gekommen, sammele angeschwemmte Treibhölzer, bemale sie mit Schiff- und Küstenmotiven und stelle sie nun auf der ungenutzten alten Theke zum Verkauf aus. Ich hätte ein zweites Enkelkind bekommen, ein Mädchen, das mit drittem Namen Elisabeth heiße, was mich, einer richtigen Großmutter gleich, mit Freude, Stolz und Dankbarkeit erfülle. Alle anderen Worttausche zwischen uns waren eher Peanuts, kleine Anekdoten, die uns dann und wann schmunzeln ließen.

Ich schwankte zwischen meinem inneren Schweinehund und meinem Bedürfnis nach körperlicher Betätigung. Am heutigen späten Nachmittag siegte das Gute, das Bessere, das Klügere in mir. Ich verabschiedete mich von Christina, versprach, bald wiederzukommen und machte mich zu Fuß zurück auf den Weg nach Chóra Sfakíon. Ich ging beschwingt. Ich war schnell. Ich summte im Tempo meiner Schritte vor mich hin, und ich brauchte keine zwei Stunden. Am Sweet-Water-Beach rief ich auf halber Strecke Micháli an. „Yes I'll pick you up from the street above", war seine Antwort auf meine Frage.

Als ich die letzte Kurve des steinigen Wanderweges erreicht hatte, sah ich ihn mit dem Rücken zu mir auf der Leitplanke sitzen. Irgendwie überraschte mich dieser Mann immer wieder. Dass er vor der Zeit an einem solchen Punkt auf mich warten würde, hätte ich nie erwartet. Ich nahm ihn von rückwärts in die Arme, drückte ihm einen dicken Kuss auf die Wange und ließ mich von ihm seitlich über die Leitplanke auf seinen Schoß ziehen:

„Baby, you are busy today, so many steps."
„Yes and you seem to be a gentleman today, what's wrong?"

Er erzählte mir, dass er am Abend mit seiner Tochter und seinem zukünftigen Schwiegersohn zum Abendessen verabredet sei, und fragte dazu, ob es für mich in Ordnung wäre, mit Verena zu Abend zu essen. Mit Verena, alleine oder mit wem auch immer, war meine Antwort, und dass er nur in aller Ruhe mit seinen Kindern den Abend genießen solle.

Mit der Frage: „Páme?" und der gleichlautenden Antwort mit Ausrufezeichen stiegen wir auf seine rosa Porsche-Mechanáki, mit viel Gefühl und Kopf auf Schulter, und fuhren so bis zur rückwärtigen Treppe Chóra Sfakíons. Im Grunde seines Herzens möchte er immer ein Lieber sein, zumindest für die Frau, mit der er sich gerade verbunden fühlt, und so deutete ich sein: „See you and I'll come tonight", als Seelenstreichler für mich, mit einer zu erwartenden Erfüllung zwischen null und hundert Prozent.

Heute zählte ich die Stufen der nach Chóra Sfakíon hinabführenden Treppe genau. Es waren zweiundsechzig. Als ich kurz darauf die Uferpromenade betrat und mich für ein Tagesabschlussgetränk im Barbereich des Lefká Óri niederließ, konnte ich zwei Menschen beobachten, die in meine Richtung mit erhobenen Armen auf der Kaimauer standen. Sofort hatten sie meine Sympathie, auch wenn ihr Gruß nicht mir galt. Ihr Anblick amüsierte und beruhigte mich zugleich. Ich nahm meinen Fotoapparat zur Hand, stellte mich an das blau gestrichene Geländer und fotografierte sie bewusst auffällig. Als sie mich bemerkten, schenkten sie mir ihr Lächeln und einen Gruß und kamen nach Beendigung ihrer Mission schnurstracks zu mir an den Tisch. Wir kannten uns bis dato nicht. Beim Händedruck stellte ich mich wie selbstverständlich als Elisabeth, Queen of England, vor, der Herr sich als Gerald from Berlin und seine Begleiterin sich als Grace. Grace from Monaco, die meist in London lebe.

„Oh, so I wonder, that we never met before", sagte sie in einem wunderbar gespielt britischen Englisch, auf das ich nur erwidern konnte, dass eine solche Großstadt manches Mal wahrlich größer sei als die ganze Welt zusammen.

Wir sprachen über die Life-Webcam von Chóra Sfakíon. Sie erzählten, für wen sie dort mindestens eine Minute als Statue mit erhobenen Armen gestanden hätten. Ich ihnen, dass ich es im Frühjahr für meine Daheimgebliebenen in Ostfriesland ebenso getan hatte und dass dies irgendwie mit unserem blauen Blute im Zusammenhang stehen müsse, weil doch normale Menschen solch einen Zauber kaum veranstalten würden. Es war ein amüsanter Tagesausklang, den wir mit einem Ouzo abschlossen.

Grace verstand Deutsch, sprach aber hauptsächlich Englisch, ihr Bruder Gerald Deutsch mit stark britischem Akzent. Ich im Wechsel Deutsch oder eben my beautiful german English. Grace lebte wirklich in London und Gerald wirklich in Berlin. Die Geschwister machten seit einer Erkrankung Graces vor ein paar Jahren zwei Mal im Jahr mindestens eine Woche Urlaub miteinander, der sie meist hierher nach Chóra Sfakíon führte. In ihrem Fall war diese lebensbedrohliche Krankheit erforderlich gewesen, um sich ihrer Bedeutung füreinander neu bewusst zu werden. Sie telefonierten regelmäßiger, fragten einander häufiger, wie es ihnen gehe, achteten besser auf Schwingungen, Töne und Untertöne und machten diese Reisen, bei denen beide auf eine Unmenge von Wiederholungen hofften.

„And Elisabeth, you are the real Queen?“,

fragte Grace mich zum Abschied mit einem geheimnisvollen Lächeln, worauf ich nur leise sagen konnte:

„Yes, sometimes it seems and feels like this.“

Am Abend trafen wir zufällig im Flur der ersten Etage des Xenia wieder aufeinander. Sie wohnten im Zimmer einhundertundsechs am Ende des Ganges. Wir aßen gemeinsam, erzählten aus unseren Leben, verfeinerten mein Englisch und verließen die Terrasse wohl eine Stunde vor Michális Erscheinen bei Nacht.

16.

Der nächste Morgen begann mit kuscheligen Beinverschlingungen, einem langen, gemeinsamen Duschbad, aufs Zimmer serviertem Kaffee plus Keks und Rosenblüte, einem gemeinsamen Frühstück am Taxiboottisch und einer unangenehmen Überraschung.

„No room today!“
„No room today?“
„Yes Elisabeth, no room for you tonight!“

Georgos war mit einem Kaffee und einer hinters Ohr gesteckten Zigarette an unseren Frühstückstisch gekommen. Er tat bedauerlich und grinste gleichzeitig unübersehbar. Er hätte sich mit der Zimmervergabe verkalkuliert und erst gerade bemerkt, dass ihm ein Raum für die kommende Nacht fehle. Micháli hatte mich für fünf Tage angekündigt, Georgos und ich uns über die Länge meines Aufenthaltes nicht unterhalten, und so war es nun so, wie es jetzt war. Wer planlos reist, muss damit rechnen. Wer sich nicht festlegen möchte, trägt das Risiko, und wer keine Angst vor möglichen Konsequenzen hat, kann es so tun. Keine Angst und so - ihr wisst schon.

„No room for you tonight, Elisabeth!“
„No room for me, Georgos - no problem!”

Vielleicht könnte ich bei Micháli auf dem Sfákia Express übernachten. Vielleicht würde ich ein Zimmer für zwischendurch finden. Vielleicht schlief ich für eine Nacht am Strand, und vielleicht ergäbe sich auch etwas ganz anderes.

"When do I have to leave the room?
And may I put my things in the apothíki?
Georgos! The apothíki! Thats it!
Is it possible I'll spend my night there?"

Ich fand meine Idee hervorragend! Eine Nacht im Rumpelraum an der Terrasse des Xenia zu verbringen, das hätte doch was. Georgos gestattete mir sofort, meine Sachen dort unterzustellen. Eine Übernachtung mochte er mir dort jedoch nicht gestatten. „To confusion, to much junk and clutter, to messy, not clean!" - „Zu durcheinander, zuviel Schrott und Gerümpel, zu unordentlich, nicht sauber!" Georgos wollte und wollte es mir trotz all meiner gegenteiligen Argumente partout nicht gestatten, und so verschob ich den Gedanken daran auf später. Ich wusste, dass es bis zum Abend ein Ergebnis geben würde, und wenn nicht, wäre genau das das Ergebnis. Am Ende würde alles gut sein, was immer dieses Gute dann auch für mich ausmachen mochte.

Ist das Gute nun gut, weil es gut ist, einfach nur aus sich selbst heraus, oder ist es gut, weil wir es uns entsprechend gut zurechtdenken?

Verena kam mit einem schwarzgrundigen Blümchenkleid auf die Terrasse, bauschig frisch gewaschenem Haar, leicht geröteten Wangen, schön gemalten Lippen, Täschchen in der Hand und Schühchen an den Füßen. Sie würde nun ihren Georg vom Flughafen abholen fahren, erzählte sie uns mit einer gewissen Glückseligkeit. Xenia-Georgos habe ihr den Wagen bereits vom Parkplatz heruntergefahren und, ja, nun müsse sie auch los! Zum Abschied ein Foto der freudigen Schönen am Taxibootschild mit besten Wünschen für gutes Gelingen. Wir winkten ihr, bis sie aus unserem Blickfeld verschwunden war.

Bis zum Zimmerräumen hatte ich noch gut zwei Stunden. Micháli hatte eine Fahrt. Ich verweilte weiter am Taxiboottisch und beobachtete das Vormittagstreiben. Auf der Terrasse des Xenia sah ich Ulli und Ralf mit Cora. Cora lag brav auf ihrer Hundedecke und knabberte genüsslich an einem Knochen. Ralf und Ulli saßen Zeitung lesend beim Frühstück. Grace und Gerald wollten sich gerade an einem der Geländertische niederlassen, als sich unsere Blicke trafen. Drei lächelnde Gesichter zeigten wiedererkennende Freude. Gerald sprach kurz zu Grace, kam dann von der Terrasse auf mich zu und fragte, ob sie sich zu mir setzen dürften. Als ich mit „Ja." und „Gerne!" geantwortet hatte, winkte er Grace ein aufforderndes „Come!" zu und holte sie an den Terrassenstufen ab.

„My Queen", lächelte sie mit einer kleinen Verbeugung.
„Ich bitte Sie, Fürstin", ihr die Hand reichend.

Gerald rückte Grace den Stuhl zurecht, ich mir meinen etwas mehr dem Tisch zugewandt und Gerald sich seinen so, dass er vom mir gegenüberliegenden Platz gut in die Gesichter seiner beiden Tischdamen schauen konnte. Er hatte sich, auch wenn er nun schon seit Jahren in Berlin lebte, die gute englische Schule erhalten. Als Vanna ihnen das Frühstück servierte, bat ich um einen weiteren Kaffee.

Es plaudert sich gut mit neuen Menschen. Alles, was sie einander erzählen, ist neu, und wenn drei wie wir die Fünfzig gut überschritten hatten, konnten sie aus mehr als hundertfünfzig Jahren Lebenszeit schöpfen. Wir beschränkten uns auf das Nötigste. Auf Namen, Zwischennamen und Titel. Auf gelebte Orte, bei deren Anzahl ich nur mit zweien dienen konnte, und Gerald gewann. Auf geborene und vorhandene Kinder und

Kindeskinder. Auf Berufe, Lieben und Leidenschaften. Die Krankheiten ließen wir außen vor, ebenso wie die Preisgabe größerer Wunderlichkeiten, und so kamen wir schnell auf Kreta zu sprechen.

Wir drei liebten Kreta über alle Maßen, und wir fragten uns, ob es im europäischen Bereich ein weiteres, ebenso viel- und heißgeliebtes wie heimatempfundenes Fleckchen Erde geben mochte wie dieses felsaufgetürmte Eiland zwischen dem Libyschen und dem Kretischen Meer. Es gab so vielen Europäern Herkunfts- und Heimatgefühle, die wir uns am Ende unseres Beisammenseins nur noch augenzwinkernd mit der durch den in einen Stier verwandelten Zeus nach Kreta entführten Europa erklären konnten.

Wer nun glaubt, dass Europa aus Europa stamme, irrt. Gerald kannte sich in der griechischen Mythologie aus. Er erzählte von den Eltern Europas, deren Mutter Telephassa und deren Vater ein phönizischer König namens Agenor wäre. Telephassa wiederum sei die Tochter des Meeresgottes Poseidon, von dem ich doch sicher schon gehört hätte. Zeus soll Europa übers Meer nach Mátala gebracht haben und sich dort an Land vom Stier zurück in seine menschliche Gestalt verwandelt haben. Er zeugte mit ihr drei Kinder, unter ihnen Minos, ein späterer König Kretas. Ich erinnere den Götterboten Hermes, dem Jüngling mit den Flügelschuhen und dem dazu passenden Helm, der auch bei dieser Geschichte wieder mit einer Rinderherde im Spiele war. Er habe seine Herde an den Strand von Sidon getrieben, an dem Europa spielte, um dem in sie verliebten, in einen Stier verwandelten Zeus sein Annähern möglich zu machen, dem dann die Entführung Europas nach Kreta folgte. Sidon liegt am Mittelmeer im südlichen Libanon, südlich der Hauptstadt Beirut.

Fängt man an, in den Mythologien zu lesen, sie verstehen zu wollen, öffnet sich Frage um Frage. Wer mit wem und wann und wo. Götter mit Göttinnen oder wunderbaren Erdenwesen. Hauptfrauen, Zweitfrauen, Nebenfrauen, mehr oder weniger kurze Liebschaften. Verstrickte Verbindungen. Nachkommen in großer Zahl, die immer wieder Namen hervorbringen, die wir als griechische Götter identifizieren, aus anderen Zusammenhängen kennen oder die uns erneut Rätsel aufgeben. Mein liebstes Nachschlagewerk dazu ist immer noch:

„Who is who in der griechischen Mythologie?"

Einfach, verständlich, klar und übersichtlich, in alphabetischer Reihenfolge mit hilfreichen Querverweisen.

17.

Ich verbrachte die Zeit. Räumte meine Sachen zusammen. Packte meinen Rucksack so, dass ich alles mit geschlossenen Augen erfingern konnte. Jedes Teil steckte genau dort, wo ich es meiner Logik folgend vermuten, suchen und wiederfinden würde.

Als ich mein Gepäck hinunter ins Rumpelzimmer brachte, erschien es mir noch chaotischer als an den Tagen zuvor. Für mich würde es ein Leichtes sein, es wohnfertig zu machen. Bevor ich ins Dorf ging, rief ich Georgos an seinem Schreibtisch zu, dass ich meine Sachen schon mal in „mein Zimmer" gestellt hätte, was er ohne zu überlegen mit einem lauten „Óchi!" aushebelte. Vanna kam dazu und fragte:

„What's this and why óchi?"
„I have no home for tonight and Georgos will
not allow me to sleep in the bed of the apothíki.
I offered him, I would clean it by myself,
but he did not want to accept it."
„You're crazy, Elisabeth, the room is to messy."
„Yes, I know, but I would like to do it, really."

Nach einem einstündigen Gang durch den Ort fand ich mich wieder am Xenia ein. Micháli kam gerade die Stufen vom Anleger hinauf und winkte mich zu sich. Er war zauberhaft. Lächelte. Zog einen Stein mit einer mittigen Öffnung, aus seiner Hosentasche, einen Hühnergott oder auch Hexenstein, und drückte ihn mir in die Hand.

„With love from me to you.
Look a stone with a hole in the middle.
To look at the sky and to the stars to see the future."

Ich nahm den Stein, schaute hindurch, direkt in sein Gesicht, in seine Augen, und fragte, ob das, was ich dort sähe, wohl die Zukunft sei, die Vergangenheit oder das reale Jetzt. Er meinte, dass man das mit der Zukunft ja nie so genau wisse, dass wir das Vergangene kennen würden und dass es für ihn, für hier und jetzt, auf jeden Fall gelte: „You and me are now!"

Mein nächster Blick durch die Steinöffnung galt der Terrasse des Xenia. Georgos kam ins Sichtfeld. Ich winkte ihm zu - er mir lächelnd zurück.

„I will clean the room soon", rief er zu mir herüber
und „So you will have it for this night - okay?"
„Oh Georgos, how wonderful, you're so kind."

Kochen war sein Talent, nicht Räumen. Dazu wäre es mir nicht recht gewesen, wenn er durch mich diese nicht eingeplante zusätzliche Arbeit gehabt hätte. Ich sprach „Ja!“ und „Wie schön!“ und dachte mir meinen Teil. Micháli ging wieder aufs Boot, ich in einem unbeobachteten Moment hinter die Tür des Rumpelraumes.

Um mir einen Überblick zu verschaffen, ließ ich meinen Blick schweifen.

Erst schauen, dann handeln, sollte nicht nur die Devise fürs Rumpelräumen sein. Etwas anzuschauen, um es überblicken zu können, ist in jeder Lebenslage hilfreich. Der übergeordnete Blick auf Lebenssituationen ist ebenso Klarheit schaffend, wie es der entfernte Blick auf solch ein ungeordnetes Einander - also Durcheinander - ist. Der Abstand, die höhere Warte, der Blick aus der Ferne, besonders wenn man selbst ein Teil einer ungeklärten oder schwer auszuhaltenden Geschichte ist, ist einfach nur schlau. Zu diesem Zeitpunkt ging es jedoch nicht um die Auflösung schwerwiegender Seelenbelastungen oder komplizierter menschlicher Verbindungen, hier ging es einfach nur um das Ordnen unterschiedlicher in einen Raum hineingepfefferter Dinge. Alles hier Untergebrachte hatte mehr oder weniger mit der Bewirtschaftung des Xenia zu tun und befand sich zu diesem Zeitpunkt teilweise noch zwischen mir und meinem Schlafplatz für die kommende Nacht.

Pappkartons. Säcke mit benutzten Papiertischdecken. Kartons mit Servietten. Vorgehaltene Reinigungsmittel. Putzgeräte. Werkzeuge. Plastikbeutel mit unterschiedlichen Befüllungen. Eine Reisetasche. Mein Reiserucksack. Anderer Leute Stiefel, Schuhe und Kleidungsstücke. Eine hohe Leiter, eine kleinere zum Ausklappen dazu. Der uns schon bekannte Käscher mit anderem Angelzubehör ebenso wie auf den ersten Blick nicht einzuordnender Kleinkram.

Ich stand mit dem Rücken zur Tür und erblickte auf der gegenüberliegenden Seite des Raumes eine schmale, hübsche, doppelflügelige Holztür. Rechts neben der Eingangstür stand eine große Gefriertruhe, gleich dahinter ein breites hohes Metallregal. Die Begehrlichkeit der heutigen Nacht stand voll belegt an der gegenüberliegenden Wand. Daneben ein flaches Regal mit angrenzendem schmalen Kleiderschrank. Zur Terrasse gab es eine fensterlose Öffnung in zwei Metern Höhe mit einem Ziergitter. Schaute ich dort hinaus, fiel mein Blick auf die mit rosa Bougainvilleen bewachsene Überdachung der Terrasse.

Viel Hohlraum - viel vergeudeter Platz.

Ich begann damit, die leeren Pappkartons ineinanderzuschachteln, öffnete vorsichtig den linken Flügel der schmucken Holztür, schaute, dass keiner schaute, genoss den frischen Luftzug, sah auf der gegenüberliegenden Seite des rückwärtigen Hotelflures direkt auf die Wäscheleinen des Xenia mit der angrenzenden Waschküche und wählte diese als Zwischenlager meiner bis dato ineinander geschachtelten Pappkartons. Anschließend ordnete ich herumliegendes Kleinzeug nach Zugehörigkeit. Packte angefangene Kartons gleichen Inhalts zusammen, stapelte Plastikeimer ineinander, legte Werkzeuge gleicher Art auf das selbe Regal, Kabelbinder zu Kabelbinder, Nägel zu Nägel, Schraubendreher zu Schraubendreher und Hammer zu Hammer.

Ordnung schafft Freiräume - im Kopf und im Herzen ebenso wie jetzt hier in „meinem" Zimmer. Ich bin 'ne echte Ladentante, von Kopf bis Fuß, vom Denken und vom Handeln gleichermaßen, und ich war es von klein auf an. Andere Kinder spielten mit ihren Kaufmannsläden und verkauften dort nachgebildete Waren im Kleinformat mit blassfarbenem Puffreis gefüllt. Ich hatte den Laden meiner Mutter.

Heute, an diesem späten Septembernachmittag im Jahr 2012, brachte ich nun nach über fünfzigjähriger geschäftlicher Räumerfahrung das kleine Aphotíki, den Rumpelraum des Xenia, zur Erschaffung eines Notquartiers für die folgende Nacht ladenmäßig in Ordnung.

Alles war in Reih und Glied, sortenrein, übersichtlich und hübsch angeordnet. Ich war so stolz, als ich am Ende meines Tuns geradezu durch den Raum schreiten konnte. Von rechts nach links und kreuz und quer, mit spalierstehenden Reinigungsmitteln unter dem großen metallischen Wandregal. Die Raummitte war gänzlich leer. An den Wänden entlang stand und lehnte alles überschaubar und leicht zu erreichen. Ich fegte den Boden, wischte ihn und saß danach entspannt und froh mit baumelnden Beinen, dem Trocknungsvorgang des Bodens zuschauend, auf meinem zukünftigen Bette. Ich grinste in mich hinein und dachte so bei mir, wie sehr ich es doch liebe, wenn ein Plan aufgegangen war!

Nachdem ich mir Kissenbezug und Laken von der Wäscheleine stibitzt und mein Bett damit bezogen hatte, ließ ich mein Räumwerk von Georgos bewundern. Im Wechsel tat er begeistert, erstaunt und entsetzt, sagte: „Oh no!“ und „Oh yes!“ und dass er mich nun ab sofort bei jedem meiner Xenia-Aufenthalte für eine Nacht aus dem Xenia ausquartieren müsse, zur Wiederherstellung der Ordnung und Übersicht im Apothíki.

Ich machte mich im Vorraum der Terrassentoiletten zurecht und fühlte mich, obwohl ich auch hier mit meinem Werk

8.30

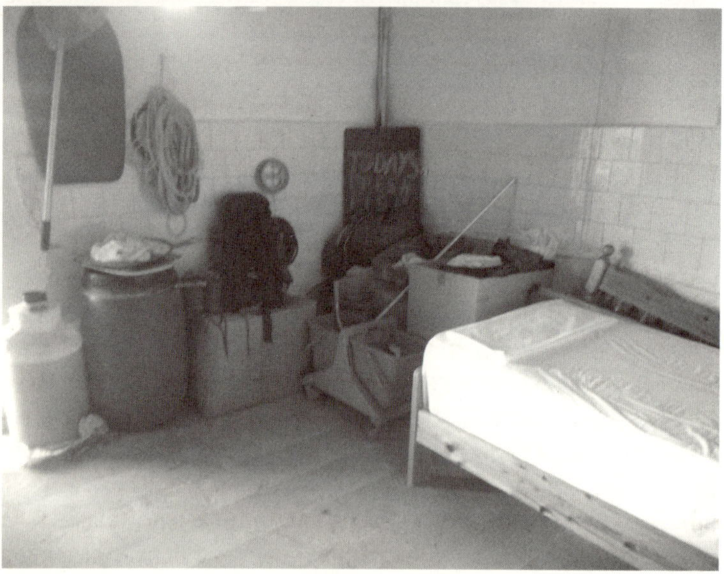

zufrieden war, plötzlich ein wenig neben der Spur. Für eine richtige Unternehmung war der Nachmittag schon zu weit fortgeschritten, zum Einläuten der Abendrituale es nach Uhrzeit und Sonnenstand noch zu früh. Ich überlegte, wo ich die verbleibenden Stunden verbringen wollte. Dachte an die Sonnenterrassen des Xenia, an den rückwärtigen Strand Chóra Sfakíons und an die dort oberhalb liegende Terrasse der Drei Brüder. Ein guter Platz zum Verweilen. Ein herrlicher Ort. Eine langgezogene Terrasse, auf der sich sicher ein heimeliges Plätzchen für mich finden ließ. Die ersten Tische waren besetzt. Unten am Strand lagen einige Sonnenbadende, Kinder spielten im feinen Kies oder planschten unter Aufsicht im Meer, andere sammelten Steine. In kleiner Ferne drei aus dem Meer herausragende Felsbrocken.

Ich wählte einen der hinteren Tische. Setzte mich so, dass mein Körper in der Sonne und mein Kopf im Schatten war. Legte mein Schreibzeug auf die Tischplatte, bestellte mir einen Orangensaft und brachte die Ereignisse der letzten Tage zu Papier. Die Bucht, das Strandschauspiel, der Zug der Wolken, die Bewegung der Wellen dienten mir zur Unterhaltung, der hintere Abschnitt der Terrasse mir als meine heutige Wohnstube, die ich erst nach Einbruch der Dunkelheit wieder verlassen würde.

Ich war dabei, als die Sonnenmarkisen hochgekurbelt wurden und sich die Sonne von gelb über orange nach rot verfärbte und hinter dem letzten Felsausläufer verschwand. Ich sah, wie sich die Terrasse nach und nach mit Gästen füllte, wie Kerzen auf die Tische gestellt und entzündet wurden und wie die Abendlampen ihren Dienst aufnahmen. Ich überlegte, ob für den Abend etwas mit Micháli verabredet war, und bestellte, als mir dazu nichts einfallen wollte, eine kleine Abendspeise mit einem Glas Krazí áspro. Würde er mich vermissen, könnte er mich anklingeln.

Es gefiel mir, hier am Ende Chóra Sfakíons auf der Terrasse der Drei Brüder zu verweilen, weiter in meinen Aufzeichnungen zu schreiben und ins Stimmgewirr der Abendgäste einzutauchen, ohne auch nur den Versuch zu machen, ein Wort oder gar Sätze davon verstehen zu wollen. Ich kannte keines der Gesichter der hier anwesenden Menschen, fühlte mich als Baum unter Bäumen, anonym im Wald, eine Tanne unter vielen - alles gut, alles hübsch.

Von der Terrasse der Drei Brüder aus fällt der Blick auf den hinteren Fels von Chóra Sfakíon, auf den Strand und das Meer und auf die rückwärtige Seite des Xenia. Verena war mit ihrem Georg aus Heráklion zurück. Ich sah, wie das Licht in ihrem Zimmer anging, wie sie auf den Balkon traten, Arm in Arm für einen Moment dort verweilten, aufs Meer schauten, sich setzten, zwei Zigaretten entzündeten und als die Glut verglüht war, wieder ins Zimmer traten. Sie schlossen die Balkontür, löschten das Licht und verließen den Raum.

Sicher würden sie sich mit Ulli, Ralf und Cora auf der Terrasse des Xenia treffen. Sicher würden sie mit Vanna und Georgos scherzen und auf Georgs Ankunft anstoßen. Vielleicht würde Michàli auf der Terrasse erscheinen. Vielleicht würden sie ihn an ihren Tisch bitten. Vielleicht würde er sich dazu setzen, und vielleicht würde sich auch der eine oder andere fragen, wo ich denn sei. Ob jemand an „meine Zimmertür“ geklopft hatte? Ob jemand nach mir Ausschau halten würde? Ob jemand versucht hatte, mich auf meinem Handy zu erreichen? Ohne direkte Nachfrage wollte ich heute in keines Menschen Gesellschaft sein.

Ich war gerade dabei, mich mal wieder selbst ins Abseits zu denken. Das konnte ich dann und wann ausgezeichnet, ob mit oder ohne ersichtlichem Grund. Das passierte mir einfach so,

gegen jede Vernunft und gegen jedes gute Gefühl. Ob ich mich dadurch selbst vom oberen Sockel der Glückseligkeit herunterholen musste? Ob zu viel Glück bei mir Ausgleich in Melancholie sucht? Ob ich vor alles und allem, was Enttäuschung in mir hervorrufen könnte, vorsichtshalber die Nichterwartung setze? Der Wechsel meiner Jahre lag für mich hinter mir, auch wenn ich zugeben muss, dass sechsundfünfzig kein unbedingtes Indiz dafür sind.

Als ich aufbrach, war es weit nach zehn. Ich hatte mein Essen gegessen, meine Notizen auf Vordermann gebracht, meinen Weißwein getrunken, meine Melancholie genossen und wieder verworfen. Hatte meine Zeche bezahlt und mit der jungen, gut gelaunten Bedienung meinen ersten, zweiten und dritten Raki getrunken:

„The first to say hello,
the second to say kaliníchta for a good night
and the third for coming again."

Ich schlenderte zum Xenia, trat auf die Terrasse, sah Verena, Georg, Ulli und Ralf beim Nachtisch und beim Raki sitzen, schlich mich an und lächelte mein breites Abendlächeln, nachdem Cora mich mit ihrem Bellen verraten hatte.

„Wo warst du?"
„Wir haben dich vermisst."
„Micháli hat nach dir Ausschau gehalten,
gefragt, if someone had seen his lady... ."

Ich setzte mich dazu, ließ mich gerne zu einem weiteren Raki einladen und dachte: „Raki is always a good medicine against all kinds of Weltschmerz, auch wenn wir das nicht zur Gewohnheit werden lassen wollen."

18.

Mein Schlafplatz für die heutige Nacht sorgte für allgemeine Erheiterung. Hatte ich erwähnt, dass dieses Bett mehreren Menschen im Wechsel als Ruheplätzchen zur Verfügung steht? Nicht für die Nacht und nie zur selben Zeit, doch zum Stillen plötzlich aufkommender Tagesmüdigkeiten. Vanna und Georgos hatten da Hausrecht - Micháli musste fragen. Georgos hatte der kleinen Tischgesellschaft vom durchgeräumten Apothíki erzählt, Micháli es ihnen bei seinem abendlichen Kurzbesuch auf der Terrassenbühne mit einem gewissen Stolz vorgeführt.

Ich weiß nicht, wie es zu anderen Zeiten ist. Zu meinen Zeiten gab es immer ein gewisses Zusammengehörigkeits- oder auch Familiengefühl. Man bemerkte einander. Hatte Anteil an dem, was den anderen hier passierte. Traurigkeiten wurden ebenso registriert und beachtet wie Kuriositäten, vielfältige Erlebnisse, gefahrenvolle Momente oder auch amüsante Geschichten wie die meiner heutigen Räum- und Schlafaktion.

Ich wünschte meinen Tischgenossen eine gute Nacht und zog mich ins Aphotíki zurück. Lächelndes „kaliníchta“ und „kalo hýpno“, verbunden mit „ónira glyká“. Gute Nacht, gut schlafen und der Wunsch für süße Träume. Als ich nach dem Zähneputzen und meiner vornächtlichen Katzenwäsche vom öffentlichen Badezimmer zurück in mein Schlafgemach wechselte, war auch die kleine Tischgesellschaft bereit für die Nacht. Verena, Georg, Ralf und Ulli schritten im Gänsemarsch mit Cora auf dem Arm hinauf in ihre Nachtquartiere. Georgos schloss die Türen zum Taverneninnenraum. Vanna löschte das Licht.

Perfektion ist steigerbar.

Im Bereich des Xenia hätte es nun mucksmäuschenstill sein müssen. Ich hätte mich vom leisen Plätschern der Wellen in den Schlaf wiegen und von den Träumen der Nacht überraschen lassen können, wäre da nicht das Brummen des immer wieder anspringenden Motors der Gefriertruhe gewesen. Ich versuchte, es zu ignorieren. Suchte das Geräusch, für meine Ohren mit noch friedlichen Gedanken durch kleine Papiertaschentuchfetzen zu mildern, und erwog, als das nichts nützen wollte, im radikalsten Bereich meiner Vorstellungen, der Gefriertruhe durch Stromentzug den Garaus machen zu wollen. Den Knopf zum Ausschalten hatte ich gefunden, den zur Gefriertruhe gehörenden Netzstecker ebenso. Die Folgen wären fatal gewesen. Die Gefriertruhe war bis zum Rand gefüllt. Aus purer Vernunft und Weitsicht entschied ich mich am Ende jedoch, allen Groll fallen zu lassen und bei Kerzenlicht, beruhigungsfördernd, ein wenig weiterzuräumen.

Als ich danach immer noch leicht verzweifelt und unentschlossen von meinem Bett aus im Wechsel an die Decke und hinaus auf die vom Mondlicht beschienenen Bougainvilleen starrte, fiel mein Blick auf das Obere des schmalen Kleiderschranks. Lag dort nicht der mit weißen Worten bedruckte graue Werbebeutel der Firma Räder, den ich Micháli am Ende meiner letzten Reise als Ersatz für seine blauen Plastikbeutel hier gelassen hatte? Ich stand erneut auf, zog ihn vom Kleiderschrank und schaute hinein - zu dunkel. Ich entzündete ein paar Teelichte. Der Kleiderschrank war hoch, die kleine Klappleiter hilfreich.

Ich räumte das ungeordnete Sammelsurium vom Kleiderschrank herunter und platzierte es neben dem Kerzentablett auf der Gefriertruhe. Schnell war ich mir sicher, dass es „meinem“ Micháli gehörte. 'ne langbeinige Hose, Pullover, Hemden, Socken, Unterzeug und ein bisschen Allerlei. Ach, wie fand ich es auch schön, ihn durch die Anwesenheit seiner Sachen nun ein wenig bei mir zu haben. Das Brummen der Gefriertruhe verlor sein störendes Geräusch. Das Kerzenlicht tauchte alles in heimeliges Licht, und Michális kleines Hab und Gut brachte ein wenig von seinem Sein hier in mein nächtliches Reich und machte meine Seele leicht. Ich faltete die Kleidungsstücke in meiner Manier, legte sie akkurat gefaltet und gestapelt auf den Kleiderschrank zurück und schaute zum Abschluss in den weiß bedruckten grauen Beutel.

Sein Blutdruckmessgerät hier und nicht an seiner Seite? Tabak im Vorrat. Blättchen ebenso. Weiße Kugelschreiber und Feuerzeuge mit blauem Werbeaufdruck der hiesigen Tankstelle. Ein paar griechische CDs. Papiertaschentücher. Ein wenig Kruschkram und die kleine schwarze Blechdose mit dem Piratenzeichen, die ich ihm am Ende meiner letzten Reise in seine Hemdtasche gesteckt hatte. Ich schüttelte sie. Es klang nach Inhalt, nach Papier. Ich klappte den angehängten Deckel der einstigen Pflasterdose hoch und blickte auf einen meiner gefalteten Ladenflyer, der zwischen einer Ansammlung ordentlich geknickter Euroscheine zum Vorschein kam. Ich grinste in mich hinein.

„Banause alter, Geld zur Seite gelegt und nichts gesagt."

Im Nachtgewand überquerte ich die Terrasse des Xenia, ging die Steinstufen hinunter und schlenderte beseelt und leichtfüßig über die in die Jahre gekommene betonierte Fläche bis ans Ende der alten Mole. Der Betonsockel des Leuchtfeuers bot mir einen Platz. Ich saß Richtung Micháli und seinem von mir erwarteten Schlafplatz im Innern des Sfákia Express. „Fluggeld?", dachte ich fragend. Mit übereinandergeschlagenen Beinen, ans Metall des Leuchtfeuers gelehnt, genoss ich diesen Gedanken und die nächtliche Ruhe meiner kleinen Stadt. Ich betrachtete den Mond, schaute auf den beleuchteten Fels und die wie im Nebel wirkenden grellgelben Laternen am entfernt gegenüberliegenden neuen Hafen. Ich rauchte meine Gute-Nacht-Zigarette, lächelte in die Welt und erfreute mich am gleichmäßigen Takt des Leuchtfeuers.

19.

Es war warm in dieser späten Septembernacht. Die Luft war lau. Der Wind zog leicht über Meer und Land. Als ich endlich in meinem Bett lag, stand ich noch einmal auf, um beide Türen meines Notquartiers sperrangelweit aufzustellen. Der leichte Luftzug brachte etwas Kühle in den Raum, strich sanft über meine Haut und schien neben der stehenden Wärme auch einen Teil des wiederkehrenden Motorengeräusches mit fortzunehmen.

Unser Denken bestimmt unser Sein. Unsere Fantasie, unsere Vorstellungskraft und unser Wille unser Denken, Handeln und Fühlen. Das brummende Geräusch des Kühlmotors der Gefriertruhe verwandelte sich nach und nach vom Störenfried zum angenehmen Schlafbegleiter, ähnlich der gleichmäßigen Schnarchgeräusche meines wiederkehrenden nächtlichen Besuchers.

Angst war nie der Maßstab meines Handelns, und so fiel ich trotz der weit geöffneten Türen alsbald in einen tiefen, erholsamen Schlaf. Als Georgos sie in der Früh vorsichtig schloss, erwachte ich kurz. Ich drehte mich auf die andere Seite, schlief erneut ein und träumte einen Morgentraum. Traum ist nicht gleich Traum. Die meisten bleiben ohne jede Erinnerung im Traumland zurück. Der Traum des heutigen Morgens wollte es anders. Er machte auf sich aufmerksam. Forderte mich in meiner Aufwachphase auf, ihn mit in mein Bewusstsein zu nehmen.

Ich hatte mich in der Hinterstraße Chóra Sfakíons einem der beiden schon seit ewigen Zeiten leerstehenden Läden angenommen. Hatte sein Inneres mit einem Freund renoviert, sein Äußeres schmuck herrichten lassen. Seine drei großen Rundbogenfenster, von denen das mittlere die Eingangstür inne hatte, waren nun buttermilchweiß gestrichen. Rechts und links, vor den beiden Fensterelementen, je eine Bierzeltgarnitur in gleicher Farbe längs vor die Fenster gestellt. Am jeweiligen Tischende ein gemütlicher Lehnstuhl. Im Innenraum, an beiden Fenstern, gemütliche Sitzmöglichkeiten mit hochlehnigen Sitzbänken, einem alten Eisenbahnabteil ähnlich. Ich hatte mir dort ein Domizil eingerichtet. Wohnen und Arbeiten in einem Raum, als Mikroausgabe meines ostfriesischen Familienhauses. Am Ende des Raumes zwei Butzenbetten für je zwei Personen mit Schubkästen fürs Private. Dazu ein Badewannenbad und eine kleine Küchenecke. Zwischen den Fensterplätzen und den Butzenbetten - Laden.

Beim kleinsten Wink dazu kommt meine Fantasie ins Schwelgen. Ich sehe genau, wie es darin ausschaut, was es darin zu kaufen gibt, wie es sich darinnen leben ließe und was ich dort während meiner Kreta-Zeiten täte. Hätte ich nicht mein so wunderbares ostfriesisches Ladenleben, würde ich diesen Traum wahr werden lassen wollen.

Mein Anstand und das Bedürfnis einer gewissen Grundästhetik brachten mich durch die schmucke Holztür über den rückwärtigen Hotelflur durch ein Labyrinth frisch aufgehängter Bettlaken in die Waschküche des Xenia zur morgendlichen Katzenwäsche. Provisorien übten auf mich schon immer einen besonderen Reiz aus. Sich mit wenig zu behelfen. Aus widrigen Umständen, gute zu machen. Aus nichts ein Paradies zu erschaffen, ist für mich im wahrsten Sinne des Wortes - göttlich. Selbst bei kurzfristigen Provisorien bleibe ich meinem Anspruch treu. Das spontan Bestmögliche ist mein Maß. Ich hatte mir eins meiner schwarzen Kleider übergeworfen, meine Haare locker zusammengesteckt, mir die Nase gepudert und die Lippen gemalt und wollte gerade zurück in „mein Zimmer", als ich Micháli inmitten der aufgehängten Bettlaken direkt in die Arme lief.

„Korítsi mou, where have you been last night?"
„O Ántropos mou - where have you been?"

Korítsi mou - mein Mädchen.
Ántropos mou - mein Mann.

Er hatte nachschauen wollen, ob ich noch schlafe, und vermutete mich in der Waschküche zur Katzenwäsche, weil die hintere Tür des Apothíki offen stand und er mich auch sonst hatte nirgends erblicken können.

„Periméne - warte!“, sagte er.

Mr. Micháli gab den Inhalt einer mitgeführten Tragetasche in eine große Plastikschüssel. Stellte sie auf einen der Tische in der Waschküche, schüttete ordentlich Waschpulver darüber, füllte das Ganze mit heißem Wasser auf, rührte alles um und ließ seine Wäsche zum Einweichen dort stehen.

„So it's easier to clean it afterwards.“
„Né!“, sagte ich und dachte: „Viel hilft viel!“

Wir trafen uns zum gemeinsamen Morgenkaffee an seinem Officetisch. Am Nachbartisch saßen Heike und Ulli Hase. Ich weiß gar nicht, ob ihr Nachname wirklich Hase war. Auf jeden Fall hießen sie für mich von Anfang an Heike und Ulli Hase, wobei ich den Ulli, ob der Ulli von Ralf und Hund Cora, bei Ulli Hase von Beginn an wegließ. Ich nannte sie ungefragt einfach nur Heike und Hase, was von beiden lachend akzeptiert wurde.

Ob das Freude machte? - Ja! - So wie die anfängliche Festlegung ihrer Namen war auch unser ganzes Miteinander. Unkompliziert, herzlich und froh. Wir hatten einfach Spaß, was bei der Bezeichnung Hase durch mich für den Ehemann seiner anwesenden Ehefrau auch kaum hätte anders sein können. Hase und Heike waren einfach wunderbar. Er, der etwas verträumte, in sich ruhend wirkende Architekt mit Hausmannqualitäten und seinem etwas lichten, welligen, mittelblonden Haarschopf. Heike, soweit ich mich erinnere, Krankenschwester, gelassen und großmütig, schön bei sich. Schlank, fast burschikos, mit dunklem, raspelkurz geschnittenem Haar. Ich erinnere Grübchen, die ihren Humor passend unterstrichen. Heike und Ulli ergänzten sich gut. Waren weder künstlich noch laut, weder langweilig noch übertrieben geltungsbedürftig. Sie waren einfach nur da, natürlich, fröhlich und wohlwollend im Umgang mit sich und anderen.

Heike und Ulli Hase, Gerald from Berlin mit seiner Schwester Grace from Monaco und ich bildeten für die nächsten Tage ein gutes Gespann. Wir verweilten, wenn wir nicht anderweitig unterwegs waren, im Bereich des Xenia oder am Strand der Drei Brüder und fanden uns dort gewollt und erfreut immer wieder gerne zusammen.

Hase und ich bildeten eine Alten-WG-Plaudergruppe, planten ein überdimensional großes und sündhaft teures WG-Haus und philosophierten über das Leben jenseits der Elternschaft.

Heike erzählte von ihrem Traum, einmal bis zu den drei hier in der Nähe im Meer aus dem Wasser ragenden dicken Fels-Steinen hinaus-, herum- und wieder zurückschwimmen zu wollen. Gerald erhörte ihn gerne, um ihn alsbald gemeinsam mit ihr in die Tat umzusetzen. Grace beobachtete all das lesend, über den Rand ihrer Brille blickend, in ihrer zurückhaltenden, fürstlich wohlwollenden Art.

Als Micháli und ich am späten Nachmittag im Loungebereich des Lefká Óri für ein Weilchen gestikulier- und wortreich zusammensaßen, schallte es plötzlich in unsere Ohren: „Das gibt's doch nicht!“ Stefanie und Andreas-Josef waren um 16 Uhr mit dem Nachmittags-Bus aus Chaniá angekommen. Sie waren mit ihren Rucksäcken die Uferpromenade hinaufgegangen, hatten Micháli im Lefká Óri am Ende der Promenade mit einer Frau plaudern sehen und beide bei sich gedacht, dass er wohl wieder seiner Lieblingsbeschäftigung nachginge und dass er dabei anscheinend einen bestimmten Typ bevorzuge. Langhaarig, groß und schlank. Als sie mit uns auf gleicher Höhe waren und mich als mich erkannten, waren sie gleichermaßen erstaunt wie beruhigt.

„Das gibt's doch nicht!“,
verbunden mit großer gegenseitiger Freude,
uns nach fast genau einem Jahr hier nun so
unverhofft erneut zu begegnen.

Andreas war inzwischen von Dortmund zu Steffi nach Hamburg gezogen. Ihre Liebe hatte sich bewährt und bestätigt. Nun wäre Sehnsucht nach Kreta dagewesen, und so hatten sie spontan zum offiziellen Einjährigen und zu Andreas erneutem, nun einundfünfzigsten Geburtstag wieder Kreta mit dem selben Zimmer im Xenia gebucht.

Am Abend fanden sich alle Stränge der Xenia-Familie an unterschiedlichen Tischen auf der Terrasse ihrer gemeinsamen Unterkunft ein.

- Georgos und Pedro hatten am Nachmittag
  den obligatorischen Grillspieß angefeuert.
- Anna und Vanna - Blumenkohl in Gorgonzolasoße,
  Briám, Kichererbsenpüree, also Fáva, und die süße
  Nachspeise „aufs Haus“ vorbereitet.
- Gerald war unter Beobachtung von Grace und Hase
  mit Heike zu den dicken Felsen Richtung Meer
  hinaus-, drumherum- und wieder zurückgeschwommen.
- Andreas-Josef und Stefanie hatten sie bei ihrem
  ersten Sonnenbad auf den Terrassen am Meer
  unbekannterweise bewundernd dabei beobachtet.
- Verena, Georg, Ulli und Ralf waren, nachdem sie
  bei Vanna erfolgreich für Cora um Asyl gebeten

hatten, zu einem Ausflug nach Loutró und Livanianá aufgebrochen und bestellten mir nun, nachdem sie dort als Xenianer identifiziert worden waren, herzliche Grüße von Tilman, Nina und Ludwig, mit der Bitte, mich dort oben doch ganz bald wiedersehen zu lassen.

- Micháli und ich waren nach seinem Feierabend gemeinsam auf unser neues Zimmer gegangen.

An den Händen gehalten, ins Zimmer gezogen und aus. Liebevoll übereinander hergefallen, ineinander versunken, Zweisamkeit genossen. Im Halbdunkel auf dem Balkon die Zigarette danach geraucht. Gelacht, geneckt, gefreut und vor dem erneuten Auftritt in der Öffentlichkeit eine Dusche für durchaus sinnvoll gehalten. Übers Balkongitter gestiegen. Durch die offizielle Zimmertür den Hotelflur betreten. Unterschiedliche Wege beschritten, um am Ende über zwei verschiedene Treppen den selben Terrassenraum getrennt voneinander neu zu betreten.

Mehrfach erprobt.
Amüsiert beobachtet.
Und dennoch weiter praktiziert.

20.

Jedes Mal, wenn ich in die Sfákia kam, hatte ich den Wunsch, all meine Lieblingswege dort einmal abzugehen. Von Chóra Sfakíon zum Sweet-Water-Beach weiter nach Loutró. Von Loutró über Old Fínix nach Lýkos und Mármara. Von Lýkos über die Schotterstraße nach Livanianá hinauf und über den Eselspfad von dort aus wieder hinunter. Nach Möglichkeit auch einmal durch die Arádena-Schlucht.

An diesem neuen Morgen war mir nach Bewegung. Ich machte mich rechtzeitig wanderfertig, frühstückte auf der Terrasse des Xenia meinen Yaurti, beobachtete das morgendliche Ritual der Taxibootgang und gesellte mich rechtzeitig vor Abfahrt der Delffíni gegen zehn zu den wartenden Fahrgästen am alten Hafen. Bevor ich mich auf den Weg nach Livanianá aufmachte, nahm ich bei Christina im Sífis einen Orangensaft. Ich ging den einfachen Weg um die Landzunge herum. Die Ebene war übersät mit hohen weiß blühenden Rispen. Ihre Zartheit ließ mich an Frühling denken, nicht an den aufkommenden Herbst. Ich begab mich auf eine kleine Plauderei und für den Erwerb zweier Halbliterflaschen stillen Wassers hinunter nach Lýkos. Den wohl einstündigen Aufstieg nach Livanianá wollte ich nicht ohne entsprechenden Wasservorrat antreten, egal, ob ich ihn nun über die Schotterstraße oder den Eselspfad nehmen würde.

Es war um die Mittagszeit. Am Schotterweg, hinunter zum Small Paradise, zwischen all den hier in unterschiedlichen Naturfarbmischungen verweilenden Ziegen stand ein neues Hinweisschild mit Richtungspfeil zur Taverna Akrogiáli. Ich dachte an die beiden Frauen, mit denen ich im Bus von Vríses nach Chóra Sfakíon ins Plaudern gekommen war, und dass sie sich hier in der Lýkosbucht im Akrogiáli eingemietet hatten. Der Erwerb zweier Wasserflaschen, ein kleiner Hunger, meine Neugier auf die neue Wegführung und die Möglichkeit, Edith und ihre Reisebegleiterin dort wiederzutreffen, ließen mich dem Richtungspfeil folgen. Als ich die Tavernen-Terrasse betrat, lief ich Pávlos, dem älteren Sohn der Wirtsfamilie, fast in die Arme. Er strahlte von einem Ohr zum anderen. Begrüßte mich mit:

„Jássu Barbara!", was ich mit
„Jássu Georgos!", erwiderte.
„I'm not Georgos!", kam es erstaunt aus seinem Mund.
„I know! And I'm not Barbara!", lächelte ich zurück.
„Elisabeth, excuse me, sygnómi, now I remember."

Er erzählte mir, dass Barbara und ich uns eigentlich gar nicht ähnlich sähen, dass sie kürzer und ich länger sei, dass sie blond und nicht rothaarig wäre, dass sie male und nicht schreibe, doch dass wir beide mit dieser so wunderbaren Ausstrahlung und Freundlichkeit durchs Leben zögen, die er einfach zu und zu gerne mochte. Dazu sei sie wie auch ich alle Zeit alleine unterwegs.

„No problem, Pávlos, den bírasi - das macht nichts!"

Ich blieb ein Weilchen, bestellte einen kleinen griechischen Salat, bemerkte den so liebevoll hergerichteten Platz auf Kieselgrund unter schattigen Bäumen mit Blick aufs Meer, wählte ein Tütchen vom „Local salt from sea side" für zwei Euro und ein Tauschbuch aus dem Gästeregal für verwaiste Reiselektüren. Edith und Bärbel seien heute nach Arádena unterwegs, durch die Schlucht, bis hoch zur Brücke mit den geräuschvollen Planken und dem in den fünfziger Jahren durch eine Blutfehde verlassenen Dorf.

TAVERNA
AKROGIALI
28250-91446

Local salt
from sea side
(2€)

Die Sonne stand hoch. Schatten kaum zu erwarten. Ich bedeckte mein Haupt mit meinem Rosentuch und ging gemächlich, mit gleichmäßigem Schritt die stetig ansteigende Schotterpiste hinauf. Die Asphaltierung des oberen Drittels war neu für mich. Als ich den letzten Teil des Weges hinter mich gebracht hatte, genoss ich den Gang auf ebener Straße sehr.

Tilman saß im Cockpit der Taverne, öffnete in gewohnter Manier das Rollengittertor zur Terrasse mit gleichmäßigem Schwung und hieß mich damit willkommen.

„Liesel, wie schön dich zu sehen!", sagte er und dass er mich so schnell gar nicht erwartet habe, auch wenn er mich schon sehr herbeigewünscht hätte. Er war alleine. Nina und Ludwig auf Einkaufstour nach Anópoli unterwegs. Seine ehemals langen Haare waren kurz geschnitten, sein neuer Vollbart gepflegt. Er sah gut aus, und dennoch schien mir etwas schief. Sein Gesundheitszustand machte ihm zu schaffen. Es fehle ihm an Kraft und Motivation, und manchmal würde ihm das alles hier etwas viel. Die Taverne wirkte mit ihrer Blumenpracht und all ihren Kitsch- und Kunstgegenständen wie immer besonders. Das Pink-Piano stand an gewohnter Stelle. Die Katzen schnurrten im Blumenbeet. Jackomo lag in seiner Tonne. Tilman und ich stießen mit Alster und Bier auf unser Wiedersehen an, rauchten ein Zigarettchen und erzählten uns vom vergangenen Jahr.

„Ist es dir recht, wenn ich ein bisschen Ordnung schaffe?", fragte ich ihn. „Sehr!", sagte er und dass ich ihm nur sagen solle, wenn es dabei für ihn etwas Bestimmtes zu machen oder mit anzufassen gäbe.

Nachdem ich mit dem Abwasch begonnen hatte, schafften wir gemeinsam. Tilman untermalte unser Tun mit klassischen

Klängen. Wir räumten, reinigten Gläser und Geschirr, separierten Müll, stapelten Leergutkisten zum Abtransport auf dem großen Platz vor der Taverne, entfernten Unrat aus dem Sichtbereich der Gäste und fegten am Ende den mit Sonnenlichtpunkten übersäten Betonfußboden. „Zu zweit macht's einfach mehr Spaß", sagte er „und ohne vorwurfsvolle Blicke und Worte erst recht!" Das war schon immer so. Vorleben motiviert. Lob macht stark und Lust auf mehr. Tadel zieht runter. Vorwurf lähmt.

Wir saßen gerade bei unserer letzten Haben-wir-das-nicht-gut-gemacht-Zigarette und unserem Nach-der-Arbeit-Kaffee, als Nina und Ludwig von ihrer Einkaufstour zurückkamen. Frisches Brot kam auf den Tisch, Myzíthra, Öl, Salz, Tomaten und Oliven. Wir saßen in guter Runde. Ludwig und ich verabredeten für den 28. September unseren Aufbruch Richtung Westen. Nina erzählte von ihrer baldigen Rückkehr in die Schweiz, die ihr schon jetzt Sehnsucht nach Kreta zurück mache. Tilman von seiner Winterreise nach Deutschland, die ihn, in Begleitung seines Hundes Jackomo, in die Heimatstadt seiner Familie führen sollte und ihn auf Besserung seines Gesundheitszustands hoffen ließ.

„Ups, schon so spät. Ich muss mich sputen."
„Umarmung, Kuss und danke. Wir sehen uns."
„Ja, wir sehen uns. Bis bald. Ich komme wieder."

Wenn es erforderlich ist, kann ich schnell sein. Ich spurtete die Asphaltstraße hinunter, drosselte das Tempo im Schotterbereich, ging vorsichtig dicht am Maschendrahtzaun an den angeleinten Wachhunden für die Schafe vorbei, folgte flott dem Weg oberhalb Lýkos und Fínix und war kurz vor achtzehn Uhr an der Burgruine oberhalb Loutrós angekommen.

Bis dahin hatte ich die aus Ágia Rouméli kommende Fähre auf dem Meer noch nicht ausmachen können. Ich atmete tief ein, grüßte jene, die im Bereich der verfallenen Burgruine wohnen mochten, und nahm gemächlichen Schrittes den kürzesten Weg hinunter ins Dorf.

Auf der Promenade erhörte ich Coko Papageis Miauen, kaufte mir bei seinem Besitzer ein Eis, erwarb am Fahrkartenschalter eine Fährkarte und setzte mich bis zum Eintreffen der Fähre zu Christina an ihren Kräutertisch vor dem großen Stein außerhalb ihres Tavernenbereiches.

In Chóra Sfakíon traf ich auf Verena, Georg, Ulli und Ralf in der Taverne am Fähranleger beim Sundowner. Es folgte ein Abendessen mit Heike und Ulli Hase am blau gestrichenen Geländer am Wasser. Gegen halb zehn gesellte sich Michàli dazu, gegen halb elf Andreas-Josef und Stefanie. Der Platz neben Michális Taxiboottisch ist mir der liebste. Ob aus Gewohnheit, der guten Schwingungen, der Nähe zum Wasser oder der begrenzten Fläche, die nur zwei Tische in diesem Bereich zulässt. Ich bevorzuge mein Leben lang das Kleine und das Wenige, das Nichts hinter und das Alles vor mir. Die Nähe zum Wasser und den weiten Blick. Je kleiner eine Gruppe, um so mehr ist sie meine. Ob homogen das passende Wort ist oder Verbundenheit? Solange sich eine Gesellschaft miteinander fühlt und verhält, bin ich gerne dabei.

Als alle Tische versorgt und Georgos für diesen Tag mit seinem Koch- und Küchendienst zu Ende war, kam er mit Eimer und Käscher, einer Tüte Trocken-Brot und der blauen Spule mit Angelschnur und Haken, die Michàli vor ein paar Tagen hier benutzt hatte, an unseren Tisch.

„Micháli, as páme gia psárema!“
„Micháli, komm, lass uns fischen!“

Er ging die Treppe zum Anleger hinunter, warf einen Großteil des trockenen Brotes in die Bucht und schleuderte, als sich immer mehr Fische in unserem Sichtbereich versammelten, seinen Angelhaken mittig dort hinein. Es ging nicht wirklich ums Fischen. Für Georgos war das Brot-Fischen Runterkommen, Tagesausklang und Entspannung.

„Georgos, dóse mou to díchty!“
„Georgos, gib mir das Netz!“

Micháli war Georgos inzwischen gefolgt, verlangte den Käscher, tauchte damit ins Wasser ein und erwischte damit doch tatsächlich beim ersten Versuch ein beachtliches Exemplar.

Tausendsassa, alter - wenn's läuft, dann läuft es.
Gegröle - Juchhu - Freude - Stolz - Miteinander.

Wir standen inzwischen am Geländer, bejubelten das Schauspiel, fieberten mit. Ulli Hase und Andreas-Josef gesellten sich zu den Jungs ans Wasser und versuchten ihr Glück ebenso. Da wurden Männer zu Kindern, Frauen zu Bewunderern, Terrassenbesucher zu Zaungästen, und da erweiterte sich meine Vorliebe für ein kleines, homogenes, überschaubares Miteinander für einen Moment auf ein buntes, fröhliches, großes, kommunikatives Ganzes.

Alle zusammen - óloi mazí.

21.

Ich hatte Micháli erzählt, dass ich am 28. September für ein paar Tage auf Reisen gehen wolle. Richtung Westen über Soúgia und Paleochóra, um die Westspitze herum nach Kastélli Kíssamos und Chaniá. Am 6. Oktober, am Tag vor meinem Geburtstag, würde ich in Chóra Sfakíon zurück sein. Es sei denn, er wolle um meinen Geburtstag herum für ein, zwei Tage und Nächte mit mir in Chaniá verweilen.

„Think about it. I'll call you the day before."
„You will travel alone?"
„What else? Do you like to come with me?"
„With pleasure, but you know, I have to work."
„I know, but if you like, you're welcome."

Hätte er gewollt, ich hätte es drauf ankommen lassen. Ludwig hätte es verstanden. Mich hätt's interessiert. Mit Micháli auf Reisen... . Es gibt Ereignisse, die sollte man sich nicht entgehen lassen. Wie sehr ich dieses 3D-Leben doch mag. Ich bin dabei, ich beobachte, ich analysiere. Bei allem, was mir während meiner Kreta-Aufenthalte widerfährt, begebe ich mich auf diese drei Ebenen. Im normalen Alltag mache ich das hin und wieder auch, doch so durchgängig wie auf meinen Kreta-Reisen praktiziere ich es zu Hause nie. Der Lebensfilm läuft vor meinen Augen ab. Ich zeichne ihn auf, sortiere nach gut, brauchbar oder auch nicht, nehme etwas hinzu, biege anderes zurecht und mache aus dem, was bleibt, eine möglichst gute und unterhaltsame Reisegeschichte.

Stefanie und Andreas-Josef griffen unseren Gedanken vom letzten Herbst auf. Meinten, ob wir am nächsten Tag nicht zum Sweet-Water-Beach wandern wollten oder nach Loutró oder durch die Arádena-Schlucht hoch nach Livanianá. Wir entschieden uns für die Schlucht. Treffpunkt 9:45 Uhr an der Ablegestelle der Delffíni.

„Kaliníchta." - „Kalo hýpno." - „Ónira glyká."
„Gute Nacht." - „Gut Schlafen." - „Süße Träume."

Der neue Tag begann für uns am nächsten Morgen um viertel nach sechs. Theo klingelte Michàli aus dem Schlaf. Er müsse mit dem Taxiboot sofort zum Sweet-Water-Beach fahren. Zwei alte Freunde von dort abholen und am neuen Hafen beim Anleger des Sfákia Expresses aussteigen lassen. Níkos würde dort mit dem Auto auf sie warten. Sie hatten die Tage verwechselt. Hatten heute mit gestern vertauscht und morgen mit heute. Hatten gedacht, dass ihr Flug morgen gehen würde, und erst vor ein paar Minuten bemerkt, dass ihr gedachtes Morgen schon heute ist. Würde nichts Unvorhergesehenes dazwischenkommen, könnten sie noch rechtzeitig am Flughafen von Chaniá sein, um ihren Flug zu erreichen. Theos Freunde waren Friederike und Wolfgang, die nach ihrer von Regen, Blitz und Donner begleiteten Nacht erneut ein paar Nächte am Sweet-Water-Beach hatten verbringen wollen. Am Ende einer Erinnerung, einer Erfahrung sollte Gutes stehen, damit sich das Negative nicht festsetzt und wir ohne Angst und Bedenken den nächsten Schritt wieder mit Leichtigkeit gehen können.

Michàli war fort und ich nach einer kleinen Zeit des Wachseins wieder zu Bett gegangen. Ich war ohne Frühstück gerade noch rechtzeitig mit Andreas und Stefanie am Anleger der Delffíni gewesen. Wir verließen das Boot in Loutró, wechselten dort auf die Poseidon, passierten das Old Fínix und die Bucht von Lýkos und verweilten mit einer kleinen Speise und unserem ersten und zweiten Morgenkaffee in der Taverne oberhalb des

Strandes von Mármara. Für Andreas und Stefanie war die Arádena-Schlucht neu. Für mich erneut sehens- und gehenswert. Wir erwarben drei Wasserflaschen, füllten sie an der Quelle auf halbem Wege auf, legten vor dem Aufstieg nach Livanianá eine kleine Rast unter dem alten Olivenbaum ein und stiegen danach Schritt für Schritt ein Viertelstündchen den Berg hinauf.

Nach dem ersten Aufstieg lohnt es zu verweilen. Egal, in welche Richtung unsere Blicke gehen, jeder einzelne ist lohnenswert.

Nach dem Aufstieg war das Gehen auf dem Kamm-Weg erneut federleicht. Die Sonne schien von Süden in unsere Gesichter. Zur Linken sah ich Grisúla mit ihrem Hund Hérakles auf einem Felsvorsprung sitzen. Ich hob die Hand, sie winkte zum Gruße zurück. Wir erreichten das Ende des Weges, bogen nach links Richtung Livanianá, stiegen auf den Grat des Felsens und erblickten rechts unter uns tiefblau das Libyische Meer.

Der erste Gang durch das morbide Livanianá will alles erfassen. Wir bewegten uns auf uralten, von Menschenhand verfeinerten Pfaden und Stufenwegen. Passierten die weiße Kirche am Ortsende, das alte Schulgebäude, in dem Italo sein kretisches Zuhause hatte, und das Gebäude vom alten Jannis, der auch dieses Mal auf seinem Terrassendach mit den Geistern der Vergangenheit seine Wortgefechte zu führen schien. Ruinengebäude bestimmen das Bild Livanianás. Leerstehende, vor Jahren fluchtartig verlassene Häuser warten darauf, neu mit Leben erfüllt zu werden. Zwischen den Steinen Blumen und Gräser. Ziegen lauerten an Hausecken, standen an Wegrändern und beobachteten uns vom Flachdach eines grau verputzten Hauses.

Määäää, ja määäää, was sonst?

Nach einem kleinen Gang über die asphaltierte Dorfstraße erreichten wir die Tilmansche Taverne mit ihrem zum Kunstwerk gewordenen Wanderschuh behangenen Zaun. Ein üppig blühender Rosenbusch leuchtete uns zwischen weiß- und blassrosafarbenem Oleander in tiefem Rot entgegen. Das Rollengittertor öffnete sich wie von Geisterhand und Tilman sprach: „So schnell?“ Worauf ich nur lächeln und sagen konnte: “Ja, so schnell!“

Seit gestern war die Tavernen-Ordnung unverändert. Der Abwasch war gemacht. Das Spülbecken glänzte noch in ostfriesischer Manier, und auch Tilman hatte etwas Glänzendes an sich. Sein Innen strahlte geradezu über ihn hinaus.

Als wir gestern während unserer Ordnungszeremonie ins Plaudern gekommen waren, hatte ich ihm von meinem Bedürfnis nach einem kompletten Ganzen meines eigenen Selbst erzählt. Von meinem Wunsch und Wollen, allein aus mir heraus, unabhängig von anderen genügend Kraft und Lebensfreude schöpfen zu können. Ich berichtete von meinen Schwachpunkten und von den kleinen Tricks, mit denen ich sie inzwischen meist gut auszugleichen wusste.

Ich erzählte von meinem Schäfchen Lilli als Symbol für mein kindliches „Ich“, das es mir erleichtere, meinem „Es“ und somit auch mir selbst mehr Liebe und Aufmerksamkeit zu schenken. Von der Notwendigkeit meines eigenen Spiegelbildes, einer Spiegelung durch die Anwesenheit anderer Menschen, des Schreibens meiner Geschichten über mein Reisen, Leben und Denken sowie meiner Lust am Räumen und Ordnen, durch die sich eine vorhandene innere Unruhe oder auch Unordnung immer wieder leicht mit aufräumen ließ.

Plötzlich schwenkten meine Gedanken zu Tom Hanks in der Rolle eines gestrandeten US-Amerikaners, der sich in der Zeit seines einsamen Insellebens mit einem zum Leben erweckten Volleyball psychisch über Wasser gehalten hatte. Er hatte ihm ein Gesicht gemalt, ihm mit Hilfe eines vertrockneten Ananasstrauches Haare gezaubert, ihn bei seinem Namen gerufen und mit ihm besprochen, was zu besprechen war.

Cast Away - Verschollen.
US-amerikanischer Spielfilm aus dem Jahr 2000. In den Hauptrollen: Tom Hanks und Wilson Ball. Nach einem Flugzeugabsturz strandet „Tom Hanks" auf einer kleinen Südseeinsel, der er erst nach mehr als vier Jahren Einzeldasein mit einem selbstgebauten Floß entkommen konnte. Wäre ihm der Ball „Wilson" nicht an Land gespült worden und hätte „Tom Hanks" ihn nicht zum Leben erweckt, hätte er an seiner Einsiedelei leicht verrückt werden können.

Vielleicht sollte jeder eine Art „Wilson" in petto haben, für Augenblicke von Halbsein und Unvollkommenheit, von Einsamkeit oder anderer Unzulänglichkeiten und des absoluten nicht Vorhandenseins real anwesender, hilfreicher, menschlicher Wesen. In diesem Sinne - let's have a friend like „Wilson" für alle Fälle unseres entglittenen Daseins, to go together, zur Stärkung und für die Spiegelung unseres eigenen Selbst.

Geschichten werden nicht ohne Grund erzählt, und auch ich lenkte unser Gespräch durch Preisgabe meiner Schwachstellen mit Absicht auf dieses Thema. Ich vermutete bei Tilman wie bei mir das Fehlen einiger Puzzleteile zur Komplettierung eines eigenen vollständigen und damit unabhängigeren Ichs. Zu meinem Glück brauchte es ergänzende Spiegelungen, zu Tilmans etwas, über das wir an diesem Nachmittag nur spekulieren konnten.

Als Tilman am späten Abend des gestrigen Tages wieder alleine mit Jackomo und den Tavernen-Katzen auf der Terrasse verweilt hatte, rollte ihm sein orangefarbener Basketball vor die Füße. Er hatte den Ball in die Hand genommen, an den Film mit Tom Hanks gedacht und bemerkt, dass sein Ball nicht vom Hersteller Wilson war, sondern vom Konkurrenzunternehmen Molten. Nur so zum Spaße habe er die Frage nach seinem Befinden gestellt, die der Ball überraschender Weise mit „gut“ und „ein wenig einsam“ beantwortet hatte. Nach einer kleinen Weile gestand Molten Tilman, dass er gerne einen Namen hätte, dass Mund, Nase und Augen auch nicht zu verachten seien und dass er gerne sein Freund sein würde, falls ihm das nicht zu blöde vorkäme. „Irgendwie ist mir kühl am Kopf“, hatte Molten unvermittelt gesagt. Tilman stand auf, zog sich selbst eine wärmende Jacke über und brachte seinem Basketball den vergessenen Hut eines Gastes. „He, passt!“, sagte er und „Steht dir!“ und „Kannste haben!“ „Danke!“, hatte der Ball daraufhin geantwortet und gleichzeitig noch einmal nach einem Namen gefragt, der gerne ein wenig origineller ausfallen dürfe als nur Molten. Tilman erinnerte, dass der Hut einem Helmut gehört hatte und dass Molten zu seinen Ehren doch einfach Helmut oder besser noch Hellmet heißen könne. Hut gleich Helm plus Helmut ergaben in Tilmans Kopf Hellmet.

„Wie wär's mit Hellmet?“, fragte Tilman.
„Oh ja, Hellmet Molten, den nehm ich!“

Heute lag der orangefarbene Basketball mit lachendem Mund, freundlichen Augen, schmaler Nase und ovaler Gesichtsform und passendem Hut auf dem blanken Kühltresen der Tavernenterrasse.

Oswald Kettenberger
Es lebe Alexis
MERIAN
Kreta

molten

„He“, sagte ich, „ein eigener Wilson?“
„Ja, darf ich vorstellen? - Hellmet Molten.“

Hellmet sah gut aus, lächelte in die Runde und hatte sich vom einfachen Basketball zum vollwertigen Mitglied des Tavernenteams gemausert. Neben Tilman, seinem Hund Jackomo, den Tavernentauben Clara und Luigi, der Katzengang, dem durch seine Sonnenbrille blickenden Ziegenbockschädel, dem Stoffvogel Woodstock auf seiner Eisenschaukel und den Schlümpfen gehörte seit gestern Abend nun auch Hellmet Molten dazu.

22.

Andreas-Josef, Stefanie und ich bestellten uns Orangensaft, Kaffee und Wasser. Hellmet nahm die Bestellung entgegen. Tilman führte sie aus. Es war ungemein unterhaltsam, Hellmet in unser Gespräch mit einzubeziehen. Ja, er wäre neu hier, und nein, den Eselspfad hinunter nach Lýkos sei er auch noch nicht gegangen. Andreas und Stefanie wollten alsbald los - ich noch ein wenig bleiben. Der Weg über den Eselspfad war schnell erklärt. Asphaltstraße geradeaus bis zur blauen Beschriftung auf der Straße, rechts den Steinweg hinein und serpentinenartig dem einzig möglichen Weg gefolgt, bis der Wanderweg E4 oberhalb Lýkos erreicht war.

Noch bevor meine beiden Begleiter sich auf den Weg gemacht hatten, füllte sich die Taverne bis auf den letzten Platz. Normalerweise behielt man die Bestellungen hier im Kopf, doch heute war es ratsam, sie tischweise aufzuschreiben. Tilman organisierte die Kühl- und Kaffeegetränke, ich produzierte die frisch geschleuderten Orangensäfte.

Gekühlte Orangen geschält, geschleudert, den Saft ohne Zugabe von Eis in hohe Gläser gefüllt, mit einem Strohhalm versehen und zum Servieren zu Hellmet auf den Kühltresen gestellt. Die Gäste waren versorgt. Tilman beantwortete gestellte Fragen. Ich entfernte die Spuren der Saftproduktion.

Gruppen verweilen meist weniger lang als Einzelwanderer. Als Tilman und ich die Terrasse bis auf zwei Paare wieder für uns hatten, hielt ein weinroter Geländewagen, ein Iveco Massif, auf dem Tavernenvorplatz. Sechs Menschen stiegen aus, sechs Tavernenstühle wurden neu besetzt, sechs kühle Getränke serviert. Man kannte sich. Tilman gesellte sich zu den Gästen, ich mich meditativ zum Abwasch hinter den Spültresen. Erst die Bier- und Sprudelgläser, dann die Kaffeetassen, dann die Orangensaftgläser. Wollte ich die Fähre erreichen, sollte ich mich langsam auf den Weg machen.

Franz und seine Frau lebten seit drei Jahren in Kastélli Kíssamos, Irmgard und Klaus in Kolimbári, ihr Besuch kam aus der Nähe von Luzern. Waren Freunde da, stand Livanianá beim ersten Besuch immer mit auf ihrem Programm. „Sag Franz, wenn ihr noch einen Platz im Wagen frei habt, könntet ihr das Liesel dann mit hinunter nach Chóra Sfakíon nehmen, dann braucht's sich mit dem Abwasch nicht so zu beeilen." Innerlich konnte ich mich kaum halten vor Lachen: „...bis das Liesel den Abwasch fertig hat!" Tilman sprach über mich. Er nannte mich gerne nach seiner Großmutter Elisabeth, die für ihn immer nur Oma Liesel geheißen hatte. Er grinste von einem Ohr zum anderen und knippoogte bei der Frage mit dem rechten Auge in meine Richtung.

Ich durfte mitfahren, hinten im Laderaum - quer. Ich erledigte das Spülen, wischte die Tische ab und rückte die Stühle zurecht. Tilman erzählte von meinem ersten Buch, dass auch er und seine Taverne darin vorkämen, dass ich im richtigen Leben Elisabeth Katz heiße und dass nur er mich Liesel nennen dürfe.

Der Iveco Massif hat zwei normale Sitzreihen und zwei Querbänke im Laderaum. Auf der einen saß nun ich, auf der anderen der Klaus von Irmgard. Der Wagen schlängelte sich den Berg hinauf bis zur Baumgrenze, durch die Steinwüste über den Bergrücken und wieder abwärts. Vor der Überquerung der Arádena-Brücke machten wir eine Rast. Brücke bewundert - Schlucht bestaunt - Honig gekauft. Die Holzbohlen der Brücke schepperten unter den Wagenrädern. Der Blick in die Schlucht, beängstigend tief. Franz fuhr uns durch Anópoli über die serpentinenreiche, breit ausgebaute Straße hinunter bis Chóra Sfakíon und ließ mich dort am Busplatz aussteigen - vielen Dank und gute Fahrt.

Eigentlich ist es schnurz, auf welchem Weg ich nach Chóra Sfakíon zurückgelange - wichtig ist nur das Das.

Im Ombrosgialos waren die Jungs dabei, die Auslagen ihrer Vitrine vorzubereiten. Das Kühleis war bereits eingefüllt, der Hauptfisch, ein bestimmt 70 cm langes Exemplar, drapiert. Claudiu ergänzte mit Sardellen und Muscheln, etwas Grün und Möhren, deckte die große Glashaube darüber und sprach:

„Voilà! - Bitte sehr!"

Auf dem Weg zum Xenia traf ich auf Georgos.

„Elisabeth, what's about your baby?"
„My baby?" „Yes, Micháli!" „I don't know."
„He had an accident with fire - not good!"

Er erzählte mir, dass es auf dem Taxiboot eine Explosion gegeben habe. Dass dabei ein Kanister in Brand gekommen sei, den Micháli mit bloßen Händen gepackt und über Bord geschmissen habe und dass er sich dabei üble Brandverletzungen zugezogen hätte. In der Krankenstation habe man ihn dann unter Drogen gesetzt, um seine Wunden reinigen und versorgen zu können. Nun habe er, Georgos, ihn, Micháli, gerade von der Krankenstation abholen wollen, doch sei er nicht mehr dort gewesen - „He looked like a devil!"

„Ups", sagte ich, bekam weiche Knie und eilte zum Xenia. Sein Moped stand dort, doch was hatte das schon zu sagen. Ich fragte Vanna, ob sie Micháli gesehen habe. Schaute in meinem Zimmer nach. Rief seine Nummer an. Überall nichts. Vielleicht hatte einer seiner Neffen ihn nach Hause, nach Komitádes, geholt. Vielleicht schlief er alleine auf dem Sfákia Express. Ich konnte nichts tun. Konnte nur warten, mich an seinen Taxiboottisch setzen, an ihn denken und die Zeit vergehen lassen.

Plötzlich dachte ich „Apothíki" und „Rumpelraum" und „Bett" und an seine dortigen Sachen. Ich öffnete vorsichtig die Tür. Da lag er. Halb zugedeckt, schlafend, auf der linken Seite und schnarchte leise vor sich hin. Die rechte Gesichtshälfte war deutlich gerötet, übersät mit dunklen Hautpartikeln. Eine Brandblase auf der Unterlippe. Rechtsseitig versengte Augenbrauen und Wimpern. Die Finger beider Hände verbunden. Arm- und Brusthaare teilweise abgefackelt. Schuhe und Hose lagen vor dem Bett, genau wie sein angekokeltes schwarzes Oberhemd.

Schlaf ist die beste Medizin!

Bevor ich zu Bett ging, schaute ich noch einmal zu Micháli ins Apothíki. Er hatte die Augen geöffnet. Lächelte, bat um Wasser und um erneute Medizin aus seiner Hosentasche. Sprach „Pópopo“ als Ausdruck für die Ungeheuerlichkeit des unglücklichen Zusammenspiels und des Glücks im Unglück und fragte, ob noch Leute auf der Terrasse seien.

„Óchi“, sagte ich, „just you and me.“

Er setzte sich auf, nahm seine Medizin und wechselte über die Terrasse in den Toilettenraum. Ich richtete sein Bett, legte seine Kleidung vom Boden auf die Gefriertruhe und wartete, bis er wieder auf die Terrasse trat. Er sah mitgenommen aus, fühlte sich schlapp, hatte Schmerzen, Durst und Sinn auf eine Zigarette. Wir rauchten und sprachen, tranken Wasser und warteten, bis seine Schmerzen nachließen. Micháli wollte im Apothíki übernachten. Ich ging hinauf auf mein Zimmer.

In dieser Nacht war ich bestimmt dreimal wach. Jedes Mal verließ ich mein Zimmer über den Balkon. Trippelte in meinem Nachtgewand die Treppe zur Terrasse hinunter, lauschte an Michális Zimmertür und ging, nachdem ich ein Weilchen seinen regelmäßigen Schlafgeräuschen gelauscht hatte, beruhigt wieder nach oben.

23.

Als ich am nächsten Morgen auf die Terrasse kam, war der Vogel ausgeflogen. Georgos war mit Micháli zum Healthcenter gefahren. Neue Salbe, neuer Verband, neues Schmerzmittel. Als sie zurückkamen, bat Micháli mich um meinen Zimmerschlüssel, der Doktor habe ihm Bettruhe verordnet.

„Kaliníchta Micháli,
for a good day sleep!“
„Efcharistó Korítsi mou!“
„Call me, if you need help.“
„I'll do it Elisabeth, kaliníchta!“

Taxibootdienst fiel aus, weg wollt ich heute auch nicht, und schwimmen war noch nie so mein Ding. Das war einer der Momente zum Schreiben, Lesen oder Nixtun. Von meiner üblichen Gesellschaft war niemand zu sehen - keine Heike, kein Hase, kein Andreas-Josef, keine Stefanie, kein Niemand. Ich wählte einen Platz im Café am Ende der Promenade, dem letzten Lokal vor der alten Mole. Wäre mir der Platz an Michális Taxiboottisch nicht der liebste, hätte ich bestimmt schon mehrfach hier gesessen.

Einen Platz an der Sonne mit Blick auf die Uferpromenade, die halbhohe Mauer im Rücken. Dahinter das Meer, der blaue Himmel und die gerade einfahrende Fähre. Lese- und Frühstückszeit. In meinem Rucksack hatte ich „Die hellen Tage“ von Zsuzsa Bank, eine Buchempfehlung meiner Freundin Neli. Ich bestellte einen Yaurti me Meli mit Früchten und Walnüssen, me Frutas, kay Karíthia und einen Nescafé.

Essen - lesen - Sonne genießen.

Edith kam ins Café, begrüßte mich mit „Hallo", fragte, ob ich mich erinnern könne und ob sie sich zu mir setzen dürfe. Ich erkannte sie sofort. Sagte „Ja!" und „Gerne!" und fragte, was sie denn hier mache. Ich hatte sie zu Beginn meiner Reise in Begleitung einer Freundin in Vríses bemerkt und war wie die beiden mit dem Bus nach Chóra Sfakíon gekommen. Dort angekommen erfuhr ich ihre Namen und dass sie sich für zwei Wochen in Lýkos im Akrogiáli, gleich neben dem Small Paradise, eingemietet hatten.

Rückblende:
Die beiden Frauen am Tisch neben der Eistruhe gehörten zu meinen Gefallens-Menschen. Ich schätzte sie etwas jünger als mich, doch auch über fünfzig. Beide hatten dunkles, längeres Haar. Die erste trug Hose und Pulli, die zweite einen bis an die Knie reichenden schwarz-weiß gemusterten Glockenrock. Dazu ein helles Shirt unter kurzer schwarzer Strickjacke, Ohrschmuck und Lippenstift. Sie hielt ihre lockigen, fast bis zur Taille gehenden Haare im unteren Drittel mit einer breiten Libelle zusammen. Ihr Lächeln - zurückhaltend und freundlich. Beide kamen aus der Schweiz, hießen Edith und Bärbel und reisten mit Rollenkoffern plus Zusatztaschen.

Meine Frage, was sie hier mache, war zwar floskelhaft, aber dennoch nicht so verkehrt. Sie habe am Morgen ihre Sachen gepackt, bei Georgos im Xenia ein Zimmer vorbestellt, Bärbel Adieu gesagt und sich per Taxiboot vom jüngsten der Paradise-Brüder von Lýkos zur Fähre nach Loutró bringen lassen.

Fragender Blick - erklärende Antwort.

Es wäre nicht der erste Fauxpas gewesen, doch wäre er der gewesen, der ihren Geduldsfaden habe reißen lassen. Schluss, aus und vorbei! So nicht! Edith war brastig. „Ich bin weiß Gott geduldig, doch wenn man mich nicht sein lassen kann, wie ich bin, geht es für mich über einen längeren Zeitraum einfach nicht!" Ihr Urlaub sei zur Erholung da, zur Stärkung ihrer Seele und nicht fürs Gegenteil. „Nun ja, lass uns über etwas anderes reden."

Fauxpas interessieren mich - zwischenmenschliche Unzulänglichkeiten. Die Wegführung zur Katastrophe hin und noch mehr die Wege, die uns dort wieder heraushelfen können. Ich möchte das Warum verstehen, möchte hinter die Kulissen schauen, möchte Lösungen suchen und finden. Ich möchte wissen, warum uns manche Kleinigkeiten so verletzen, uns so urplötzlich auf die Palme bringen oder aus der Bahn werfen können und warum wir bei vielleicht viel gravierenderen Dingen so erstaunlich ruhig und gelassen bleiben.

„Nee, nee", sagte ich, „erzähl mal. Zum einen muss es aus dir heraus, damit es sich nicht festsetzt, und zum anderen interessieren mich solche Geschichten ungemein. Menschliches Miteinander ist so vielfältig, so spannend, dass wir an jedem Bericht, an jeder Frage nach dem Weshalb nur lernen und wachsen können!"

Edith und Bärbel hatten im letzten Herbst an einer Gruppenreise teilgenommen, sich gut verstanden und daraufhin diese Kreta-Fahrt beschlossen. Wäre angenehm gewesen, damals - so, als ob man ohne Bedenken auch allein zu zweit auf Reisen würde gehen können. Zu Beginn schien alles im Lot, doch nun, nach ein paar Tagen, sei es für Edith immer unerträglicher geworden.

„Elisabeth, es waren Kleinigkeiten. Alleine nicht der Rede wert, doch in ihrer Gesamtheit haben sie mich zermürbt.

Es waren Stiche gegen meine Selbstverständlichkeit. Ich trage nun mal lieber Röcke als Hosen, liebe es, mich etwas zurechtzumachen, meine Ohrringe anzustecken, Lippenstift aufzulegen, mir die Haare ein wenig zu richten. Egal, auf jeden Fall haben mich ihre Worte am gestrigen Morgen dermaßen verletzt, dass ich nur noch weg wollte."

Den Unterkünften in der Lýkosbucht liegt das Meer zu Füßen. Man schaut von den Zimmerbalkonen über den Strand direkt aufs Wasser. Bärbel und Edith waren an jedem Morgen vor dem Frühstück schwimmen gegangen. Bärbel meist vor Edith. Am besagten Morgen nicht. Bärbel hatte sich auf den Balkon gesetzt, so etwas wie „Mal seh'n, wie lange es heute dauert" gemurmelt und auf Edith gewartet. Edith machte sich zurecht. Zog ihre Ohrstecker an, trug ihren Lippenstift auf, gab einen Paréo, ein Hüfttuch, über ihren Badeanzug und sagte „Wir können!" Bärbels gemurmelten Satz hatte sie gerade noch überhören können, doch als Bärbel sie nun als den eitelsten Menschen unter der Sonne bezeichnete, war es für Edith genug gewesen - Schluss, aus und genug!

Man könne doch wohl mal ohne Ohrschmuck und Lippenstift schwimmen gehen, kopierte Edith Bärbel jetzt in entsprechendem Ton. Wir konnten uns kaum halten vor Lachen. „Natürlich kann man das!", entgegnete ich. „Muss man aber nicht!"

Solange wir niemandem vorhielten, es ohne zu tun, wollten wir auch nicht kritisiert werden, wenn wir es lieber mit taten. Wen bitte wollte es stören, wenn wir mit gemalten Lippen und Ohrschmuck schwimmen gingen? Die Freiheit des einen hört dort auf, wo die Freiheit des anderen beginnt. Ohne Akzeptanz ist menschliches Miteinander schwierig und ohne ein gewisses Wohlwollen füreinander - ebenso. Für Edith wie für mich waren unsere gefärbten Lippen eine Selbstverständlichkeit, eine Frage unseres ureigenen Wohlgefühls, fern jeder Eitelkeiten. Wir mochten uns damit einfach lieber - sie sich und ich mich.

Wäre das Tragen von Lippenstift mit einem unangenehmen Geruch verbunden oder das Anziehen und Tragen von Ohrringen mit störenden Geräuschen, wäre das etwas anderes.

Edith hatte Bärbel das bezahlte Zimmer überlassen, ihr den Grund ihres Fortgehens erzählt, ihr bis zum gemeinsamen Rückflug eine gute Zeit gewünscht und Adieu gesagt.

„Und", fragte ich daraufhin,
„wie geht es dir jetzt damit?"
„Gut", sagte sie, „befreit und gut."

24.

Es war ein angenehmer Vormittag. Edith und ich bemerkten einige Parallelen, die weit über unsere Vorlieben für gemalte Lippen und Ohrschmuck hinausgingen. Wir waren selbstverantwortliche Frauen, hatten Kinder, hatten Familie gehabt, waren durchgängig berufstätig gewesen und hatten nie einen Mann an unserer Seite, der für uns den Lebensunterhalt verdiente. Uns war unser Innen und Außen nicht egal, wir brauchten es stimmig, nach unseren Geschmäckern, schön. Wir wollten andere ebenso wenig bestimmen oder verändern, wie wir bestimmt oder verändert werden wollten. Hosen kamen in Ediths Leben wenig und in meinem gar nicht vor. Wir bevorzugten es, Kleider bzw. Röcke zu tragen, im Sommer wie im Winter, am Meer, beim Wandern und überhaupt. Wir liebten es, aufrecht zu gehen, freundlich und wohlwollend zu sein, und wir hatten unser Leben lang Menschen beobachtet, um herauszufinden, wie wir nicht sein wollten. Ich wollte nie eine Frau mit überhöhter Stimmfrequenz sein, keifend und laut. Wollte nie mehr an Masse haben, als mein Gefühl mir vorgab, und ich wollte immer nur freiwillig lieben und geliebt werden. Edith konnte kochen, ich nicht. Ich hatte einen Laden und einen ungenutzten Salon mit Bühne, Beamer, Leinwand, Kinostühlen, antikem Mobiliar und Goldrandgeschirr, sie ein Kulturrestaurant, in dem sie all das verwirklicht hatte, was mir für meinen Salon vorschwebte.

Mein Handy klingelte.
Micháli bat mich, ihm behilflich zu sein.
Ich zahlte meine Zeche und unsere Orangensäfte.

„Edith, es war mir eine Freude, und ich wünsche mir mehr."
„Elisabeth, ich hatte gehofft, dich hier anzutreffen!"

- In den Arm genommen.
- Zimmernummern verraten.
- Telefonnummern ausgetauscht.
- Gelächelt, gefreut und „bis später" gesagt.

Drei Haselnüsse für Aschenbrödel. Micháli wünschte etwas zu essen, ein Bier mit Trinkhalm und ein Duschbad plus Haarwäsche. Ich bestellte bei Vanna ein Omelette ohne brennende Zutaten, das Bier und besorgte bei Déspina zwei Joghurtcake to go und eine Schachtel Zigaretten. Micháli nahm sein Schmerzmittel mit Bier ein und gab das Omelette in kleine Stücke geschnitten an seiner Lippenbrandblase vorbei in seinen Mund.

Irgendwie haben die Badezimmer im Xenia etwas Praktisches. Die Toilette ist gleichzeitig der Sitz für die Dusche, das gesamte Badezimmer bei geschlossener Tür die wasserdichte Duschkabine und das Waschbecken gut für alles. Michális Hände waren noch verbunden und so half ich ihm beim Duschen, Haarewaschen und Abtrocknen. Turban um den Kopf. Den ganzen Mann in ein Bettlaken gehüllt und zurück ins Bett geschickt.

Ich bat den „Zimmerservice" um zwei Becher Kaffee und Micháli auf den Balkon zu Kaffee und Kuchen und zum Geschichte-Erzählen.

Er hatte Gäste zum Sweet-Water-Beach gefahren, sie am Strand aussteigen lassen und das Boot, nachdem es von den Wellen etwas zurück ins Meer gezogen worden war, neu starten wollen. Der Anlasser habe nicht funktioniert, und so habe er die Kabel kurzgeschlossen. Gefunkt, gestartet und rückwärts gefahren. Plötzlich hätte der Benzinkanister in

Flammen gestanden. Kanister mit beiden Händen gepackt, ins Wasser geschleudert und selbst hinterhergesprungen. Zuerst seien die Schmerzen nicht spürbar gewesen, doch als der erste Schock vorüber war, hätte es verdammich weh getan.

„You know, I'm a strong man from the Sfákia."
„I know, in our country we call them Wikinger."

Nun, die Selbstherrlichkeit war zurück und der Humor auch, zumindest für diesen Augenblick. Er sollte am späten Nachmittag noch einmal beim Doktor erscheinen. But now he likes to sleep again.

Ich blieb auf dem Balkon sitzen, las in „Die hellen Tage" weiter, setzte meine Füße auf das Balkongitter und genoss die Nachmittagssonne auf meinem Körper.

„Die hellen Tage" - Realitäten bemerken und anerkennen und aus dem, was unser Leben ist, das Beste machen und das Schönste erinnern. Mir gefiel die leichte Sprache, die wohlwollende Liebe dieser Mutter zu diesem Kind. Ich mochte die verschachtelten Sätze, die nicht enden wollenden, sich wiederholenden Beschreibungen, die ums Küchenfenster geklebte Rosentapete, den Sandweg und die Brücke. Das Sitzen der Kinder in den Kirschbäumen, ihre Verbundenheit und selbst das schief hängende Gartentor, das mich bei jeder Wiederholung mehr gestört hatte, bis es mir zum Ende hin immer deutlicher als Zeichen für Gewohntes, Geborgenheit und Vertrautes zu stehen schien.

Gegen fünf erinnerte ich Micháli an seinen Arzttermin. Er wollte mit seiner Porsche-Mechanáki dort hinfahren, weiter nach Komitádes zu seiner Mamá und am Abend wieder zurück sein. „Mach es, wie du dich fühlst", gab ich ihm mit auf den Weg.

Am Abend saßen wir wieder in vertrauter Runde. Heike und Hase erzählten von ihrem Ausflug nach Frangokástello, Steffi und Andreas von ihrem Verweilen am Sweet-Water-Beach und ihrem Gang von dort zurück nach Chóra Sfakíon, ich von meinem Liesel-Erlebnis bei Tilman mit der Rückfahrt im Laderaum des Iveco Massif und Edith, die nun auch zur Xenia-Familie gehörte, von ihrem Umzug von Lýkos nach Chóra Sfakíon. Als Micháli dazukam, wollte ich seinen Zustand schon als bedenklich einstufen. Mir schien, als habe er sich alles einverleibt, was ihm zur Betäubung seines Ungefühls dienen könnte. Er kam mir vor wie ein verletzter Wolf, Leitwolf, Rudelführer, der um seine Führung bangte. Natürlich - noch ein Glas Wein und noch eins. Aufgedreht. Hochgepuscht. Neben der Spur. Deutlich am Rande des guten Geschmacks. Hinter die Kulisse geschaut - nicht verwunderlich und nachvollziehbar.

Edith empfand seine Annäherungsversuche als unangenehm. Sah mich immer wieder fragend an. Ich beschwichtigte mit Handzeichen und Mimik. Alles gut. Halten wir den Ball flach. Sehen wir es als das, was es ist. Der Wolf fühlt seine Schwäche, sein Angeschlagensein, muss sich nach außen stark und mächtig zeigen, sich gebärden. Wir boten keine Angriffsflächen. Spielten das Spiel mit. Hase und Andreas nahmen den verstörten Wolf in ihre Mitte, ließen ihn sich als ihresgleichen fühlen. Micháli erzählte noch einmal seine Feuergeschichte. Heike fragte ihn daraufhin, ob er schwimmen könne. „No, only like a dog!" Das Wasser wäre nicht so tief gewesen.

Der schlimmste Anfall schien vorüber. Als sich die Runde auflöste und wir uns „Kaliníchta" sagten, meinte Heike, ob ich

alleine mit ihm klarkäme? „Ich denke schon. Er wird sicher bald schlafen, und wenn's brenzlig werden sollte, ruf ich um Hilfe." Wir schliefen alle im alten Teil des Hauses, im Flügel zur Linken, mit Blick übers große Flachdach aufs Meer gen Westen.

Ja, und dann wollte der angeschlagene Wolf das, was einem verletzten, mit Schmerzmitteln und Alkohol zugedröhntem Manne einfach nicht mehr möglich ist. Er wollte und kam nicht zum Ziel.

„You think you are sexy with your black
pantelóni? Never, no man will like you
with this and your sexy brown shoes!"

Na, da wusste ich ja jetzt Bescheid! Ich hatte also immer gedacht, dass ich sexy sei mit meinem langbeinigen schwarzen Unterzeug, meiner schwarzen Hose, my black pantelóni, und meinen sexy braunen Wanderschuhen. Nun hatte ich es schwarz auf schwarz - ich war es nicht! Kein Mann würde mich jemals mögen, niemals - never!

Beim ersten Mal sagte ich nichts.
Beim zweiten Mal: „Pssst, not so loud."
Beim dritten Mal: „Stop Micháli!"

Er hörte nicht auf. Wiederholte es mehrfach, an die zehn Mal. Wurde lauter und lauter, böser und böser. Schoss mit seinen Worten salvenartig in meine Richtung und ließ erst nach, als er bemerkte, dass es irgendwie keinen Eindruck auf mich zu machen schien. Er stand auf dem Balkon. Ging zurück ins Zimmer. Kam wieder heraus. Schoss erneut - zweimal - dreimal. Ging wieder hinein. Kam wieder heraus. Schoss erneut.

Murmelte griechische Worte und endete mit „I go now!", bevor er im Badezimmer verschwand.

Ganz geheuer war mir die Sache nicht, doch was hätte ich tun sollen? Dagegen wettern? Mit einem „Blaumann" in eine Diskussion über Recht und Unrecht verfallen? Auf seinen Anstand, seine Moral, seine Rücksicht auf andere bauen, hoffen oder warten? - Nix da! Ich wusste, dass ein verletzter Wolf die Zähne fletscht, doch dass mit einem Beißen vor einem Gegenangriff meinerseits nicht unbedingt zu rechnen wäre. Ich hatte die ganze Zeit auf dem Balkon gesessen und gehofft, dass der Vulkanausbruch nachlassen, sich der verletzte, sich entehrt fühlende Wolf wieder beruhigen würde.

Als Micháli aus meinem Sichtfeld verschwunden war, verließ ich den Balkon über das große Flachdach und begab mich jenseits der Mauer ins unsichtbare Dunkel. Leichtsinn gehört nicht zu meinen Repertoire. Ich wartete. Beobachtete den Lichtkegel, der mit dem Schatten meines Balkongitters vom Zimmer her aufs Flachdach fiel. Michális Schatten reichen weit. Er beugte sich übers Balkongitter, ließ seinen Blick schweifen. Gab eine letzte Salve zum Besten und ließ sie mit einem erneuten: „I go now!!!" enden. Ich sah, wie er seine Hose überzog, sein Hemd und seine Schuhe. Sah, wie er mit seinen langen Beinen übers Balkongitter stieg und leicht torkelnd Richtung Treppe entschwand. Nachdem ich den Start seiner Porsche-Mechanáki ausmachen konnte, kehrte ich bald über den Balkon in mein Zimmer zurück.

„Ohhh Mann - welch Possenspiel!"

25.

Nein, was an diesem Abend passiert war, gefiel mir gar nicht. Ich mochte es noch nie, wenn Menschen sich ohne Respekt verhielten, ausfallend oder ungerecht wurden. Hätte ich Michális Verhalten unabhängig von seinem Zustand und meinem Hintergrundwissen bewerten müssen, wäre unser Miteinander hier vorbei gewesen. Doch was sollte ich machen? Mein im Leben bisher Erfahrenes ließ mich, ohne es bewusst zu steuern, Michális körperliche und seelische Verfassung als Ursprung der stattgefundenen Unzulänglichkeiten erkennen, verstehen und verzeihen und das nicht erst im Nachhinein.

Während es passierte, lieferten mir meine Erfahrungswerte zum einen Vorschläge für mein eigenes Verhalten, zum anderen Erklärungen für Michális Unmöglichkeiten. Ich konnte sein Verhalten nachvollziehen, ohne es gutheißen zu müssen. Ich konnte verstehen, dass er seine körperlichen Schmerzen mit Tabletten und Alkohol hatte betäuben wollen, konnte nachvollziehen, warum er unter deren Einfluss Edith in meinem Beisein hatte anbaggern müssen, und wusste, welchen Ursprungs seine nächtlichen Beschimpfungssalven gegen mich waren. Manch verletzte Seele braucht einen Schuldigen, ein Ventil, um den eigenen Schmerz aushalten zu können. Dass es dabei oft ungerecht zugeht, ist allgemeinhin bekannt. Erkennen wir den Ursprung eines Vorwurfes, einer Beschimpfung, haben wir eine Wahl, erkennen wir ihn nicht, werden wir uns erst einmal angegriffen fühlen. Werden wir beschimpft, wird uns etwas vorgeworfen, uns ein Vorwurfs-Schuh hingestellt, sollten wir gut in uns hineinhorchen und prüfen, was an diesem Vorwurf dran ist, ob er berechtigt ist oder nicht. Erst danach sollten wir entscheiden, was wir mit ihm tun werden. Einen zu Unrecht hingestellten Schuh anzunehmen, ist ebenso unklug, wie es unedel und feige ist, einen berechtigten Vorwurf abzuwehren.

Angriffe, Beschimpfungen, Vorhaltungen hin oder her - oft entscheidet unsere Tagesform, wie wir damit umgehen können. Mir war es gut gegangen an diesem Tag. Die Hintergründe waren mir bekannt und einleuchtend, und dennoch ging diese Posse, dieses derbe Lustspiel, nicht ohne Gefühlsregungen an mir vorbei. Für heute war Schluss mit meinem Mitgefühl und meiner Fürsorge. Wer seinen Wohltäter angreift, runterzumachen versucht, muss selbst zusehen, wie er wieder auf die Beine kommt, insbesondere wenn die Gefahren für Leib und Leben vorüber sind.

Am nächsten Morgen traf ich Edith beim Frühstück. Es war mein vorerst letzter Tag in Chóra Sfakíon. Der nächste würde mich mit der Fähre Richtung Loutró gen Westen führen. Wir beschlossen, den heutigen Tag gemeinsam zu verbringen. Die Delffíni war bereits abgefahren. Wir wollten ein wenig Bewegung, Strand, Sonne, Wasser, Nixtun - vielleicht lesen. „Kennst du den Strand zwischen hier und Sweet-Water?“, fragte ich Edith. Sie war noch nie dort gewesen, kannte ihn, wie ich, nur vom Boot aus. Wir packten unsere kleinen Rucksäcke für den Tag und trafen uns am rückwärtigen Ausgang des Xenia. Ich hatte absolut keine Lust, Micháli zu begegnen. Wollte ihm weder ein geheucheltes „Hallo“ sagen noch ihn bei einer Begegnung doof ignorieren. Ich hatte ihn im Lefká Óri sitzen sehen, und das reichte mir völlig!

Wir hatten bemerkt, dass am Strand von Ilínga ein Gebäude stand, wussten aber nicht, ob es ein Hotel mit einer Taverne war und ob es, wenn ja, geöffnet haben würde. Vorsichtshalber besorgten wir uns im Lebensmittelladen der Hinterstraße Chóra Sfakíons, was wir für den Weg brauchen würden. Normalerweise gehörten Kekse nicht auf meinen Speiseplan, doch heute schienen sie mir erforderlich. Ob wahr oder nicht, meine

Nerven forderten nach der gestrigen Strapaze Süßes. Zwei kleine Wasserflaschen dazu, ein wenig Obst, griechischer Joghurt und eine Art Studentenfutter.

Wir stiegen die vielstufige, weiß gestrichene Betontreppe mit dem blauen Rohrgeländer hinauf und bogen an der Fahrstraße angekommen, nach links Richtung Sweet-Water. Auf der rechten Seite der Fahrbahn war die Betondecke wohl fünfzehn Zentimeter vor der weißen Randmarkierung für die Verlegung eines Kabels, circa zehn Zentimeter breit, aufgebrochen und wieder verschlossen worden. Nicht so im Bereich eines dort vor längerer Zeit abgestellten ausrangierten Pick-ups und der davorstehenden Müllcontainer. Hier verlief die aufgebrochene und wieder verschlossene Kabelführung in einem entsprechenden Bogen um die abgestellten Gegenstände herum. Andernorts wären die im Wege stehenden Objekte verschoben und nach Erledigung der Notwendigkeiten zurückgestellt worden. Nicht so auf Kreta. Hier war man der griechischen Ökonomía gefolgt. Gleiches Ergebnis bei weniger Aufwand.

Nach einer knappen halben Stunde hatten wir die Zufahrt vom Hotel am Strand von Ilínga erreicht. Sie liegt direkt an der Kehrtwende einer mächtig einschneidenden oder auslaufenden Serpentine. Einige Meter die Auffahrt zum Hotel hinab und links neben dem Eingangstor über Stein und Stein hinunter zum Strand. Weit zur Rechten einige Sonnenschirme und Liegen, dahinter ein kleines Wäldchen. Etwas erhöht die Terrasse des Hotels mit weiten gemauerten Rundbögen, hell verputzt. Wir entschieden uns für die entgegengesetzte Seite und ließen uns im Bereich eines weiten Höhlenbogens nieder. Ein Traum. Zwei große Höhlen, Felsvorsprünge, nur für uns. Der vordere „Eingang" schmal, der hintere ausladend. Das Innere verbunden. Hinter der dicken Felswand müsste es selbst bei Sturm trocken und windgeschützt sein.

Natürlich zog ich in Gedanken hier ein. Wählte den größten Stein als Tisch für meine Sachen und einen der drum herumliegenden als Stuhl. Ich schaute aus meiner Höhle heraus ins Helle, aufs Meer, in die Ferne und wartete auf die Rückkehr meines Mannes. Er war in der Nacht zum Fischen hinausgefahren. Edith, meine gespielte Nachbarin, kam nach der Komplettbesichtigung aus der zweiten Höhlenöffnung auf mich zu und lud mich zum Verweilen an den Strand. Unsere Köpfe im Schatten, die Körper in der Sonne, das Geräusch der Wellen in unseren Ohren. Wir waren ganz für uns an diesem herrlichen Tag, an diesem verborgenen Strand, der niemandem Einblick gewährte und uns ungestört in Evas-Gewand sonnenbaden und schwimmen ließ.

Neue Menschen haben einander viel zu erzählen, besonders, wenn sie sich passend und angenommen fühlen. Äußerlich eher verschieden voneinander, im Denken und Handeln recht gleich. Wir erzählten uns mit geschlossenen Augen, fragten nach, erläuterten näher und philosophierten. Waren unsere Körper zu aufgeheizt, kühlten wir sie im Libyschen Meer.

Zwischendurch klingelte mein Handy - ich war nicht zu sprechen, nicht für diesen Anrufer, nicht jetzt und nicht ohne eine zumindest versuchte Erläuterung des gestrigen Vulkanausbruchs. Das Tippen eines „Where are you, I'm so sorry!“ oder des griechischen Wortes „Sygnómi“ für Entschuldigung sollte ihm selbst mit angekokelten Fingern in die Tastatur seines Handys möglich sein.

Wir sprachen über Verletzt-, Nachtragend- und Enttäuschtsein, über Verstehen, Verzeihen und Stolz und über Erziehungsmaßnahmen und -möglichkeiten. Ich wollte Micháli nicht erziehen, um Gottes willen - nein. Verletzt war ich auch nicht und nachtragend schon gar nicht. Ich hatte einfach nur keinen Bock auf diesen unerzogenen Bengel!

„Also doch erziehen?"
„Nein, nur klar machen, dass es so mit mir nicht geht!"

Als wir am späten Nachmittag in Chóra Sfakíon zurück waren, trafen wir auf Andreas-Josef und Stefanie. Sie saßen am ersten Tisch der langen Seite der Xenia-Reling, dem Platz, an dem sie vor einem Jahr mit ihren beiden Reisebegleitern ihre Doppelkopfrunde gepflegt hatten.

Edith sagte kurz „Hallo", ich setzte mich für länger.

Andreas fragte mich, ob ich Michấli heute schon gesprochen hätte. Ich antwortete mit „Nein", dass mir dieses „Vergnügen" heute noch nicht zuteil geworden und dass ich auch nicht so sehr darauf erpicht sei. „Warum fragst du?", sagte ich mit einem leicht schmunzelnden Blick. Ich grinste, Steffi grinste und Andreas-Josef tat es auch. „Ich glaube, dass dein Liebster ein arg schlechtes Gewissen hat." „Ach was", sagte ich, „warum nur, warum?" „Ja, erzähl mal", warf Stefanie ein, „was war da gestern Abend eigentlich noch bei euch los? Erst leise, dann laut und dann plötzlich mucksmäuschenstill. Hätten wir dich nicht noch einmal lebendigen Leibes bemerkt, nachdem wir Michấli im Anschluss seiner lauten Ansprache übers Balkongitter hatten steigen und übers Flachdach fortgehen sehen, wären wir nachschauen gekommen."

Ich erzählte ein wenig vom Geschehen, den Hintergründen seines Verhaltens und zitierte dazu den Satz seiner vorgeschobenen Wut:

„You think you are sexy with your black
pantelóni? Never, no man will like you
with this and your sexy brown shoes!",

und drückte mein Erstaunen darüber aus, welche Gemeinheiten manchem Geist entspringen können, wenn sein Mensch sich schwach, angegriffen oder verletzt fühlt, verstärkt unter dem Einfluss von Schmerzmitteln, Alkohol oder anderen Drogen.

„Wenn man vom Teufel spricht... ."

Micháli kam mit seinem rosa Moped die Uferpromenade hinaufgefahren. Parkte es nicht wie üblich vor der Steinmauer des Xenia, sondern vor den Telefonzellen links neben dem Lefká Óri. Er setzte sich in einen der Korbstühle, mit Blick auf die Promenade. Ich dachte an unseren ersten gemeinsamen Moment meiner diesmaligen Reise. An unser Schmunzeln, mein „Hello again", unser Strahlen und an seine Frage „No kiss?". Dinge ändern sich, mal schleichend, mal von einem Augenblick zum anderen.

„Warum setzt er sich denn jetzt dahin?", fragte Stefanie.
„Na, wegen meiner black pantelóni, denk' ich mal."
„Nee!", sagte Andreas, „der hat 'n schlechtes Gewissen."

Micháli hatte Andreas gegen Mittag gefragt, ob er mich heute schon gesehen habe, gesagt, dass er gestern Abend nicht gut drauf und dass er danach nicht besonders nett mit mir gewesen sei.

„I was angry, loud and unjust, downright mean."
„Then you should ask Elisabeth for forgiveness."
„Yes, I should do it - she will understand me."
„She likes you a lot." „I know, same like me."

„Ich war wütend, laut und ungerecht, geradezu gemein."
„Dann solltest du Elisabeth um Verzeihung bitten."
„Ja, das sollte ich - sie wird es verstehen, sie kennt mich."
„Sie mag dich sehr." „Ich weiß, genau wie ich sie."

Na, immerhin hatte er sein unmögliches Verhalten erkannt. Ob er sich nun überwinden wollte, mir gegenüber sein schlechtes Benehmen einzugestehen, stand noch in den Sternen. Ich verließ den öffentlichen Raum, ging auf mein Zimmer, ruhte ein wenig und beobachtete den Sternenhimmel, bevor ich mich frisch und abendfein machte.

Gegen neun klopfte es an meiner Tür. Mr. Micháli bat um Einlass. Er habe heute kein Bier getrunken, no raki and no krasí, only some medicine against the pain. And he would like to say: „Sygnómi gia echthés to vrády." Entschuldigung für gestern Abend. „I was not nice to you. I'm so sorry." Er sagte, dass Andreas, Stefanie, Heike und Kounéli (Kaninchen/Hase) mit dem Essen auf uns warten würden, und fragte dazu, ob es zwischen uns wieder gut sein könne.

Natürlich konnte es das!

Er hatte mich in die Arme genommen und dabei das mit dem „Ob es zwischen uns wieder gut sein könne" gefragt, worauf ich lächelnd und mit gestrenger Mine „Né" und „but don't do it again!" geantwortet hatte. Wir verließen das Zimmer auf unterschiedlichen Wegen und trafen uns versöhnt am Tisch unserer Freunde wieder.

26.

Ist etwas überstanden, ist es leicht, darüber zu scherzen, zu reden, davon zu erzählen, besonders, wenn es ein gutes Ende genommen oder es uns anderweitig vorangebracht hat. Für diesen Abend war es das gute Ende.

Der Abend war schön, unterhaltsam und ehrlich.

Wir gaben alle unsere Anekdoten zum Besten. Geschichten, die uns zu Beginn peinlich oder unangenehm gewesen waren, bis sie sich später, nach ihrer Lernerkenntnis, als hilfreich erwiesen hatten. Das Leben lehrt uns. Wir lernen aus unseren Fehlern. Und je genauer wir hinschauen, je mehr wir nachhaken und verstehen, um so weiter werden wir dadurch kommen.

Ich erzählte von meinem morgen beginnenden Ausflug um die Westspitze Kretas herum, sagte, dass mir der Abschied ob Michális Malade-Sein etwas schwer falle, dass ich aber froh sei, nun ohne böse Gedanken reisen zu können. Micháli drückte meine Hand, bestätigte, dass alles gut sei und dass er sich auf unser Wiedersehen freue. „One day before you have your next birthday."

Wir hatten eine gute Nacht. Wir brauchten unsere Nähe, unser Wohlwollen und unseren Frieden miteinander. Wir gaben uns, was wir uns geben konnten, und ließen, was seinem verletzten Körper hätte schmerzen können. Zwischen dem Rauchen unserer Gute-Nacht-Zigaretten und unserem endgültigen Nachtschlaf flüsterte er mir ins Ohr, wie sehr er doch auf meine „black pantelóni" und meine „sexy big brown shoes" stehe - ich nannte ihn „Lügner!"

Die Daskalogiánnis fuhr gegen Mittag. Dieses Mal gab es einen Abschiedskaffee, eine Abschiedsumarmung, einen Abschiedskuss und ein Abschiedswinken zwischen Taxibootbox und dem oberen Deck der Fähre. Diese Art des Auseinandergehens entsprach meinem Gefühl. Es war schön, im Guten zu gehen, und es war schön, wieder auf Reisen zu sein. Mich von Gewohntem zu entfernen, mich Neuem zuzuwenden. Ich freute mich auf Paleochóra, war gespannt, ob ich aus vergangenen Zeiten etwas wiedererkennen würde. Wenn ich's recht erinnere, war ich vor zwanzig Jahren das letzte Mal dort gewesen. Die Fähre legte ab. Der Fahrtwind durchzog mein Haar. Chóra Sfakíon wurde kleiner. Loutró kam in Sicht. Ich stand am Heck auf der oberen Plattform. Beobachtete, wie die Fähre anlegte, wie sich die Ladeklappe senkte, die beweglichen Endklappen auf den Beton knallten. Loutró-Besucher gingen von Bord, Weiterreisende kamen neu hinzu. Unter ihnen mein Seelenfreund Ludwig.

Es ist beruhigend, wenn gut Erwartetes eintritt.

Wir trafen uns auf dem oberen Deck. Platzierten uns mittig. Setzten uns in Fahrtrichtung nebeneinander. Unsere Rucksäcke stellten wir rechts- und linksseitig ab. Wir streckten unsere Beine aus, legten sie hoch, mit den Wanderschuhen auf die gegenüberliegende blau gestrichene Holzbank.

„Wie wär's mit einem Piccolo?“
„Ludwig, jetzt - mitten am Tag?“
„Ja, zur Feier des Augenblicks!“
„Da hast du recht - gerne, gerne!“

Ludwig war vorbereitet. Er holte den Piccolo aus der Seitentasche seines Rucksacks, dazu zwei zusammensteckbare Plastik-Sektkelche und 'ne Tüte Cashewkerne. Die Fahrt entlang der felsigen Küste von Loutró nach Ágia Rouméli dauerte vielleicht eine Stunde. Ludwig und ich waren sie vor einem Jahr zweimal zu Fuß gegangen. Gemeinsame Erinnerungen haben etwas Verbindendes, haben „Weißt du noch..." und „Guck mal dort...". Wir erinnerten uns an die erste Begehung des schattenlosen Berges zwischen Mármara und dem Kiefernweg vor Ágios Pávlos und dass wir ihn, obwohl wir ihn so schnell nicht wieder hatten gehen wollen, nach ein paar Tagen erneut in Angriff genommen hatten. Es war einzig eine Frage unserer Kondition und der Wahl der Tageszeit, die uns diese gleiche zweistündige Wanderung so unterschiedlich hatte empfinden lassen.

Der Kiefernweg vom Ende des schattenlosen Berges bis nach Ágios Pávlos, der kleinen Kirche am Strand, war auch vom Schiff aus farbenprächtig. Seine schwarz-braunen Äste und Stämme im Zusammenspiel mit den leuchtend gelbgrünen Kiefern-Nadeln und dem davor liegenden Türkis des Libyschen Meeres war gut zu erahnen, auch wenn das, was wir von der Fähre aus sehen konnten, mit der Intensität der Farbenpracht vor Ort nicht vergleichbar war.

„Ach, weißt du noch!" - „Ja, Ludwig, ich weiß es!"

Treibholzstrand, Ziegengatter, trockengefallenes Flußbett als absolutes Ende der Samariá-Gorge, verrosteter LKW mit abmontierten Rädern, Steinrüttler, Bogenbrücke, Ágia Rouméli.

Die Daskalogiánnis lief in Ágia Rouméli ein und legte linksseitig des Betonsteges an. Auf der gegenüberliegenden Seite die Schwesterfähre Samariá. Allein der Anblick dieser beiden so einträchtig nebeneinanderliegenden großen Fähren machen die Aufenthalte hier in Ágia Rouméli lohnenswert.

Ich liebe es paarweise!

HOTEL PORTO
SIFIS HOTEL

Zusammenhängende Kirschen, die ich mir als Kind schon gerne über meine kleinen Ohren gehängt hatte. Memory-Spiele, die meine Sammelleidenschaft weckten. Baumpaare, die mich immer wieder neu faszinierten und zum Fotoapparat hatten greifen lassen. Geschwisterpaare, die von klein auf miteinander gespielt, gestritten und sich wieder vertragen hatten, um für das Leben als Erwachsene vorbereitet zu sein. Vater und Mutter, für mich durch ihre gemeinsame Elternschaft immer noch untrennbar miteinander verbunden, auch wenn immer mehr Väter und Mütter sich absolut gegenteilig dazu verhalten. Diese zwei kretischen Fähren, hier Seite an Seite am Steg von Ágia Rouméli liegend, ließen mich an all das denken.

Ludwig und ich hatten uns auf einen Orangensaft im Paralía niedergelassen. Die Taverne ist die erste rechts vom Anleger und bietet durch ihre hochgelegene Terrasse einen guten Blick auf den Hafenplatz, dem Platz vor dem Betonsteg. Georgos vom Xenia hatte mir erzählt, dass ich zwei seiner Brüder hier im Paralía antreffen würde. Manólis habe vor einem viertel Jahrhundert die Tochter des Besitzers geheiratet und war nun der neue Chef. Níkos, die absolut gute Seele der Taverne, seit Ewigkeiten hier als Oberkellner tätig. Ohne ihn je zuvor gesehen zu haben, war von Beginn an klar, welcher der beiden Brüder Níkos sein musste. Dieses Lachen, diese blitzenden Zähne, diese strahlenden Augen. Die spür- und sichtbare Freude an seinem Tun brachten ihm von Beginn an meine uneingeschränkte Sympathie. Nicht, dass er als Mann meinem Typ entspräche - nein, doch als Mensch war er es allemal. Nicht zu klein, nicht zu groß. Weder zu dick noch zu dünn. Dunkles dichtes Haar, gebräunte Haut und diese so großen strahlend blauen Augen, die mir durch das Tragen seines Polo-Shirts in kretischem Blau noch einen Tick intensiver schienen.

„Gut - auch noch einen griechischen Salat!“

Ohne uns neu aneinander gewöhnen oder absprechen zu müssen, nahmen Ludwig und ich unser vor einem Jahr gelebtes Reisemiteinander wieder auf. Wir bestellten einen gemeinsamen griechischen Salat. Eröffneten vor dem ersten Bezahlen eine gemeinsame Reisekasse und folgten unseren ureigenen Bedürfnissen. Während Ludwig sich für seinen Nachmittagsschlaf an den schwarzen Sandstrand von Ágia Rouméli zurückzog, schlenderte ich durch den Ort. Die Fähre fuhr um 17:30 Uhr, so blieben mir zwei Stunden zur freien Verfügung.

Ein Grund unseres so angenehmen gemeinsamen Reisens war der Wechsel zwischen zusammen und getrennt. Wir teilten gemeinsame Erlebnisse und hatten Neues zu berichten, wenn wir uns nach seinen Ruhepausen wieder begegneten. Er erzählte mir sein Geträumtes, ich ihm, wo ich gewesen, was mir aufgefallen und mit wem ich ins Plaudern gekommen war. An jedem Ort fand ich mindestens einen Platz, ein verfallenes Haus, ein Irgendetwas, das meine Fantasie beflügelte und mich neue Lebensträume und Arbeitsräume erdenken ließ, von denen ich Ludwig dann ausschweifend erzählen konnte.

„Weißt du noch, wie wir uns hier im letzten Jahr fast ein Zimmer genommen hätten, weil die Fähre wegen des hohen Wellengangs nicht nach Loutró zurückfahren sollte und wir den vierstündigen Rückweg nach Lýkos wegen der späten Uhrzeit scheuten?“

„Oh ja, und wie erstaunt und erleichtert alle waren, als du dann plötzlich mit den Fahrkarten in der Hand auf die Terrasse spaziert kamst - wunderbar!“

Als ich im Hafenbereich zurück war, saß Ludwig mit Sonnenbrille, einer Tüte Kekse und unseren Rucksäcken auf der Sandsteinmauer zum Meer hin. Kurz vor Abfahrt der Fähre füllte sich der Vorplatz mit unzähligen Samária-Schlucht-Wanderern für die letzte Etappe ihres heutigen Ausflugs. Bis dato war ich davon ausgegangen, dass alle Busse zu den jeweiligen Unterkünften ab Chóra Sfakíon fahren würden. Heute erfuhr ich, dass der Weg zurück auch über Soúgia möglich ist. Circa zwei Drittel der Wanderer bestiegen die Daskalogiánnis nach Chóra Sfakíon, ein Drittel die Samariá nach Soúgia oder Paleochóra.

In Soúgia warteten vier große Reisebusse an der Straße zwischen Ort und Fähranleger. Touristisch gesehen sind die Samariá-Wanderer für Soúgia wie für Chóra Sfakíon ohne Bedeutung. Zwischen der Ankunft der Fähren und der Abfahrt der Busse bleibt kaum Zeit. Die Reisenden kommen an, verlassen die Fähre, steigen in ihre Busse, und schon sind sie wieder fort. In Chóra Sfakíon ist zumindest der Blickkontakt zwischen Ortsansässigen und Fährankommenden möglich. In Soúgia ist da nichts. Die Fährstraße führt direkt auf die große Straße ortsauswärts, ohne den Ort zu passieren.

Nach einem Blick auf die Landkarte vermutete ich Soúgia auf halbem Weg zwischen Ágia Rouméli und Paleochóra. Gefühlt kam mir der erste Abschnitt länger vor. Als die Fähre Soúgia wieder verlassen hatte, erfuhr ich, dass der Fußweg von Ágia Rouméli nach Soúgia in zehn bis zwölf Stunden zu machen sei, der von Soúgia nach Paleochóra in sechs bis acht. Nur mal so für alle Fälle.

Carlo und Chris hatten sich in aller Früh von Ágia Rouméli aus auf den Weg nach Soúgia gemacht, um die Strecke an einem Tag zu schaffen. Sie kamen aus bergigem Gebiet, waren das Wandern gewohnt und waren den gleichen Weg in umgekehrter Richtung im vergangenen Jahr schon einmal gegangen. Damals waren sie mit Zelt, Schlafsäcken und Proviant unterwegs gewesen, heute mit leichterem Gepäck, Wasser und kleiner Wegzehrung. Beide Varianten hätten ihren Reiz. Bekannte Wege seien zügiger zu gehen, allein schon ob des fehlenden Zeitfressers nach der Frage um die eindeutige Wahl des richtigen Weges.

Die Fahrzeit der Fähre von Ágia Rouméli nach Soúgia betrug circa eine Stunde, der Weg von Soúgia nach Paleochóra ungefähr anderthalb. Von Chóra Sfakíon bis Ágia Rouméli mochten es ebenfalls gute sechzig Minuten gewesen sein.

27.

Der Blick auf die kretische Küste ist in diesem Bereich relativ beständig. Karstige Felsen mit unterschiedlichen Strukturen, wechselnden Erd- und Steinfarben. Der Bewuchs wirkt vom Boot aus spärlicher als er an Land tatsächlich ist. Kaum zu vergleichen mit dem saftigen Baumgrün unserer Gefilde und dennoch genug, um den hier lebenden Ziegen, Schafen und Kaninchen genügend Nahrung zu geben.

Wir fuhren in die Dämmerung. Mit jedem Grad des weniger werdenden Lichtes veränderten sich die Farben von Meer und Küste. Zwielicht. Als Paleochóra in Sicht kam, ging es Schlag auf Schlag. Es war gegen sieben am Abend, als die Häuserreihe der Promenade Paleochóras vom rötlich dominierten Schein der untergehenden Sonne in ein mattes grau-blaues Licht wechselte.

Ludwig und ich waren ewig nicht hier gewesen, ich mehr ewig nicht als er. Um einen Übernachtungsplatz machten wir uns keine Sorgen. Wir schulterten unsere Rucksäcke und gingen gemächlich von Bord. Schon auf dem Betonsteg, dem Fähranleger Paleochóras, sprach uns eine ältere Frau an. Sie war keine einssechzig, trug Puschen, einen geblümten Rock und eine mit ihren Armen fest um sich gezurrte grüne Strickjacke. Ihre strubbeligen grau-blonden Locken von Spangen gehalten, ihre Lippen rot.

„Ils ont besoin d'une belle salle madame?
Monsieur, ils ont besoin d'une salle?
Chreiázontai mia ómorfi aíthousa kyría mou?
Room - madame - nice - monsieur?"

Zuerst sprach sie auf Französisch, dann in griechischer Sprache, dann wieder französisch gemischt mit den englischen Worten room und nice für Zimmer und schön.

„A nice room, Ludwig, wollen wir?"
„Ja Lisbeth, wir wollen."
„Oui - né - yes - ja!

Ich glaube, sie war überrascht, dass wir nicht fackelten, nicht groß überlegten, einfach „Ja" sagten und ihr bereitwillig folgten. Wir waren froh, alle drei, das eine wie das andere ohne Mühe erledigt zu haben. Sie hatte neue Gäste, wir ein Zimmer für die Nacht.

Sie führte uns über die Parallelstraße, eine der beiden Hauptadern Palochóras, schwenkte einmal nach links, einmal nach rechts und schon waren wir da. In einer Stadt von der Größe Paleochóras ist nichts wirklich weit. Wir waren vielleicht sieben Minuten gegangen. Immer wieder hatte sie sich auf dem Weg nach uns umgeschaut, uns mit einem Wink ihrer kleinen Hand zum Folgen aufgefordert und etwas gemurmelt wie, dass es nicht mehr weit sei.

„Il est pas loin." oder „Den eínai makriá."

Der Eingang des Hauses lag in einer schmalen Seitengasse. Gegenüber ihres Hauses ein eingezäuntes Gartengrundstück. Der Eingang selbst ein grünes Holzgatter. Flure und Treppen befanden sich unter freiem Himmel. Alle Türen führten direkt von außen in die jeweiligen Räume. Sie gab uns ihr schönstes Zimmer, nachdem uns das zuerst angebotene nicht zugesagt hatte. Sie und ihr Mann hatten ihren Bereich im Erdgeschoss. Die vier Gästezimmer lagen auf der ersten Etage. Wenn es regnete, standen Flure und Treppen unter Wasser. Unser Zimmer lag am Ende des hausumrundenden Balkons, hatte drei Außenwände, eine Eingangstür und zwei Doppelflügelfenster. Zwei Einzelbetten, einen Nacht-, einen Kühl- und einen Kleiderschrank, einen Tisch mit zwei Stühlen, ein großes Wandbild, einen Spiegel und ein Badezimmer.

Wir stellten die Tür weit auf und öffneten dazu die Fenster gen Süden und Westen. Der Luftzug wehte die Vorhänge aus Tür- und Fensterrahmen. Als wir uns für eine erste Zigarette bei Kerzenschein auf dem Balkon unseres neuen Domizils niedergelassen hatten, brachte Maria uns zur Begrüßung ein Fläschchen Raki, je zwei mit Feta gefüllte Blätterteigtaschen, süßes Gebäck und ein paar Feigen.

„Efcharistó polý!", sagten wir erfreut, was sie
mit einem Lächeln und „Parakaló!" erwiderte.

Maria liebte es, mit uns französisch zu sprechen, auch wenn wir, Ludwig und ich, dieser Sprache so überhaupt nicht mächtig waren. Garage, Canapé, Amour, je t'aime, Juliette Gréco, Yves Montand und Adamo hätten wir vielleicht einbringen können, doch was hätte das einer Unterhaltung genutzt. Der Satz: „We don't speak French, only German and English", brachte uns da auch nicht weiter, weil ja sie genau diese Sprachen nicht verstand. So sprachen Ludwig und ich weiter deutsch und englisch, sie französisch und griechisch und unterstützten das, was uns wirklich wichtig erschien, mit Zeichensprache in Mimik und Gestik.

Von unserem Balkon aus blickten wir nach rechts unten auf das Gästehausschild unserer Herberge: Rooms for rent - Psaropoúla. Richtung Osten auf den beleuchteten im Zuckerbäckerstil erbauten Glockenturm der Evangelístra Kirche von Paleochóra. Heilige Kirche der Verkündigung Maria - der heiligen Jungfrau, der Panagía. Wie oft hatte ich diese beiden Worte „Panagía María" oder auch andersherum „María Panagía"

von Micháli gehört, wenn etwas für ihn bemerkenswert oder unverständlich gewesen war.

Ludwig und ich schoben die Betten weiter auseinander, stellten den Nachtschrank dazwischen, platzierten unsere Sachen und verließen unser neues Reich für einen ersten Gang durch Paleochóra. Wir bogen nach links in eine kleine Gasse und liefen so lange geradeaus, bis wir die durch den Ort von Ost nach West führende Hauptstraße erreicht hatten. Im Osten liegt der Fähranleger, im Westen - wir wussten es nicht mehr genau. Wir entschieden uns für das Vergessene und schlugen den Weg rechts herum gen Westen ein. Selbst aus dieser Entfernung war klar, dass dort am Ende der Straße das Meer auf uns warten würde. Wir gingen zügig. Registrierten das eine oder andere Geschäft und, mit Sicht auf den Strand und das Meer, eine schlichte, rostfarbene Skulptur.

Zwei Männer, einer von ihnen auf einem Esel sitzend, aufs Meer schauend, ihre Hände in den Jackentaschen verborgen. Ihre angedeutete Kleidung erinnert an das typische Ölzeug von Fischern und Seeleuten. Hüftlang, zum Schutz gegen Wind und Wetter. Auf ihren Köpfen Südwester, regendichte Kappen mit breiter Krempe. Hinten weit überhängend, auf dass das Regenwasser nicht in die Kleidung gelangen möge. Es war putzig. Diese Skulptur hätte ebenso selbstverständlich an einem unserer heimischen Sieltore mit Blick aufs ostfriesische Wattenmeer stehen können oder auf einer der vielen Dünen der sieben vorgelagerten Inseln - Borkum, Juist, Norderney, Baltrum, Langeoog, Spiekeroog und Wangerooge mit ihren hellen, weitläufigen Sandstränden. An der norddeutschen Küste hätte der Reitersmann wohl eher auf dem Rücken eines Warmblüters einer ostfriesischen Pferderasse gesessen oder auf dem eines Alt-Oldenburger Hengstes. An Stelle der hier vor Ort üppig gewachsenen Tamariske erdachte ich eine Mooreiche oder ein filigran gewachsenes Birkenpaar.

ROOMS-FORRENT
PSAROPOULA

Als erstes die schmale Fahrstraße, dann ein etwas erhöhter Bürgersteig mit Fahnenmasten, Mauer und Sitzbänken, die angeleuchtete Skulptur, ein breiter Sandstrand mit Liegen und Palmwedelschirmen, die Gischt, die Wellen, das Meer und der Himmel mit einem dunklen Wolkenband und dem alles erhellenden Mond. Wir überquerten die Straße, setzten uns mit baumelnden Beinen einen Moment auf die Mauer zwischen Gehweg und Strand, sahen in die Ferne und lauschten der Stille und dem Klang der Wellen.

Ohne einen kleinen Schlummertrunk wollten wir nicht zu Bett gehen und ohne den Weg ganz bis ans andere Ende der Straße gegangen zu sein, auch nicht. Wir machten kehrt, schlenderten zurück bis zum Fähranleger und ließen uns danach in der Ágios-Bar, dem Musik-Café von Paleochóra, auf einen dieser unbequemen, so typisch griechischen Holzstühle mit ihrer geflochtenen Sitzfläche nieder, von denen es zum gemütlichen Verweilen eher zwei, besser noch drei Stühle braucht. Der erste für den Po, der zweite für den Arm, der dritte für die Füße.

Jeder Ort scheint mir einen besten Kellner zu haben, einen von Natur aus freundlichen Menschen, der seine Arbeit und den Umgang mit seinen Gästen liebt. Der nicht nur fragt und bringt, sondern gleichermaßen zugewandt unterhält, ohne dabei aufdringlich zu sein, und der nie zum untergebenen Diener wird. Hier in Paleochóra war es für mich eindeutig Giórgos. Grieche der helleren Couleur, mit mittel- bis dunkelblondem Haar, hochgewachsen, um die dreißig, aufrecht und sagenhaft. Egal, wieviele Gläser sein rundes Kellnertablett auch aufgenommen hatte, er trug es elegant auf Hüft- und Brusthöhe oder auf fünf Fingern balancierend über dem Kopf.

Giórgos kellnert an den Abenden in der Ágios-Café-Music-Bar in Paleochóra an der Eleftheriou Venizélou Straße, oft bis um fünf in der Früh. Sein Lächeln, seine Freundlichkeit allgegenwärtig.

Ludwig und ich waren diese Straße gerade vom einen bis zum anderen Ende gegangen, von der Mitte bis zum Strand und von dort aus wieder zurück bis zum Fähranleger. Nun saßen wir auf dem Vorplatz der Ágios-Bar, hatten, nachdem Giórgos und wir uns mit Namen vorgestellt hatten, zwei Mochíto bestellt und warteten nun, der Musik lauschend, uns wohlfühlend, auf unsere Getränke.

The Who - Pictures of Lilli
Pictures of Lilli made my life so wonderful.
Bilder von Lilli machten mein Leben so wunderbar.
Pictures of Lilli helped me sleep at night.
Bilder von Lilli halfen mir in der Nacht zu schlafen.
Pictures of Lilli solved my childhood problems.
Bilder von Lilli lösten meine Kindheitsprobleme.
Pictures of Lilli helped me feel alright.
Bilder von Lilli halfen mir, mich gut zu fühlen.

Zufall oder nicht?
Giórgos Lächeln ließ uns den Zufall ausschließen.

„You know, that Elisabeth sometimes called Lilli?"
„I know. I had a girlfriend called Lilli - Elisabeth.
Sometimes I played her this song, but today, it's yours."
„Efcharistó polý, Giórgos!" „Den to kánei. - Dafür nicht."

28.

Ludwig schlief wie immer an der Gefahrenseite zur Abwehr böser Buben im Bett neben der Tür. Ich drehte den Schlüssel des Türschlosses, das keiner Sicherheitsprüfung standgehalten hätte, löschte das Licht, öffnete beide Fenster unseres Zimmers sperrangelweit und legte mich in mein Bett. Ich liebe es mit einem Luftzug um die Nase herum einzuschlafen, mir die Bettdecke zwischen die Beine zu ziehen, halb auf der Seite, halb auf dem Bauch zu liegen und als letztes meinen linken Unterschenkel plus Fuß oberhalb der Bettdecke zu platzieren.

„Kaliníchta, Ludwig." - „Kaliníchta, Elisabeth."

Für unseren Morgenkaffee wählten wir einen Platz vor einer kleinen Cafébar auf halber Höhe der Elefthériou Venizélou. Zwei Tische, vier Stühle, zwei Kaffee und wir.

„Drei Nächte, was denkst du?"
„Ja, das Zimmer ist schön, drei Nächte."
„Und ein Auto?" - „Ja, und ein Auto!"

Ludwig kümmerte sich um einen Mietwagen, ich mich um die Sicherung unseres Zimmers. Maria war erfreut, bat mich um meinen Ausweis, den sie mir jedoch gleich zurückgab, als ich ihr anbot, das Zimmer für die drei Nächte im Voraus zu bezahlen. Ludwig erwartete mich am Anfang der Promenade am Fähranleger. Ich packte ein paar Sachen zusammen und begab mich über die Parallelstraße der Elefthériou Venizélou zum verabredeten Platz. Ludwig saß in der dortigen Taverne mit Blick auf den Anleger der Fähre. Sonnengläser auf der Nase, einen Frappé in der Hand, eine Straßenkarte auf dem Tisch, eine Bäckertüte auf dem Nachbarstuhl. Er fragte, ob ich noch etwas möchte oder ob wir gleich aufbrechen wollten. „Wenn ich den Rest deines Frappés haben kann, können wir los“, sagte ich mit einem Lächeln und leicht schräg gehaltenem Kopf. Ich schaute in die Bäckertüte, sagte: „Hmmm“ und „ohlala“ und behielt sie gleich in der Hand.

Natürlich fuhr Ludwig. Ludwig fährt immer. Ich fahre nie. In all den Jahren, die ich Kreta bereise, bin ich noch nicht einen Zentimeter mit dem Auto gefahren. Mit schon, aber nie selbst. Ich bin die, die mit dem Bus, mit der Fähre oder zu Fuß unterwegs ist. Würde ich mich trauen, mit einem motorisierten Fahrrad unterwegs zu sein, würde ich es tun.

Ludwig wollte mich nach Anídri entführen, einem kleinen Bergdorf oberhalb Paleochóras. Er fuhr die Promenade am Wasser entlang, bog am Ende der Straße nach rechts und folgte der Hauptstraße, die uns noch eine Zeit lang rechtsseitig aufs Meer schauen ließ. Fünf Kilometer stand auf einem Hinweisschild, eine Strecke, die wir auch zu Fuß hätten zurücklegen können. Nach wohl einem Kilometer führte der Weg in die Berge. Wir ließen das Meer hinter uns und folgten einer alten stetig ansteigenden Asphaltstraße, die uns durch mehr oder weniger hohe Felswände Anídri Kurve für Kurve ein Stück näher brachte. Büsche und Bäume wuchsen an den Felswänden, immer dort, wo ihnen ein kleines Erdreich die Möglichkeit dazu bot. Zur Linken immer wieder viertelhohe Mauern als Begrenzung senkrecht abfallender Felshänge. In mindestens drei Felsformationen erkannte ich gesichtsähnliche Gebilde, bei denen ich Ludwig bat, mich für ein Foto aussteigen zu lassen. Wir fuhren gemächlich. Genossen diese heimelige Straße, den Weg zum Ziel ebenso wie die Vorfreude auf das Ziel selbst und erfreuten uns an unserem immer wieder gleichen Gefallen der selben Dinge.

Fährt man durch Anídri hindurch, kommt man an dem alten Schulgebäude des Ortes vorbei. Einem rechteckigen Bau von vielleicht vier mal sechs oder sechs mal zehn Metern, in dem sich seit Jahren eine sehr besondere Taverne mit dem Namen Sto Scholeío - Zur Schule - befindet. Ein schlicht verputztes, weiß getünchtes Gebäude mit einem leicht schräg abfallenden Dach aus roten Tonziegeln. Neben der nach links versetzten ochsenblutrot gestrichenen Eingangstür eine schlichte hölzerne Sitzbank in gleicher Farbe, die rechts der Tür bis um die Hausecke herum reicht. Ein rotes Fenster, ein gelber Briefkasten, eine alte Dame. Sie saß am Ende der hausumrundenden Holzbank. Ihre Haut von der Sonne gebräunt, vom Alter faltig, ihr graues Haar zu einem Knoten gebunden. Über ihrem dunkelblauen Kleid trug sie eine blau-weiße Tupfenschürze. Mit der rechten Hand hielt sie ihren Stock. Unsere Blicke trafen sich. Wir lächelten uns an. Sie lud mich zum Sitzen ein und erzählte mir in schönstem Griechisch Worte und Sätze, die ich nicht verstand. Am Ende wusste ich dennoch, dass sie Galatía heiße, 87 Lenze zähle und im Nachbarhaus wohne, dem ehemaligen Lehrerhaus der alten Dorfschule. Und sie, dass ich aus Deutschland, aus Germanía, käme und in den nächsten Tagen 57 werden würde. Zum Abschied eine herzliche Umarmung mit den Worten: „Jássu Galatía", und „Jássu Elisabetháki".

Man kann hier kaum vorbei.
Wer nicht einkehrt, wird in Eile sein.

Die ochsenblutfarbene zweiflügelige Eingangstür stand weit geöffnet. Rechts an der Wand neben der Tür eine Tafel mit dem Speiseangebot. Durch die Türöffnung erblickten wir einen ausladenden, massiven, rechteckigen Holztisch. Er stand mittig im Raum. Daran stehend eine Frau mit Zopf, Schürze, Wiegemesser und Schneidebrett, frische Kräuter in

gleichmäßigem Takt zerkleinernd. Schüsseln mit unterschiedlichen Gemüsen. Auflaufformen, teils befüllt. Eine große Kumme mit Quark oder griechischem Joghurt. Daneben ein Holztablett, auf dem sich Olivenöle, Essig und Gewürze sammelten

.

An der linken Innenwand zwei quadratische Tische mit gleichfarbenen Stühlen. Gegenüber zwei hohe schmale Doppelflügelfenster, daneben eine weitere Eingangs- oder auch Ausgangstür, die auf eine stimmungsvolle Außenterrasse führt. Rechts eine Theke, an deren Rückwand eine halbgeöffnete Tür die Küche erahnen lässt. Ein unter der Decke schräg hängender Spiegel erlaubt dem beobachtenden Gast einen letzten prüfenden Blick auf seine eigene Gestalt, bevor er vom Gastraum auf die Terrasse tritt.

Groß ist sie, die Terrasse. Dominiert von einer uralten Platane, die mit ihrem Geäst auf der Terrasse für angenehmen Schatten sorgt. An ihrem dicken, knorrigen Stamm eine weitere Speisetafel. Auf dem Boden helle Kieselsteine. Als Umrandung eine alte Mauer mit Blick über das weite Tal von Anídri, die gleichnamige Schlucht und das in weiter Ferne liegende Meer. Entlang der Terrassenmauer eine rundherum verlaufende Holzbank, die im Gegensatz zur Bank vor dem Haus eine schräg angebrachte Rückenlehne aufweist. Die Stühle, die Bänke, die Tischbeine, die Fenster- und Türrahmen, alles in diesem bräunlich roten Ochsenblutton gestrichen. Die Tischplatten glänzend, marmoriert in faszinierenden, verschiedenfarbigen Mischtönen, in Gelbgrün, Pinkviolett, Blautürkis oder Orangerot. Wäre es meine Terrasse, wäre sie genau so! Auch wenn ich gestehen muss, dass mir die marmorierten Tischplatten so nicht eingefallen wären.

Ludwig und ich wählten einen Platz im Sonnenschein, bestellten ein Frühstück aus speckumwickelten, mit Mandeln gefüllten Datteln, zwei hausgemachten Frischkäsepasten, etwas Tomate, Salz und frischem Brot. Dazu zwei Becher Kaffee und einen Krug Anídri-Wasser. Die marmorierte Farbe unserer gelb-grünen Tischplatte spiegelte sich im Wasser des Kruges ebenso wider wie in den beiden Gläsern, nachdem wir uns vom Wasser eingeschenkt hatten. Unser Wasser erstrahlte in gelblichem Grün. An jedem der anderen Tische, an dem Sonnenlicht und Wasser aufeinander trafen, nahm das klare Wasser die Färbung der Tischplatten auf. Eine selbstverständliche Tatsache, die dennoch so faszinierend war, dass ich sie mindestens ein Dutzend Mal ablichten musste.

Wir verließen die Terrasse in Richtung einer etwas tiefer gelegenen von einem Friedhof umgebenen weiß getünchten Doppeldach-Kirche, der kleinen Georgs-Kapelle aus dem 14. Jahrhundert, mit mittig angebrachtem Glockenturm. Ihre Wand- und Gewölbemalereien im Innern, farbintensiv und gut erhalten, die Altarwand reichlich mit Gold verziert. Am Weg ein prächtiger Granatapfelbaum. Folgten wir dem Pfad um die Kirche herum, wären wir auf dem besten Weg zum Einstieg in die Anídri-Schlucht.

Heute war unser Plan ein anderer. Wir wollten nach Kándanos und dann weiter zum Strand von Elafoníssi. Ich reiste nun schon so viele Jahre nach Kreta, hatte immer wieder von diesem sagenhaften Strand gehört und war dennoch nie dort gewesen, genau wie am Palmenstrand von Vai. „Ganz in der Nähe gewesen und dennoch ob der einbrechenden Dunkelheit daran vorbeigefahren."

29.

Wir fuhren die asphaltierte Straße von Anídri zurück Richtung Paleochóra, um eine 90-Grad-Kurve herum, hoch ins Inland nach Kándanos. Ich weiß nicht recht, wie ich mich in dieser Stadt fühlen soll. Abgesehen vom kleinen Gedenkplatz in der Ortsmitte, ist Kándanos eine ganz normale, beschauliche kretische Stadt.

Als Vergeltungsmaßnahme für die durch einen Hinterhalt kretischer Freiheitskämpfer getöteten deutschen Soldaten wurde das damalige Dorf Kándanos während des zweiten Weltkrieges im Juni 1941 durch die deutschen Besatzer dem Erdboden gleichgemacht. Lese ich den Text der hier damals zur Abschreckung aufgestellten, heute als Kopie zur Erinnerung an dieses Kriegsverbrechen angebrachten Tafeln - schaudert's mich.

Meinem österreichischen Begleiter schauderte es ebenfalls, auch wenn er sich durch sein Nicht-Deutsch-Sein nicht persönlich zuständig fühlt. Ich erinnere die Aussage eines holländischen Freundes, dem meine Schwester und ich Anfang der neunzehnhundertneunziger Jahre unser mulmiges Gefühl mitgeteilt hatten, nachdem wir von unserem ersten Kándanos-Besuch zurückgekehrt waren. Natürlich kann man als Deutscher die deutsche Besatzungszeit auf Kreta nicht ignorieren. Es war eine unerhörte, anmaßende, für alle Beteiligten leidbringende Ungerechtigkeit, doch hielt er unser persönliches Schuldgefühl als nachfolgende Generation für übertrieben und unnötig.

„Mädels, genießt die heutige Zeit, das wohlwollende Miteinander, das Geben und Nehmen, und glaubt dem alten Kreter, wenn er euch sagt, dass ihr ihm willkommen seid." Ludwig und ich ließen uns vor der kleinen Taverne gegenüber dem Mahnmal nieder. Es war dieselbe Taverne, in der meine Schwester und ich vor Jahren bei einem alten Griechen unseren ersten frisch gepressten Orangensaft getrunken hatten. Er hatte nach unserer Nationalität gefragt und uns nach Beantwortung der Frage mit den Worten: „Deutsch gut!“ auf die Schultern geklopft.

Das Tavernengebäude war unverändert, der alte Herr nicht mehr da. Auf der gegenüberliegenden Straßenseite gab es nun eine große blumenberankte Terrasse, bestimmt in zehnfacher Größe der ursprünglichen Taverne. Die Kellner flitzten über die Straße, schauten nach rechts und links, balancierten ihre Tabletts mit griechischen Salaten, Getränken und anderen Gerichten hin und mit benutzten Gläsern, Tellern, Bestecken und Brotkörben wieder zurück.

Die Geschichte der Stadt zieht Touristen vieler Länder nach Kándanos. Sie verweilen auf der die Gedenkstätte umrundenden Steinbank, studieren die Gedenktafeln, halten inne, schlendern durch die Straßen und lassen sich vor ihrer Weiterfahrt gerne in einer der Tavernen vor Ort nieder.

Ludwig fuhr unseren Wagen in eine wenig befahrene Straße, parkte ihn im Schatten eines hohen Baumes, kurbelte die Seitenscheiben ein Stück herunter und machte es sich für sein Nachmittags-Schläfchen auf dem Fahrersitz gemütlich. Ich machte mich zur Fotosafari auf, den Ort einzufangen.

Direkt oberhalb des Mahnmals fiel mein Blick auf ein großes Kirchengebäude mit zwei eckigen, aufstrebenden Glockentürmen, zweistufig mit jeweils zwei mal zwei neben- und übereinanderliegenden schmalen Bogenöffnungen. Unterhalb der leicht gewölbten Ziegeldächer eines jeden Turmes eine aufge-

malte Uhr mit unterschiedlichen Zeitangaben. Auf der ersten war es eine Minute nach elf, auf der zweiten sechzehn Minuten vor neun. Ich fragte mich, ob diese festgeschriebenen Zeiten eine besondere Bedeutung hatten.

Das halbrunde Kuppeldach des mittig erbauten Kirchturmes war, wie die Glockentürme, mit roten Ziegeln gedeckt. Als Abschluss eines jeden Ziegeldaches ein weißes Kreuz. Alle Fenster in pastelligen Rosé-, Blau-, Grün- und Ockertönen, mosaikartig, rautenförmig unterteilt. Direkt zwischen den Glockentürmen ein weiter, schlicht verputzter Halbkreis als Abschluss eines Tonnengewölbes mit drei dieser pastellfarbigen, schmalhohen Mosaikbogenfenster. So mächtig dieser Kirchenbau auch ist, so filigran und zierlich wirkt er durch seinen hellen Anstrich, seine feinen Aufbauten und den kleinen, in Pastellfarben gehaltenen Glasflächen aller Fensterelemente.

Ich schlenderte die innere Hauptstraße Kándanos' entlang. Die äußere dient mehr als Durchfahrtstraße von hier nach dort. Sie tangiert die kleine Stadt kaum. Eine hochgewachsene Bougainvillea. Eine heimelige Gaststätte unter sieben Spalierbäumen mit weiß gekalkten Baumstämmen. Gegenüber eine Bäckerei. Weiter vorne ein gelbes Lagerhaus mit herabgelassenen blau gestrichenen Eisen-Roll-Jalousien. Ein quadratischer Tisch unter einer hohen schattenspendenden Platane neben einer schmalen grau verputzten Treppe mit dunklen Altersrissen. Ein Schaufenster im Messingrahmen. Dort ausgestellt: Sommerschuhe, Rosenporzellane, Vasen, Kerzenleuchter und Tierfiguren. Auf dem Dorfplatz palaverten Männer im Schatten mächtiger Bäume. Über mir weihnachtliche Sternenlichterketten, vor mir zwanzig Stufen einer weiteren verwitterten Steintreppe. Am Ende der Stufen eine alte Kirche, klein, weiß, mit hellblau gestrichener Eingangstür und blau verziertem Glockenturm.

Ich musste im Kreis gelaufen sein oder zumindest in einem weiten Bogen. Ich betrachtete die kleine Kirche von allen Seiten, bemerkte zur Linken ein Holzlager mit gebrauchten Bohlen und Arbeitshölzern, geradeaus eine weitere wildbewachsene rissige Steintreppe, an deren oberen Ende rechts- und linksseitig Palmen und Kiefern zwischen wildem Buschwerk emporragten. Nachdem ich die Treppenstufen hinaufgestiegen war, blickte ich zu meinem Erstaunen auf die vordem beschriebene große Kirche von Kándanos. Jetzt erst erkannte ich ihren quadratischen Grundriss und dass ihre vier Tonnendächer ebenso wie das Kuppeldach und die Glockentürme mit sanftroten Ziegeln gedeckt waren.

Die Kirchentür war geöffnet. Die Kirche als Kreuzkirche auszumachen. Die Wand- und Deckenbemalungen kräftig, mit vielen Hintergründen in Gold, Rosé und Tannengrün. Die Motive hauptsächlich in Rot, Blau, Weiß und Ockergelb gehalten. Weiße Rundsäulen stützen das Kuppeldach. In der Mitte des kreisrunden Kirchturms ein mächtiger, goldfarben strahlender, dreistöckiger Kronleuchter mit mehr als fünfzig elektrischen Lichtern. Die von außen so pastell wirkenden Mosaikscheiben leuchteten im Innern in kräftigen Grundtönen. Die Üppigkeit der Innenwand- und Deckenbemalungen dieser Kirche steht im krassen Gegensatz zur Schlichtheit ihres äußeren Erscheinungsbildes. Bis auf das kreisrunde Mosaik unterhalb des Kronleuchters ist der Kirchenboden ausnahmslos mit weißem Marmor belegt.

Farbig gestrichene Eisen-Rollen-Jalousien-Tore schienen mir in dieser Stadt gang und gäbe. Vor einem Schmuckgeschäft in sattem Grasgrün, daneben in einem schmutzig weiß verputzten Lagerhaus in metallfarbenem Grau und weiter in einem neu gestrichenen Geschäftshaus in sattem Petrol.

Beim Weiterschlendern hielt ich als nächstes vor einer Taverne mit modernen Regiestühlen, wieder üppig grünen Spalierbäumen und einem vielversprechenden Innenhof, dann vor einem Wasseruhr-Ensemble für zehn Wohneinheiten mit dazwischen gewachsenem Blattgrün, gefolgt von einer mit Stroh bedeckten Fläche mit groß gewachsenen Flaschenkürbissen, einer Ruine, einer Tankstelle, einem hochgewachsenen, romantisch wirkenden Jasmin mit wohlduftenden weißen Sternenblüten und einem parkenden Wagen mit einem schlafenden Mann auf dem Fahrersitz, der mir auffällig bekannt vorkam.

Der Zufall wollte es, dass an seiner Seite ein kleiner runder Tisch mit zwei geflochtenen Stühlen auf mich warteten. Ich setzte mich, holte Tagebuch und Stift aus der Tasche, legte mein selbstgepflücktes Blumensträußchen auf den Tisch und aß meinen auf dem Weg aufgelesenen Apfel.

Nach meinem ausgiebigen Gang durch Kándanos konnte ich diesen ruhigen, leicht schattigen Sonnenplatz allein mit meinem Tagebuch und mir, Apfel essend und schreibend, den schlafenden Ludwig ganz in meiner Nähe wissend, wunderbar genießen.

30.

Ludwig hatte seinen frühen Nachmittagsschlaf nach eigenem Rhythmus beenden können. Kein Handy-Läuten. Keine störenden Geräusche von außen. Kein Wecken meinerseits. Ich weiß, wie gut es ist, aus sich selbst heraus aufwachen zu dürfen, wie dankbar Körper und Geist dafür sind.

Von Kándanos bis Elafoníssi sind es gute vierzig Kilometer. Ludwig und ich waren wieder auf dem Weg. Nach der Hälfte der Strecke erreichten wir Élos. Esskastanienbäume soweit das Auge reicht.

Es ist grün, das Tal von Élos. Für die Kultivierung der ursprünglich aus Mittelasien stammenden Maronen- bzw. Esskastanienbäume ist das Klima hier im Westen Kretas geradezu ideal. Sie wachsen und gedeihen prächtig. Ihre Reife- und Erntezeit ist der Oktober. Esskastanien sind reich an hochwertigem Eiweiß, an Mineralien und Spurenelementen, haben wenig Fett und sind nur in gekochtem oder geröstetem Zustand schmackhaft.

Wir parkten auf einem Platz an der ortsdurchführenden Straße von Élos. Neben dem Parkplatz ein Lebensmittelladen, ein kleines Bistro und ein Souvenirgeschäft mit allerlei Handwerklichem aus Keramik und Olivenholz. Gegenüber zwei auffallend große Tavernen. Élos schien mir auf Gesellschaften eingestellt zu sein, auf Hochzeiten, Taufen oder auch Busreisegruppen. Drei breite Stufen führen auf die Terrasse der Café Bar To Élos. Am Stamm des großen, die Terrasse überspannenden Ahorns der Hinweis: All foods have qualiti cretan olive oil. Es saß sich gut im Schatten des mächtigen Ahornbaumes.

Wir wählten einen Tisch auf der mittleren Terrasse, bestellten ein spätes Mittagsmahl und genossen die große Ruhe. Während wir auf unser Essen warteten, stieg ich bis auf die höchste Ebene der Taverne, verließ das Gebäude durch den rückwärtigen Eingang und kehrte auf einem schmalen Weg zwischen Hauswand und einem geführten idyllischen Bachlauf zu Ludwig zurück.

Auf den Tischen lagen Hinweiszettel für das in jedem Jahr am dritten Wochenende im Oktober stattfindende Kastanienfest. Alles aus Kastanien, ob gebastelt, gekocht, geröstet, gebacken oder zu Likör verarbeitet. Bevor wir uns wieder auf den Weg Richtung Elafoníssi machten, brauchte ich einen Gang durch den kleinen Andenkenladen. Ich ließ mir Zeit, betrachtete alles und entschied mich am Ende für ein Armband aus aneinandergereihten Olivenholzscheiben.

Ludwig gab mir nie das Gefühl, mich beeilen zu müssen. Er ließ mir die Zeit, die ich brauchte, wie ich ihm die Zeiten ließ, die er brauchte, und dennoch kamen wir mit den vierundzwanzig Stunden eines jeden Tages immer wunderbar zurecht. Bald waren wir aus Élos herausgefahren. Die ortsdurchführende Straße ist kurz. Man fährt hinein, geradeaus hindurch, um eine 90-Grad-Kurve herum und wieder hinaus, und schon ist da wieder nichts als Gegend.

Vor Élos ist die Straße anderthalbspurig, mit weißen Seitenlinien ohne Mittelstreifen, nach Élos doppelt so breit mit allem. Wir fuhren durch Fels und Grün bei blauem Himmel mit luftigen kleinen Wolken. Je weiter wir uns dem Meer näherten, desto ausgebauter die Straße.

„Europa sei dank", sagte Ludwig und ich:
„Na, das muss ja ein bombastischer Strand sein,
wenn man ihm eine solche Zufahrt baut."

Ich hielt die Breite dieser Straße für maßlos übertrieben, so wie mir leicht mal ein Zuviel an Perfektion, Größe und Mächtigkeit übertrieben vorkommt. Kreta ist nicht ohne Grund mein liebster Platz, mein Heimatgefilde, und ich bin mir sicher, dass das Unperfekte hier einen großen Anteil daran hat.

Wir fuhren Kilometer um Kilometer durch baumreiche Gegend, bis wir, kurz vor Ende der Prachtstraße zur Rechten, wieder aufs glitzernde Meer schauen konnten. Wir bogen nach links in den Ort, der einzig durch sein Ortsschild auszumachen war. Eine lange Straße, viel Gegend, einzeln stehende Bäume und Bauten, aber kein Dorf. Wir folgten den Hinweisschildern zum Strand. Wählten einen der vielen freien Parkplätze, blickten in kleiner Ferne auf einen hellen, weiten Sandstrand mit etlichen Palmwedelschirmen.

Direkt vor uns eine überdachte, verwaiste Holzterrasse. Breite Bretterwege führten über den weichen Sand durch vereinzelt liegende Felsbrocken. Dazwischen immer wieder buschartiger Bewuchs und von Wind und Wetter geformte Bäume.

Ich sah die Weite des hellen Strandes, sah das sich in kleine Wellen legende Meer, seine hellen Blau- und Türkistöne und den klaren, blauen Himmel mit dem luftigen Wolkenband gen Westen. Ohne die hier in endloser Zahl aufgestellten Sonnenschirme und Liegen wäre es das Paradies, doch auch mit der aufgebauten Bequemlichkeit war es hier immer noch beeindruckend schön.

Es war wenig los an diesem späten Nachmittag. Der Sechzehn-Uhr-Bus nach Paleochóra wie auch der Siebzehn-Uhr-Bus über Kastélli-Kíssamos zurück nach Chaniá waren schon abgefahren. Selbst das kleine Fährschiff, das Badelustige und Sonnenhungrige während der Saison von Paleochóra um die kleine Landzunge herum nach Elafoníssi und zurück schippert, war bereits auf dem Heimweg. Einzig wir und zwanzig bis dreißig weitere mit Privatwagen angereiste Personen verweilten noch im letzten Sonnenlicht des heutigen Tages.

Ludwig und ich schlenderten einen weiten Bogen am Wassersaum entlang, genossen das fast badewannenwarme Meerwasser und den feinen Sand unter unseren nackten Füßen.

Elafoníssi - ein Hauch von Karibik.

Ludwig erzählte mir vom wahren Elafoníssi, das sich ein paar Meter vor uns Richtung Westen befand, und das wir, wäre die Zeit für heute nicht schon so weit fortgeschritten, durch knietiefes Wasser leicht zu Fuß hätten erreichen können.

„Genau genommen“, sagte er, „stehen wir jetzt
auf Kreta, am Strand von Gegenüber-Elafoníssi
und nicht am Strand von Elafoníssi selbst.“

Er erzählte, dass die kleine Insel Elafoníssi cirka 400 Meter breit und 1.300 Meter lang sei, dass sie unter Naturschutz stünde und dass es dort nur erlaubt wäre, auf gekennzeichneten Wegen zu gehen. Man dürfe dort weder campen noch

66
68

DAILY TRIPS

übernachten, die geschützten Flächen auf keinen Fall betreten, kein Feuer machen, keinen Unrat zurücklassen, und man müsse unbedingt vor dem Dunkelwerden von dort zurück sein. Der wahre Strand von Elafoníssi sei diesem recht ähnlich, nur wirke er durch seine Unberührtheit ursprünglicher. An der Meerseite der Insel gäbe es drei Bauwerke. Eine kleine Kirche plus Mahnmal zur Erinnerung an die griechischen Opfer eines türkischen Massakers aus dem Jahre 1828, ein Holzkreuz zum Gedenken an Ertrunkene eines gesunkenen österreichischen Passagierschiffes aus dem Jahre 1908 und einen Leuchtturm von 1909, der dort im darauf folgenden Jahr zum Schutz der Seefahrer errichtet worden sei.

Wir blieben bis zum Einbruch der Dunkelheit. Ludwig ruhte. Ich stieg ins seichte Wasser, schwamm hinaus und wieder zurück und konnte an jeder Stelle den feinsandigen Boden unter meinen Füßen ertasten. In einer kleinen, nahegelegenen Bucht legte ein Fischerboot an. Daily Trips und Mini Cruises waren auf einem großen Banner an der Breitseite des Kahns zu lesen. Am Strand rückten junge Männer die verwaisten Liegestühle zurecht. Zwei Kanufahrer glitten lautlos vor der Kulisse des sich rötlich einfärbenden Himmels übers Meer. Wir schauten ihnen nach, folgten dem Lauf der untergehenden Sonne oberhalb der vorgelagerten Insel Elafoníssi und waren von der Schönheit dieses karibikgleichen Fleckchens kretischer Erde geradezu entzückt. Stante pede waren wir bereit, den Erbauern der Prachtstraße Abbitte zu leisten. Elafoníssi hatte eine solch aufwendige Zufahrt wahrlich verdient.

Gefühlte sechzig Kilometer durch die Dunkelheit von Elafoníssi zurück nach Paleochóra. Wir hatten die Wahl. Achtundvierzig Kilometer über die ausgebaute Straße zurück über Élos und Kándanos in einer Stunde und zehn Minuten oder dreiunddreißig Kilometer über kleinere Wege in einer Stunde und zwanzig Minuten. Wir wählten die längere Zeit und den kürzeren Weg, streiften Sklavopoúla, Agíi Theodóri und Giálos.

Oberhalb der Bucht von Paleochóra hielten wir bei völliger Dunkelheit am Straßenrand. In der Ferne das Lichtermeer der kleinen Stadt. Wir setzten uns auf einen dicken Stein, öffneten den zweiten Piccolo, verteilten den Inhalt auf unsere beiden Kunstoffkelche mit abnehmbarem Fuß, leerten dazu eine Packung Lieblingskekse und suchten dabei, den Zuckerbäckerkirchturm, den Standort unseres Quartiers und den Schlafplatz der Fähre auszumachen. Nach der Erkenntnis, dass Paleochóra auf einer Landzunge erbaut war, beschlossen wir, diese am morgigen Tage zu umwandern.

31.

Was uns für den Abend gereicht hatte, konnte bis zum Morgen nicht halten. Sekt und Süßkram galten noch nie als lang anhaltende Sattmacher, und da wollten Ludwig und ich an diesem frühen Morgen auch nicht allzusehr darüber verwundert sein, dass wir mit unseren knurrenden Mägen nicht wieder hatten einschlafen können. Die Sonne ging auf. Die Vögel begannen ihren Gesang. Die frühen Vögel des heutigen Tages wünschten, an einem sonnigen Frühstücksplätzchen ihren Hunger zu stillen.

Während wir auf dem Balkon unsere Morgenzigarette rauchten, überlegten wir, wie und wo unser Frühstücksplatz wohl sein sollte. Sonne beschienen, mit Blick aufs Meer, etwas höher gelegen. Wir entschieden uns für die überdachte Außenterrasse des Gästehauses Castello an der linken Seite des langgestreckten Strandes der Stadt. Als wir nach zehnminütigem Fußweg den Strand erreicht hatten, war das Morgengrauen verschwunden. Die frisch aufgegangene Sonne und der wolkenlose Himmel ließen auf einen weiteren herrlichen Spätsommertag hoffen. Links das Castello. Rechts in kleiner Ferne die rostfarbene Skulptur der beiden Seemänner mit Esel. Wie vor zwei Tagen schauten sie sehnsuchtsvoll übers Meer. Trugen wie am Tag zuvor Südwester und Öljacke und hielten ihre Hände gegen die Morgenkühle in ihren Jackentaschen verborgen.

Ludwig und ich waren die ersten Gäste auf der Außenterrasse des Castello. Ein junger Mann befreite die Tische vom Tau der Nacht, rückte die Stühle zurecht, stellte Speisekarten auf und begrüßte uns. Wir entschieden uns für einen Tisch am Geländer mit Blick auf Strand und Meer. Zu „Kaliméra“

hatte ich so etwas wie „Ó tí thélete?“ verstanden, was ich als Frage nach unseren Wünschen deutete. Wir grüßten zurück und bestellten unser Frühstück.

„Thélo éna Yaúrti me Méli kai Froúta kai ena
Nescafé, parakaló - ich möchte einen Joghurt
mit Honig und Früchten und einen Nescafé, bitte“.

Ludwig brauchte es deftiger und entschied sich für
Psomí, Voútyro, Tomátes, Tyrí, Méli kai Nescafé -
Brot, Butter, Tomaten, Käse, Honig und Nescafé.

Unser Platz war toll. Vielleicht zwei, drei Meter oberhalb des Strandes. Hohe Tamarisken, eine mit Kieselbruch belegte Terrasse, ein Dach gegen Sonne und Regen mit transparenten, heruntergelassenen Rollos gegen Wind und Wetter. Dicke Steine, rechteckige Tische, gelb und blau bespannte Terrassenstühle. Das Castello schien uns doch mehr ein kleines Hotel als ein einfaches Gästehaus zu sein. Die Sonne war noch nicht ganz dort, wo wir sie hatten haben wollen. Der junge Mann hieß Yannis.

Wir saßen am Tisch mit Blick auf den Strand, schauten auf die weit entfernte Bergkette oberhalb Paleochóras mit den an den Hang gebauten weißen Häusern. Registrierten die von hier bis zum Ende der Bucht stehenden Tamarisken, den vielen hellen Sand und die schäumende Gischt am Ende einer jeden flach auslaufenden Welle. Am Strand unter uns dicke Felsbrocken, immer wieder vom Meerwasser eingenommen. Eine Gruppe hochgewachsener Tamarisken als natürliche Schattenspender mit darunterstehenden Liegen zum Verweilen, Schlafen, Lesen und Sonnenbaden. Die Farbe ihrer Kunstoffbespannung mintgrün.

Wir hatten unsere Jacken anbehalten, die Nescafé-Becher zum Aufwärmen der Hände umfasst und unsere ansonsten so unterschiedlichen Frühstücke und das damit entschwindende Hungergefühl genossen. Während Ludwig und ich unseren Tag überlegten, schickte die Sonne erste Strahlen auf die Terrasse des Castello.

„Spaziergang zum neuen Hafen?
Auf der anderen Meerseite zurück?
Mit dem Wagen bis ans Ende der Insel?
Nochmal hoch nach Anídri zum Essen?
Durch die Schlucht hinunter ans Meer und zurück?"

„So, so, so", sagte Ludwig und
„lass ma schau'n, wie weit die Zeit heut reichen wird."

Wir verließen unseren Frühstücksplatz und betraten die schmale Straße Richtung Westen. Rechts das Meer. Auf der linken Seite aufstrebender Fels. Unter uns grauer Asphalt. Über uns blauer Himmel. Unser Blick fiel auf zwei steinerne Gebilde. Ob naturgegeben oder von Menschenhand geformt oder ergänzt, vermochten wir nicht zu sagen. Beide Figuren, Bär oder Hund, Katze oder Fabelwesen, schienen unserem Gang durch ihre Augenhöhlen zu folgen. Der Stand der Sonne tauchte die zum Hafen führende Straße in wechselndes Licht.

Der neue Hafen befindet sich am südlichsten Zipfel der westlichen Landzunge Paleochóras. Der Weg blinzelte uns an. Wir blinzelten zurück. Gefühlt ging es kilometerweit geradeaus. Ein wildes Gebiet! Hafengegend, Bahnhofsgelände, Industrieanlagen und auch Grenzland haben leicht etwas Unwirtliches. Wirken karg und unbelebt, weitläufig, unaufgeräumt und wild. Ich dachte an vom Wind über eine Ebene getragenes oder gerolltes

Buschwerk. Dachte an alte Westernfilme, die wir mit unseren Eltern an Samstagabenden hatten schauen dürfen. An Bonanza und High Chaparral, an Fury und Lassie und an Huckleberry Finn. An Flipper dachte ich nicht.

Ludwig und ich kamen überein, dass Hoss uns immer ein wenig leidgetan hatte, dass Manolito mit seinem rollenden R eine leicht feuchte Aussprache aufwies, uns die Fliegengittertür von Lassies Familienhaus von Anfang an fasziniert hätte, dass Huckleberry Finn der schönste Junge unserer Kindheit war und dass der Farmer Jim Newton, auf dessen Pfiff Fury von wo auch immer sofort herbeigaloppiert gekommen war, damals doch absolut mein Typ gewesen sein müsste.

„Ja?", blickte ich Ludwig fragend an, worauf er wie selbstverständlich mit „Ja!" antwortete und hinzufügte, ob mir seine Ähnlichkeit mit Mr. Fury denn bisher so gar nicht aufgefallen sei.

„Doch, doch", grinste ich, „jetzt wo du's sagst."

Lachend hakelten wir uns unter und folgten der Straße nun einen Tick flotter durch das urwüchsige Stück Land. Zur Rechten des Weges eine weite Fläche mit Eukalyptusbäumen in Zweier- und Dreiergruppen, flachem Buschwerk und kleinen Blumenwiesen. Das Meer, fürs Auge unsichtbar, dahinter der weite Horizont.

In einem kleinen Wäldchen entdeckten wir eine Gruppe freilaufender Hunde. Mehrere Hundehütten verteilten sich auf dem kleinen Territorium. Später erfuhren wir, dass sie ohne Besitzer waren. Eine Gruppe von Tierschützern hatte ihnen hier einen Platz geschaffen, an dem sie sein konnten, sterilisiert worden waren und regelmäßig zu essen und zu trinken bekamen. Sie waren allesamt friedlich in ihrer mehr oder minder selbst gewählten Freiheit. Zwei der kleinen Racker begleiteten uns. Liefen hinterher oder voraus, warteten, bis wir erneut mit ihnen auf gleicher Höhe waren, umschmeichelten unsere Beine, genossen unseren Zuspruch und kehrten, nachdem sie mit uns an der Taverne am Hafenbecken verweilt hatten, auf der anderen Seite des Wäldchens in ihre Hundekommune zurück.

Das Hafenbecken, am äußeren Zipfel der Landzunge Paleochóras erbaut, erschien uns ausgesprochen groß. Nur wenige Schiffe lagen vor Anker. Das Eingangshäuschen mit Graffiti besprüht, dessen Scheiben zerbrochen. Wellen schlugen an die Kaimauern. Der Wind wehte heftig. Das Hafengebäude verwaist. Die integrierte Taverne geschlossen. Dennoch mochten wir diesen Platz, das Morbide, den vom Verfall bedrohten Ort. Bei Sonne ist alles schön, fast alles, selbst der weiße VW-Bulli, dessen Roststellen von Jahr zu Jahr mehr Raum einnahmen, der in seiner Nähe stehende Polo-Kombi, der seinem großen Bruder im Dahinscheiden und Rostkreisebilden in nichts nachstand, und die aufgebockten Boote mit ihrem Hauch von Vergänglichkeit.

Dazu ein Gedicht von Robert Gernhardt:

Dich will ich loben, Hässliches,
du hast sowas Verlässliches.
Das Schöne schwindet, scheidet, flieht,
fast tut es weh, wenn man es sieht.

Wer Schönes anschaut, spürt die Zeit,
und Zeit sagt stets: Gleich ist's soweit.
Die Schönheit gibt uns Grund zur Trauer,
die Hässlichkeit erfreut auf Dauer.

Wir legten ein Päuschen ein, setzten uns auf zwei der verblichenen kretischen Tavernenstühle, entzündeten zwei Zigaretten, lauschten der Ruhe dieses unwirtlichen Ortes, die dann und wann vom Wellengeplätscher und der Musik des Windes unterbrochen wurde, und amüsierten uns über unsere beiden Begleiter, die sich wie selbstverständlich zu unseren Füßen niedergelassen hatten.

„Herrlich?" - „Herrlich!"

Natürlich ist hier nicht alles dem Verfall preisgegeben. Das Hafenbecken und die Ankerplätze sind picobello. An einigen der aufgebockten Boote waren Renovierungsaktivitäten zu erkennen oder auch live mitzuerleben. Da ward ein freundliches „Hallo", ein „Wie geht's?" und eine Antwort wie „Alles gut und bei euch?" leicht mal gesagt.

„Jássas!"
„Ti kánete?"
„Óla entáxi - I pisses?"

32.

Auf der anderen Seite der Landzunge war die Landschaft, die Gegend, ebenso ursprünglich wie auf unserem Hinweg. Ganz anders, aber ähnlich wild. Grober Grund, steiniger Boden, tiefe Einschnitte vom Meer. Felsbrocken, Buschwerk, gelbe Bodendecker, gelbblühender Mohn und grünblätterige, ebenfalls gelb blühende Dornengewächse. Der Himmel in hellem Blau mit vereinzelt duftig weißen Wolken. Das Meer in dunklerem Ton mit sachten Schaumkronen tragenden Wellen. Inmitten dieses unwirtlichen Gebietes las ich die Worte Lost und Paradize auf zwei Ebenen verteilt an den Wänden einer dreistöckigen Bauruine aus Betonpfeilerrahmen, rötlich-gelbem Mauerwerk mit aus der Dachplatte herausragenden Eisenstäben. Bezeichnung und Gegend - passend. Lost Paradize, verlorenes Paradies, als Graffiti in großen schwarzen Lettern, rosa hinterlegt, mit darüber thronender Dreizack-Krone, hier, am südlichsten Zipfel Paleochóras, nahe dem Ende der kretischen Welt.

In der Ferne sahen wir auf die Bergkette zwischen Paleochóra und Soúgia. Darüber schwebend ein geschlossen dunkles Wolkenband. Rechts blickten wir aufs Meer, links auf die ersten Gebäude der Stadt. Von einigen Appartmenthäusern abgesehen, schien uns hier der Ursprung Paleochóras zu sein. Vor meinem inneren Auge sah ich das einfache Leben griechischer Fischer. Wind und Wellen trotzend, nach angestrengter Nachtarbeit ihren Fang sortierend und die Fische in Meersalz haltbar machend. Frauen und Kinder kamen hinzu, freuten sich über die unversehrte Heimkehr ihrer Männer und Väter und über den mehr oder minder erfolgreichen Ertrag. Im Sonnenschein des neuen Tages begannen sie, ihre Boote und Netze zu flicken und herzurichten, um für die nächste Nachtfahrt vorbereitet zu sein.

Auf einer Anhöhe kleine Kunstwerke aus Fundsachen unterschiedlicher Materialien. Am Meer, hinter einem Felsvorsprung, ein kleiner, liebevoll hergerichteter Steinstrand mit Palmwedelschirmen und aus Treibholz hergestellten Möbeln und Zäunen. Herzstück dieser Anlage eine alte, hochgewachsene, Schatten spendende Tamariske. Wollt ich einfach verweilen, lesen, schreiben und träumen, Sonne, Wasser und Meer genießen, wäre dies mein Platz.

Wir schlenderten auf der alten Asphaltstraße Richtung Fähranleger. Zum Meer hin ein schmaler Gehweg. Felsbrocken, von denen mir jeder einzelne, ob seiner Form, seiner Steinzusammensetzung und -schichtung oder auch seines Bewuchses, ein Blick wert war. An Stellen, an denen dieser natürliche Schutz fehlte, lag Felsstein an Felsstein, um Land und Leute vor allzu stürmischer See zu schützen.

Bevor wir zu unserem nächsten Ziel aufbrachen, kehrten wir ins Scala ein. Ein schöner Ort zum Fährwarten, Meer- und Leutegucken. Hier nahmen wir unseren zweiten Kaffee und ich die Gelegenheit, Micháli anzurufen.

„And, my poor boy, how are you with your burnt skin?"
„Pópopo - it's getting better, a little, but it's not finished."
„And, what are you doing for this?"
„I take my medicine, I sleep a lot and I dream of you."
„I think, the last will be the best." - „I knooow!"

Dazu erzählte er, dass sein Boot morgen repariert zurückkäme, dass er froh darüber sei und dass ihn das Taxibootfahren sicher gut ablenken würde. „Pou eísai, agápi mou? - Wo bist du, meine Liebe?", wollte er zum Schluss wissen und wann ich in Chóra Sfakíon zurück sei.

ΚΑΛΩΣ ΗΡΘΑΤΕ
WELCOME TO KRIOS
ΣΕΤ ΟΜΠΡΕΛΕΣ 5€
SET UMBRELLA 5€
1 ΞΑΠΛΩΣΤΡΑ (BED) 2€

Ludwig hatte inzwischen unseren Wagen geholt. Wir fuhren an der Uferpromenade bis zur großen Straße und von da um die sieben Kilometer gen Westen, Richtung Kríos. Auch hier das Gefühl von Niemandsland und Endzeit. Tourismus schien, je weiter wir ans Ende der Insel kamen, keine besondere Rolle mehr zu spielen, und dennoch oder genau gerade wieder deswegen gefiel uns, was wir sahen. Welcome to Kríos, Set Umbrella 5 €, das einzelne Sunbed 2 €, alles in griechischer und englischer Sprache auf fünf einzelne Bretter gepinselt und auf zwei in den Boden gerammten Rundhölzern befestigt. Vor unseren Augen eine kleine, langgezogene Bucht mit Kieselstrand, seichtem Wasser, zwölf Sonnenschirmen und entsprechend vielen Liegen, von denen nur eine belegt war. Im Rücken Felsgebilde, in die wir ohne große Mühe unterschiedliche Tierwesen hineindenken konnten. Davor eine hölzerne Strandbar.

Wir wollten neue Wege erkunden. Fuhren auf schmalen Straßen und Schotterwegen durch landwirtschaftlich geprägte Gegend mit Äckern und Folienhäusern, bis wir eine Straße erreichten, auf der wir dem Weg nach Anídri folgen konnten. Wir passierten den großen Stein, der uns am gestrigen Abend als Platz für unser karges Mahl gedient hatte. Der Blick hinunter auf Paleochóra lohnt sich, zu welcher Tages- und Nachtzeit auch immer.

„Weiter?" - „Weiter!"

Wir hatten Lust auf Anídri und wir hatten Hunger.

Der Weg über die schmale Asphaltstraße hoch nach Anídri ist einfach zu und zu schön, dass ich ihn gerne mal zu Fuß erleben möchte. Ich würde jeden einzelnen Fels betrachten, jeden Stein, jede Biegung, jeden Baum, jede Blume, jede gelungene

Komposition aus was auch immer. Wir sahen Hühner, Esel und einen schwarzen Hengst, sahen Blumenwiesen, Olivenhaine mit schwarzen Netzen darunter, Brunnen, Wasserzapfstellen, altes Bauerngerät und ein Hinweisschild mit den Worten *House for sale*.

Anídri, sicher auch ein schöner Ort zum Wohnen. Wir kehrten ins alte Schulhaus ein. Im Schankraum wurde gewerkelt, Gemüse geputzt, Kräuter gehackt, Käse geraspelt. Der hohe Wandspiegel lud zum Fotografieren ein, die rückwärtige Tür zum Heraustreten auf die Terrasse. Was ist das auch für ein herrliches Plätzchen. Wir setzten uns mit dem Rücken zum Tal an den hellblau gelackten Tisch und erwarteten voller Ungeduld unseren Wasserkrug. So ist es, wenn Vorfreude auf Erfüllung trifft.

„Dieses Mal fotografiere ich ihn auf jedem Tisch."
„Du bist schon ein wenig verrückt, oder?"
„Das bin ich wohl, aber: wat mutt, dat mutt!"

Könnte ich an dieser Stelle farbige Fotos ins Buch einfügen, würde ich es tun, doch so muss ich mich mit bunten Worten begnügen. Auf der hellblau gelackten Tischoberfläche wirkte das Wasser hellblau. Kam das Rot der Stuhllehne mit ins Spiel, wechselte es ins Violette. Stellte ich den Krug auf den gelb-grün marmorierten Tisch, leuchtete das Wasser in gelblichem Grün, so wie es auf dem orangefarbenen in entsprechendem Orange erstrahlte. Zum Glück waren zu diesem Zeitpunkt etliche Tische frei. Als ich meine Fotografierarbeit beendet hatte und mich zurück an unseren Tisch begab, lud mich der Herr vom Nachbartisch zu einem weiteren Foto: „Ich glaube, dieser Farbton fehlt Ihnen noch“. Ludwig lächelte amüsiert, sprach: „Nur zu!“ und dass es dann auch Zeit zum Essen wäre.

Rüdiger war zu Fuß über den Fahrweg nach Anídri gekommen, erzählte, dass er zwischen einer und zwei Stunden für diesen Weg gebraucht habe und dass er für den Rückweg durch die Schlucht ähnlich viel Zeit eingeplant hätte. Vier Stunden sollen es von Paleochóra nach Paleochóra sein, ob man nun so oder so herum über Anídri laufe. Vier Stunden plus Verweilzeiten wären allemal zu schaffen.

Wir plauderten über Gott und die Welt, wobei sich die Welt zu diesem Zeitpunkt auf den Südwesten Kretas beschränkte. Am Ende wussten wir, dass Rüdiger mit seiner Frau auf Reisen war, dass sie das Strandleben der Wanderlust vorzöge, dass Ludwig und ich kein Paar seien und auch sonst nichts miteinander hätten und dass wir, wenn der Zufall uns hier auf Kreta zusammenführe, immer gerne für ein paar Tage miteinander auf Reisen gingen.

„Seid ihr frei?“ - „Dafür schon.“

„Lisbeth, willst du nicht die Schlucht hinunterwandern?
Dann hast du deine Bewegung und ich meinen Strandschlaf.“

Die Anídri-Schlucht endet unten an dem Strand, zu dem Ludwig und ich so oder so hatten fahren wollen. Ich schaute in vier Männeraugen, grinste und antwortete zum Spaße: „Ich gehe nur, wenn Rüdiger auch geht!“ Worauf dieser ohne zögern: „Wenn du gehen willst, begleite ich dich gerne!“ sagte.

Die Sache ward beschlossen. Rüdiger und ich machten uns zu Fuß auf den Weg zum Schluchteneingang. Ludwig startete mit dem Wagen zum Strand von Anídri, an dem wir uns am Ende des Tages wiedertreffen wollten, um gemeinsam nach Paleochóra zurückzufahren.

Alle Fliegen mit einer Klappe - genau, wie ich es liebe.

33.

Rüdiger war mir ein angenehmer Wanderbegleiter. Nicht zu schnell, nicht zu langsam. Rücksichtsvoll und fürsorglich, aber keineswegs aufdringlich oder bevormundend. Unser Gang war zwischen leicht flott und beschaulich vorsichtig, wenn es der Weg erforderte. Die Anídri-Schlucht ist kurzweilig, leicht zu gehen und ausgesprochen schön. So schön, dass mir zwischenzeitlich immer wieder ein: „Schau mal!" entglitt. Rüdiger wandte seinen Kopf dann in meine Blickrichtung, grinste amüsiert über mein staunendes Betrachten und schoss dann und wann ein Foto, was unseren Erzählfluss niemals störte.

Rüdiger und ich waren beide aus dem Jahr neunzehnhundertfünfundfünfzig, beide im Oktober geboren, er am achten, ich am siebten. Grund für eine innige Umarmung. Je mehr wir uns voneinander erzählten, um so mehr Parallelen stellten wir fest. Oh, wie waren wir auch familienbesessen! Nicht bis zur Selbstaufgabe und dem Verzicht selbstverständlicher Grundlagen eines wohlwollenden Miteinanders. Unsere Partner hatten beide außereheliche Liebesbeziehungen. Der eine wechselnde, der andere eine über Jahre andauernde. Dennoch wären wir nie auf die Idee gekommen, unsere Familien den Bach hinuntergehen zu lassen, Gleiches mit Gleichem zu vergelten oder anderweitig unvernünftig zu handeln. Waren wir nun selbstlos gewesen oder großzügig? Vorausschauend weise oder nur stolzlos dämlich? Wollten wir unsere Familien erhalten, unsere Kinder im Familienverbund aufwachsen sehen, hatten wir Prioritäten setzen müssen, unsere Erwartungen aneinander herunterschrauben, unser eheliches Treueversprechen ausklammern und den daraus entstehenden Schmerz umwandeln müssen.

„Und, würdest du es heute anders machen?"

„Kaum - Familie und Kindeswohl sind mir nun mal das Wichtigste, da kann ich nicht aus meiner Haut. Ich denke, dass ich es mir nie hätte verzeihen können, wenn meine Schwäche oder Unfähigkeit unsere Kinder von Vater oder Mutter getrennt hätten aufwachsen lassen. Patchwork ist nicht meins - damals wie heute nicht."

„Ist bei mir genau so!"

Rüdiger und seine Frau lebten immer noch im gemeinsamen Familienhaus, nicht unbedingt als Paar, aber immer noch als Eltern und einander zugewandt. Sie teilten, was sie teilen wollten, und gingen darüber hinaus ihrer Wege. Glück mochte etwas anderes sein, doch Zufriedenheit könne man so buchstabieren.

Unser Augensinn fürs Schöne hatte uns in Kontakt gebracht. An jeder Ecke wollte ein Motiv aufs Foto. Ständig wiesen wir uns auf etwas hin. Auf ein Schild mit den Worten *To the Church, Gorge & Beach*, auf die kleine weiße Kirche am Schluchteneingang, auf Palmblätter am Maschendrahtzaun, auf Schafe unter Schatten spendenden Olivenbäumen oder auf ein zweites und drittes Schild an einer Weggabelung, mit *To the Beach und Chappell.* Steinstufe für Steinstufe ging es abwärts. Grüne Bäume, karge Bäume, kleine Felsen, dicke Brocken, bewachsene Hänge, karge Felswände, absteigendes Gekraxel, Gehen auf ebener Fläche, bis zum Abstieg mit dem Seil, bei dem ich mich mehr anstellte als erforderlich.

Kurze Verschnaufpause:

„Hast du nie daran gedacht, aufzugeben oder wegzugehen?"

TO THE BEACH

TO ANIDRI GORGE
E4
TO PALEOHORA
BEAUTY-HAIR-SPA
IN HARMONY WITH NATURE

„Um dann alle zwei Wochen in einer kleinen Wohnung Wochenendvater zu sein? Nee, nimmer nicht! Das wäre ja noch 'ne Steigerung von schwer gewesen. Verlassen, nicht mehr gewollt, nicht geliebt und nicht begehrt zu sein und dann auch noch ohne Familienleben, nee danke, mit Sicherheit nicht!"

„Ich weiß auch nicht, warum Familien so schnell aufgeben, nur, weil der oder die Partner andere Liebesgefährten haben. Natürlich ist das schmerzlich und verletzend, ein Grund zum Durchdrehen, weißt ja selbst, doch alles, was danach folgt, ist kaum besser, solange die Kinder noch zu Hause leben. Und das mit dem Nur meine ich hier nicht lapidar."

„Ach Elisabeth, ist es nicht schön, dass wir es überstanden haben, dass wir unsere Kinder gut ins Erwachsenenalter begleiten konnten und dass wir trotz unserer Liebesdramen so relativ normal und ohne große Macken bleiben durften und dass wir selbst finanziell nicht völlig ruiniert sind?"

Rüdiger warf mir einen verschmitzten Blick zu, grinste, zwinkerte mir linksäugig zu, reichte mir die linke Hand und sprach: „Páme - weiter!"

„Bist du Linkshänder?", fragte ich erstaunt.
„Ja! Und du?" - „Ich auch!", erwiderte ich lachend.
„Wie Paul McCartney?" - „Wie Paul McCartney!"
„Und Barack Obama?" - „Und Barack Obama!"

„...und Beethoven, Napoleon Bonaparte, Julius Caesar, Kurt Cobain, Marie Curie, Albert Einstein, Heinz Erhardt, Mahatma Gandhi, Goethe, Jimi Hendrix, Michelangelo, Marylin Monroe, Mozart und Pablo Picasso."

„Und, was sagt uns das jetzt?", fragte ich dazu.
„Nix, nur dass sie Linkshänder waren wie wir."

34.

Wir sahen das Meer - falsch - bevor wir aufs Meer sehen konnten, erblickten wir zur Linken etliche große Baufahrzeuge hinter einem grobmaschigen Zaun. Wie überall auf Kreta war alles reichlich und wunderbar mit wachsendem Grün und Blühen umrankt. Hier kann etwas noch so unpassend sein, so scheußlich und falsch am Platze, und dennoch sind wir entzückt. Nicht jeder, doch ich, ich entzücke.

Kranwagen, Betonmischer, Flüssigkeitstransporter, Gabelstapler, Kipplaster. Alle in verblassten Farben mit einem Hauch edlem Rost an Führerhaus und Seitenklappen. An einem Baum davor in weißer Schrift auf Blau gestrichenem Grund ein Hinweisschild für *Beauty-Haircare-Wellness-Spa*, was Spa dabei auch immer bedeuten mochte. Mächtige Sandsteinbrocken. Zaun aus Eisenmatten. Buschwerk mit davor drapiertem, kunstverdächtigem Schilderwald.

Anídri Beach Gialiscari - orangener Pfeil nach links zum *Cantina Paradise* - E4 - *To Anídri Gorge* und *Beauty-Hair-Spa, in harmony with nature.* Nach rechts weisend - *To Paleochóra, Canteen-Kantína-Gialiscari* und *Anídri Beach*, ergänzt mit einem Bild aus Himmel, Meer, Segelschiff, Strand, Fels, Liegestuhl und Bar.

Na, da wussten wir ja nun Bescheid. Noch ein paar Schritte, und schon lag das Meer mit seinem groben Kieselstrand vor uns. Um Ludwig nicht zu verpassen, hielten wir uns rechts. In einiger Entfernung das Krokodil, eine weit ins Meer hineinlaufende Landzunge. Das Krokodil ist leicht auszumachen, auch wenn ich es am heutigen Tag ohne Rüdigers Hinweis nicht unbedingt bemerkt hätte.

SANDY BEACH

SAMARIA
ΠΑΡΑΔΟΣΙΑΚΗ ΟΙΚΟΓΕΝΕΙΑΚΗ ΤΑΒΕΡΝΑ - G. LIATAKIS
TRADITIONAL FAMILY TAVERN Tel. 28230 41572
SAMARIA
TRADITIONAL
CRETAN
COOKING
ΠΑΡΑΔΟΣΙΑΚΗ
ΚΡΗΤΙΚΗ
ΚΟΥΖΙΝΑ
HOUSE WINE

„Kennst du den Wanderweg von Paleochóra nach Soúgia?"
„Bisher nicht", sagte ich, „doch eines Tages... ."
„Solltest du...", schwärmte Rüdiger, „...lohnt sich!"

Während wir bis ans Ende des Strandes schlenderten, erzählte Rüdiger mir von der sechs- bis achtstündigen Gehzeit, dass der Weg ungemein abwechslungsreich sei, dass dies einen großen Teil seiner Faszination ausmache, dass das Krokodil auf halbem Weg läge und dass man es nicht umwandere, sondern an seinem unteren Halswirbel überquere. Wenn ich möchte, sagte er, nähme er mich auch dort gerne an die Hand. „Eines Tages...", war meine Antwort, „eines Tages..." und dass es für dieses Mal nicht gehe, weil Ludwig und ich morgen weiter nach Chaniá reisen würden.

Ludwig schlummerte im Schatten einer Tamariske am vorderen Strand. Wir schlichen uns an, stellten unsere Sachen leise zu seinen und begaben uns zum Kühlen ins große Nass. Die Wellen waren mir gnädig - leicht, sacht, eher plätschernd als wild, wie ich es als wasserscheues Luftzeichen bevorzuge. War das schön! Erfrischt lachten wir Ludwig entgegen.

Kantína-Gialiscari, Holzbänke an Holztischen, immer in Zweiergruppen zwischen schattenspendenden Tamarisken. Im Servicewagen zwei gut gelaunte Wesen - Mutter und Tochter. Wir gönnten uns eine Spätnachmittagsspeise. Griechischer Salat geht immer. Dazu erfrischendes Radler.

Der Rückweg nach Paleochóra ging über einen gut ausgebauten, teils dem Fels abgerungenen Sandsteinweg, der, wie Rüdiger erzählte, in der vierstündigen Wanderzeit von Paleochóra über Anídri nach Paleochóra zurück mit eingerechnet sei. Rechts immer das Meer. Links Kalksandsteinfels, mit und ohne Bewuchs. Wir begegneten rot- und pinkfarben blühendem Oleander, streiften Foliengewächshäuser, einzelnstehende Häuser und gelbe Tore vor landwirtschaftlich genutzter Fläche mit Weinreben, Gemüse und Olivenbäumen.

Wir verabredeten ein gemeinsames Abendessen im Samariá, einem stilvoll eingerichteten Speiselokal unter freiem Himmel. Mit dachlosem, rosafarben gestrichenem, ruinenartigem Gemäuer, in der Parallelstraße zur ortsauswärts führenden Hauptstraße Paleochóras, an der sich die Busstation des Ortes befindet.

Britta hatte keine Lust, weder auf außerhäusiges Essen noch auf neue Leute. „Geh' du nur...", hatte sie zu Rüdiger gesagt, „ich lese derweil weiter in meinem Roman." Ludwig, Rüdiger und ich verstanden uns gut. Wir bestellten ein gemeinsames Mahl aus Chicken-Stifádo, Pork, mixed Vegetables und Tzatziki. Dazu eine Karaffe Rotwein und Wasser. Wir aßen und erzählten querbeet. Ja, der Wanderweg von Paleochóra nach Soúgia wäre wirklich empfehlenswert. Dann und wann etwas anstrengend, doch wenn man sich genügend Zeit ließe, allemal machbar.

„Könnt ihr eure Fahrt nach Chaniá nicht verschieben?",
fragte Rüdiger. „Wollen schon, können - nein",
antwortete Ludwig, „aber wir könnten sie verändern."

Sein Plan war gut! Ludwig wollte Rüdiger und mich am Morgen zum Strand von Anídri fahren, uns auf Wanderschaft schicken, um dann dort selbst lesend und badend den Tag zu verbringen. Für seinen späten Nachmittagsschlaf würde er sich rechtzeitig auf den Weg nach Soúgia machen, um schon vor Ort zu sein, wenn wir dort ankämen. Unseren Wagen würde

STATION
BUS STOP
ΤΕΛ ΧΑΝΙΩΝ ΡΕΘΥΜΝΗΣ
TEL: CHANIA RETHYMNO
0821 93052 93306
ΠΑΡΑΛΑΜΒΑΝΟΜΕ ΔΕΜΑΤΑ

er somit nicht wie geplant am heutigen Abend in Paleochóra zurückgeben, sondern erst am morgigen in Chaniá.

Bei unserem Zeitplan gingen wir vom Äußersten aus. Wenn wir von Paleochóra nach Soúgia im Höchstfalle acht Stunden bräuchten, könnten wir durch unseren Start vom Anídri-Beach aus schon mal eine Stunde abziehen. Unsere Ankunft in Soúgia sollte vor 17 Uhr sein, damit Rüdiger in jedem Fall mit der Fähre zurück nach Paleochóra käme und Ludwig und ich so nach Chaniá, dass einem stressfreien und entspannten Abschlussabend nichts im Wege stünde. Demnach wäre eine Abfahrt in Paleochóra gegen 9 Uhr empfehlenswert.

„Wie schnell doch aus eines Tages... morgen werden kann!", grinste Rüdiger, worauf ich: „Na, wunderbar!", sagte und Ludwig: „So machen wir's! Ihr wanderts morgen schön vor euch hin und rufts mich an, wenn ihr in Soúgia angekommen seid."

„Ludwig, du bist so schlau!", sagte ich.
„Und so gut und so emphatisch", grinste er.
„Ja, und du machst das auch noch gerne."
„Und so völlig uneigennützig."
„Genau!"

Wir beide wussten, wie sehr er es liebte, seinen jeweils letzten Kreta-Reisetag so zu verbringen - mit Nichts und Sonne und Meer.

35.

Ein schöner Morgen. Wasser, Äpfel, Bananen, Nüsse, Käse und Brot. Das sollte für den Weg nach Soúgia reichen. Ludwig gedankt und in den Arm genommen, „bis nachher“ gesagt, gelächelt, gewunken und losmarschiert.

Der Wanderweg E4 ist mit gelb-schwarzen Zeichen markiert. Hier beim Einstieg am Ende des Strandes von Anídri mit einem Doppelstrich am Fels und ein auf die Spitze gestelltes gelbes Quadrat auf weißem Grund auf einer viereckigen Metallplatte. Mit ein wenig Bedacht ist der Wanderweg zwischen Paleochóra und Soúgia kaum zu verfehlen.

Rüdiger und ich folgten dem gekennzeichneten, schmalen, immer etwas ansteigenden Weg am Wasser entlang. Das Meer glitzerte vor Freude unter den Strahlen der frühen Vormittagssonne. Der Weg, in der Farbe hellen Sandes, recht eben, mit kleinem Geröll. Links hoher Fels, zwischen uns und dem auf der rechten Seite liegenden Meer grobe Felsbrocken und dicke Steine. Flaches Buschwerk, soweit das Auge reichte. Rüdiger lief voran, ich im gemäßigten Tempo hinterher. Immer wieder wandte er den Blick mit der Frage: „Bist du noch da?“, die ich dann gerne mit einem fast singenden: „Jaha, ich bin es!“ beantwortete.

Krüppelhafte Bäume, vom Wind und Wintersturmgebrause zerzaust. Abgebrochene Äste. Zersplittertes Holz. Helles Pflanzengrün aus steinigem Boden. Der Weg blieb schmal. Stieg stetig an, sachte, so, dass unsere Herzmuskeln es kaum bemerkten. Eine terrassenartige Plattform, eine überhängende Kiefer, eine kleine Pause zum Genießen und Wassertrinken. Das Meer so blau, der Himmel auch. Kurze Zeit später blickten wir auf eine gelegte Steinspirale innerhalb eines Felsvierecks.

Ab hier wurde der Weg steiler. Rüdiger war geübter als ich. Er ging weiterhin zügig. Ich brauchte dann und wann eine kurze Pause. Das stetige Bergauf ließ meinen Herzschlag ansteigen. Wurde er mir zu heftig, blieb ich stehen, bis er sich wieder gut anfühlte. Rüdiger war geduldig. Er ließ mir meine Zeit. Am Ende des Aufstieges saß er seelenruhig auf einem Stein, blickte übers Meer in die Ferne und wartete auf mich. Dabei hatte er das Krokodil gut im Auge.

„Nüsse helfen", sagte er mit einem Lächeln,
reichte mir dazu ein paar Apfelspalten und ergänzte:
„Wasser, Äpfel und Bananen auch - hier, nimm!"

„Du bist wie ein Vater." - „Ich bin ein Vater."

Eine junge Frau kreuzte unseren Platz. Wir lächelten und boten ihr zu Essen an. Sie setzte sich auf einen der freien Steine und genoss mit uns die kleine Speise, das Sein und die Gegend. Hilke kam aus Bremen. War groß und schlank, mit freundlichem Blick, hübschem Gesicht, dunklem Haar, Schirmmütze und Pferdeschwanz. Sie hatte sich zu Fuß von Paleochóra aus auf den Weg gemacht. Sechs Stunden ins Visier genommen, die sie bei ihrem bisherigen Tempo sicher würde einhalten können. Das „Kind" war paarunddreißig, alleine unterwegs und kannte den Weg, genau wie Rüdiger, von der anderen Seite aus.

Wir kamen gut ins Gespräch. Wussten vor unserem Weitergehen, dass ich mit einem Freund unterwegs und Rüdiger mit seiner Frau auf Reisen war, dass beide derzeit an unterschiedlichen Stränden lesend, ruhend oder auch badend verweilen würden, dass mein Begleiter mich am späten Nachmittag in Soúgia aufgabeln werde und Rüdiger wie auch Hilke am Ende der Wanderung mit der Fähre nach Paleochóra zurückkehren

wollten. Weiter wussten wir, dass Hilke nach dieser Reise eine Entscheidung zu treffen hatte, dass sie zwischen zwei Männern stand, dass sie sich außerhäusig verliebt hatte, dass sie sich in einem Gefühlschaos befand und dass sie herausfinden wollte und musste, was und mit wem sie in Zukunft... und überhaupt und sowieso. „Ach menno!“, sagte sie, „dass is' aber auch 'n Scheiß!“ Ihr langjähriger Partner dränge auf Entscheidung, der neu Verliebte umgarne sie mit einer Leichtigkeit, die sie verzaubere.

„Páme?“ - „Gehen wir weiter?“ - „Páme!“

„In Bewegung redet es sich ebenso gut.“

„Sind Kinder im Spiel?“
„Gibt es gemeinsamen Besitz?“
„Seid ihr finanziell voneinander abhängig?“
„Verheiratet? Geschäftspartner oder sonst was?“

Nein, davon träfe nichts zu. Sie seien nur schon so lange zusammen. Es wäre so unanstrengend, so vertraut, so wohlwollend, mit Zukunft im Kopf und so, alles wie selbstverständlich, bis dieser andere Mann ins Spiel gekommen war. Ihr jetziger Partner sei verlässlich, verantwortungsbereit und dieser andere, der sei all das nicht, nur eben so wunderbar lebendig, als spiele er das Leben.

„Tja Herzelein, wonach steht dir der Sinn? Egal, wie du dich entscheiden wirst, am Ende sollte da kein Hätt-ich-Nur und kein Ich-will-das-Vorherige-Zurück stehen. Du musst dir des Risikos bewusst sein, dass ein Zurück eher unwahrscheinlich sein wird. Ist das für dich okay, folge deiner Lust und deinem Herzen. Doch sei mir mit deinem langjährigen Begleiter menschlich anständig, verstehend, wertschätzend, aufrichtig und klar. Es ist nicht erforderlich, unnötig zu verletzen, das Gewesene schlecht zu reden."

„So hätte ich es dir auch geraten - genau, schätze wert, was ihr bisher hattet, und sage es ihm - egal, für welchen Weg du dich entscheiden wirst. Hilke, du bist frei, nur dir Rechenschaft schuldig, nur für dich verantwortlich. Mit Kindern hätte ich dir deutlich etwas anderes geraten, aber so, mach, was du magst. Zuviel Sicherheitsgurt kann Lebensfreude ausbremsen."

Wir hatten die höchste Stelle unseres heutigen Wanderweges fast erreicht, das Schlimmste bald überstanden. Wir waren kurz davor, den unteren Halswirbel des Krokodils zu betreten. Beim letzten rückwärtigen Blick über seine Schulter war uns, als ob es unserem Weg aus seinem rechten Augenwinkel folgte.

Hilke, das Kind, passte gut zu uns. Wanderte mal an meiner Seite, mal zwischen uns, mal an Rüdigers. Lief voraus, schaute sich um und wartete wieder. Bis zum höchsten Punkt blieb der Weg hellsandig. Auf dem Kamm wechselte das Erdreich urplötzlich ins Rötliche. Ein letzter Blick vom nun rotsandigen Weg zurück gen Westen auf hellen Sandsteinfels, Buschgrün, das blaue Meer und den hellblaueren Himmel.

Die kleine Hochebene bietet Platz für Gemüseanbau, Schafzucht und Wiesengrund. Es blühte aus allen Ecken. Hinter einer schützenden Hecke ein junges Paar mit Kind. Unter knorrigen Olivenbäumen eine norwegische Wandertruppe. Davor etliche zu Wasserspeichern und Tiertränken umfunktionierte Badewannen.

E4

Wer es irgendwie vollbringen kann, sollte sich diesen Weg gönnen. Er ist in allem ausgesprochen abwechslungsreich. Von Anfang bis Ende nur schön. Im Kleinen wie im Großen, im Blühen und Grünen, im Kargen wie im Üppigen immer wieder neu, immer wieder anders.

Das Ende der Ebene war erreicht. Wir standen auf einer Plattform, einer natürlichen Terrasse, hoch über dem Meer und schauten Richtung Soúgia und auf den Weg, der nun noch vor uns lag. Ab hier ging es wieder bergab. Erst steil, dann immer flacher werdend, bis wir die ersten Gemäuer von Líssos erblickten. Zeichen menschlicher Zivilisation. Eine kreisrunde Platte mit einem Kranz aus Mauersteinen, einem vielleicht ehemaligen Aussichtsturm. Dicke Felsbrocken unter Bäumen und zwischen üppigem Buschgrün. Mauerreste. Erneut helle Sandwege, von Gräsern umwachsen, von Steinen begrenzt.

Das antike, unbewohnte Dorf Líssos aus den frühesten Tagen unserer Zeitrechnung liegt in einem tiefen Tal mit mächtigen Bäumen, Ruinen, Häuserresten, geführten Wasserläufen, einer Wasserzapfstelle, Terrassenfeldern, Zäunen und einer Legendentafel. Talgrün fällt mir dazu ein. Zum Meer hin flach auslaufende fruchtbare Ebene. In kleiner Ferne ein Steinstrand mit Hafenqualitäten. Seitenbefestigte Wege bis hinunter ans Meer. Kleine steinerne Kirche auf einer Anhöhe. Wir ließen uns auf eine der alten Steinmauern nieder, hielten Vesper, sprachen über faire Verhaltensweisen im menschlichen Miteinander, tranken Quellwasser, verspürten einen besonderen Zauber, verglichen unsere Uhren und stellten fest, dass wir gut in der Zeit waren.

Nach 20 Minuten begaben wir uns erneut auf Wanderschaft. Wir folgten dem alten Dorfweg, bis es wieder bergan ging. Vor uns,

LISSOS

an einer roten Felswand, eine gemalte griechische Flagge mit ihren blauen Streifen auf weißem Grund. Der Weg war jetzt wieder rot, die drumherum liegenden Steine grau, die dazwischen wachsenden Pflanzen in dunklem Grün. Ein putziges Bild. Dazwischen immer wieder Bäume von eigenwilligem Wuchs. Wir durchwanderten einen Kiefernwald, blickten auf steile vielfarbige Felswände, verliefen uns kurz, machten kehrt, um dann auf dem richtigen Weg in die Schlucht von Soúgia hinabzusteigen.

Schatten, Kühle, üppige Vegetation unterschiedlicher Pflanzen, einzelne Sonnenstrahlen, steil aufstrebende Felswände, Steinhaufen, Schattenwesen, eine leidlich kaputte, aber glückliche Elisabeth, eine lächelnde Hilke, ein amüsierter Rüdiger, eine weitere auf eine Felswand gemalte griechische Flagge.

Steinmännchen als Wegweiser. Der Geruch von Meer. Licht und Wellenrauschen. Eine schmale Wegöffnung. Das Meer daselbst. Der Blick auf den Fähranleger von Soúgia.

„He, wir sind da!"
„Wir haben es geschafft!"
„Wir sind soooooooooo gut!"

Nur noch ein paar Meter. Wir schritten durch ein imaginäres Tor mit rechts- und linksseitig großen, grauen Felsblöcken mit Wächter-Gesichtern. Vor uns ein Steinstrand. Links ein hell verputztes Lagerhäuschen mit davor ruhendem kleinem, farbabgeblättertem Fischerboot in Orange.

An der schmalen, in den Ort führenden Asphaltstraße warteten die ersten Busse auf die Samariá-Schlucht-Wanderer des heutigen Tages. Es war kurz vor halb fünf. Wir schlenderten

Richtung Ort, ließen uns in der ersten Strandtaverne nieder und bestellten uns etwas mit Zisch.

Keine drei Minuten später betrat ein Mann vom Strand aus die Terrasse über eine einfache, siebenstufige Holzsstiege. Er lächelte in unsere Richtung und begrüßte uns mit dem österreichisch griechischen Wortmix: „Grüezi, óloi mazí!"

Wir drehten die Köpfe und entgegneten fast wie aus einem Munde:

„Ludwig, du hier?"

36.

Nach einer kleinen Abschlussplauderei, herzlichen Umarmungen, Wünschen fürs Beste und der Freude, uns begegnet zu sein, machten Ludwig und ich uns auf den Weg nach Chaniá. Zwei Stunden später lag die Stadt vor unseren Füßen. Wir fanden ein Zimmer jenseits der Ledergasse, deponierten unser Gepäck, gaben unseren Mietwagen zurück und machten uns auf in die Altstadt.

„Zuerst durch die Stadt und dann was essen?"
„Ja, zuerst in die Stadt und dann was essen!"

Wir starteten am Busbahnhof, verließen ihn am süd-östlichen Ausgang, hielten uns rechts, passierten das Hotel Samariá, folgten links der Straße, der Odós Pl.1866, bis wir die Skalídi Richtung Old Town überqueren konnten und auf die Chálidon traten. Die Odós Chálidon führt direkt zum Old Harbour, dem alten venezianischen Hafen von Chaniá. Auf dem Weg dorthin

1862
2012
150
1862
2012
150

VILLA VENEZIA

rechts eine große griechisch-orthodoxe Kirche, die Kathedrale der drei Märtyrer, mit einladendem Vorplatz, auf dem es zu dieser frühen Abendzeit wunderbar lebendig zuging. Junge Eltern, lauf- und dreiradfahrende Knirpse, ballspielende Grundschüler, seilspringende und hüpfende Prinzessinnen, palavernde Großeltern. Die Kinder bespielten den Platz. Die Erwachsenen saßen beobachtend auf Mauern und Bänken drumherum.

Wir hielten uns links, schlenderten durch die schmalen Gassen mit ihren kleinen Läden, Tavernen und Speiselokalen, bemerkten die eine oder andere Herberge, von denen uns die meisten ob ihrer Lage und Ausstrahlung ebenso gefallen hätten wie die unsere in der Odós Mpetoló.

Der Himmel öffnete sich. Vor uns das große Hafenbecken Chaniás mit seinem gemäldeartigen, in venezianischer Zeit begründetem Häuserkranz. Geradeaus der am Ende einer langen Mole emporragende Leuchtturm. Zur Rechten die Hasan-Pascha-Moschee, die nach der osmanischen Eroberung Chaniás im Jahre 1645 zu Ehren des ersten türkischen Garnisonskommandanten an der Stelle einer byzantinischen Kirche errichtet worden war. Der Leuchtturm entstand 1830 während der kurzzeitigen ägyptischen Besatzung Kretas. Er steht auf den Fundamenten eines alten venezianischen Leuchtfeuers.

„Vom Anfang bis ans Ende und zurück?“
„Vom Anfang bis ans Ende und zurück!“

Der Gang bis zum Ende des Hafenbeckens war uns ein Bedürfnis. Ob der fortgeschrittenen Stunde gingen wir flott, so, als ob wir ein Ziel im Auge hätten. Ein bestimmtes Ziel und eine feste Uhrzeit. Wir hatten weder das eine noch das andere, und dennoch fanden wir, wonach wir nicht gesucht hatten.

Die Tavernen und Abendlokale am Wasser waren gut besucht. Für Ludwig und mich zu gut. Wir lieben es etwas ruhiger, etwas größzügiger vom Platze her, etwas mehr für uns. Wir erreichten die alten Arsenale am Ende des Fischerhafens. Lagerhallen aus Stein mit ehemals bleigedeckten Tonnengewölben. Für den Rückweg wählten wir die Parallelstraße zur Hafenpromenade. Am rückwärtigen Ende zweier restaurierter Lagerhallen entdeckten wir eine heimelige Taverne. Sanftes warmes Licht auf einer von Ästen überwachsenen Terrasse. In hellem Grün gestrichene Tische und Stühle, lauschige Musik, Teelichte auf Tischen und Fensterbänken. Türen- und Fensterflügel weit geöffnet. Wir ließen unsere Blicke schweifen, wählten einen Tisch am Rande der Außenterrasse und bestellten zu essen. Kichererbsenpürree mit fein gehackten Zwiebeln und Olivenöl, einen griechischen Salat, gedünstete Rote Beete und zwei Fleischspieße mit einem Klacks Tzatziki. Dazu Krasí kókkino, vom Weine, dem Roten. So durfte ein letzter Abend sein, eine gute gemeinsame Reisezeit ausklingen.

Spät schlenderten wir eingehakelt am Wasser zurück. Die großen und kleinen Boote schaukelten im Glanz der Sterne, im Rhythmus der kleinen Wellenbewegungen, wir kaum merklich unter dem Einfluss zweier oder dreier zuviel genossener Raki. Die Zahl der noch verweilenden Gäste hatte sich deutlich verringert, das Stimmengetöse entsprechend beruhigt. Das Schwappen der Wellen war nun gut hörbar. Der Mond stand auf kurz vor viertel vor Neumond, hier, Punkt Mitternacht, an diesem nächtlichen Tageswechsel vom 5. auf den 6. Oktober 2012.

Steiler Treppenaufgang, Zimmer Nummer elf, gleich vorne auf der zweiten Etage unserer Bleibe. Ein Bett für Ludwig, ein Bett für unsere Klamotten, ein Bett für mich, und ena teleftaía kali-níchta-tsigáro sto mikró balkóni, oder so - eine letzte gemeinsame Gute-Nacht-Zigarette auf unserem kleinen Balkon.

„Kaliníchta Ludwig."
„Kaliníchta Elisabeth."

37.

Kaffee und Keks am Busbahnhof von Chaniá. Ludwig nahm den Neun-Uhr-Bus zum Flughafen. Ich deponierte meinen Rucksack, kaufte mein Ticket für den Vierzehn-Uhr-Bus nach Chóra Sfakíon und begab mich noch einmal in die Altstadt. Heute war der letzte Tag meines sechsundfünfzigsten Lebensjahres.

Ein guter Grund für ein Geschenk.

Zielgerichtet lief ich vom Busbahnhof Richtung Old Town. Bog von der Odós Chálidon nach links in die Odós Zampelíou. An der Ecke zur Odós Móschon kehrte ich in den kleinen Buchladen Exantas Art Space Bookstore ein. Bevor ich ihn wieder verließ, hatte ich Georgía und María kennengelernt, das Buch Kapitän Michális von Níkos Kazantzakis in deutscher Sprache in ihren Regalen entdeckt, einen Kaffee mit ihnen genossen, mir das Buch als Geschenk einpacken lassen und ihnen vom ersten Teil meiner Kreta-Erzählungen erzählt. Nach Erscheinen wollten sie es gerne mit in ihr Programm aufnehmen.

„Efcharistó - Danke!"
„Ta léme - wir sehen uns!"

Meine nächsten Ziele waren zwei kleine Kleiderläden in der Odós Theotokopoúlou, die mir bei unserem gestrigen Abendgang durch die Stadt angenehm aufgefallen waren. Der eine am Anfang zur Rechten, der andere am Ende zur Linken. Nach einigen hinaufführenden Stufen und einem genaueren Blick auf einen griechischen Olivenladen, bog ich rechts in die Odós Theotokopoúlou. Oberhalb des Einganges meines zweiten Zieles ein Balkon mit bunt gekleideter Schaufensterpuppe. Neben der Ladentür ein Schild mit dem Namen Philly und einem gemalten Hippiemädel im gelben Sommerkleid mit weißer Margerite im feuerroten Haar. An der Hauswand Kleider in A-Linie. Der Laden voll wie meiner. The woman inside rothaarig wie das gemalte Kind auf dem Ladenschild.

„How wonderful!", hörte ich mich sagen, und „May I have a look and try something?" „For sure!" und „Do whatever you like!", war ihre Antwort. Ihr Name Irene, waschechte Griechin aus Chaniá, 'ne Ecke jünger als ich, Ladenbesitzerin, vielleicht im Alter meiner Kinder plus fünf.

Nach fröhlichem An und Aus erwarb ich ein knöchellanges, schlichtes, rotes Jersey-Kleid und ein pflaumefarbenes gleich mit dazu, die sich, abgesehen von Form und Farbe, kaum von meinen bisherigen schwarzen unterschieden.

„Tschau, crazy wonderful woman!"
„Tschau Irene, it was nice to have met you!"

Musste ich mich sputen? Nein - alles im grünen Bereich.

Auch wenn Menschen sehr unterschiedlich voneinander sind, können sie in ihrer Art gleichermaßen wunderbar sein. Positiv, freundlich, wohlwollend, zugewandt, voller Lebensfreude, von innen heraus zufrieden. Kann man all das erlernen, oder haben wir es und alles andere ebenso mehr oder weniger von Natur aus in uns?

Hellen, Inhaberin des zweiten Modeladens, am Ende der Odós Theotokopoúlou, stand Irene in ihrer positiven Ausstrahlung in nichts nach. Sie lächelte mir bei diesem ersten Besuch in ihrem Laden freundlich ins Gesicht, meinte auf Englisch, dass ich sicher erst einmal schauen möchte, war 'ne Ecke kürzer als ich und einige Jahre jünger. Mit ihrem zum Zopf gebundenen hellblonden Haaren hatte sie etwas sehr Nordisches. Wir plauderten, während ich mit meinen Fingern die Kleiderbügel von rechts nach links schob, um das herauszufischen, was meins werden könnte. Hellen, gebürtige Schwedin, hatte ihren Laden im Frühjahr zweitausendeins eröffnet. Seither lebt sie während der Saison auf Kreta und in den Wintermonaten mit ihrem Mann und den Kindern im Familienhaus in Schweden. Ferien- und Urlaubszeiten seien Kreta-Zeiten. Und nein, ihrer Ehe und ihrem Familienleben täten diese zeitweise räumlichen Trennungen keinen Abbruch.

„Hellen, your store is my style.
Let's have a look, what's the best for me."

Kurz oder lang, gemustert oder unifarben, weit oder eng, Jersey oder Leinen, mit oder ohne Kragen? In manch einem Kleid hatte die Frau im Spiegel nichts mehr mit der Elisabeth in meinem Kopf zu tun. Schwarz und fließend, wie immer eine gute Wahl. Leinen, doppellagig, in sanftem Puderton mit einem Hauch Rosé, geradezu zauberhaft. Wer hätte das gedacht?

„Ich!",
sagte Hellen mit schwedischem Dialekt und freudigen Augen.
„It makes you softer, more kind, a little sweet."
„And it's me too?" - „It is, and I think, it's great."

Sie mochte mich in meinem Schwarz.

„The black is real you! Strong, clear, nobel.
An actress perhaps, or a singer, or a dancer?
With this powder dress it's the same, but more lovely."
„Hellen!", ich schaute ihr über meinen Brillenrand in die Augen.
„It's enough, I'll be red, if you going on with this."
„No, it's the truth." „No, no, no!" „Yes, yes, yes!"

Lachend fielen wir uns in die Arme.

Was sollte ich machen? - Was wollte ich machen?

Sechsundfünfzig geteilt durch vier ergeben vierzehn. Vierzehn geteilt durch zwei, sieben. Die Sieben ist meine Geburtstagszahl. Ich würde meinen Geburtstag morgen das zweite Mal in Folge auf Kreta verbringen. Jaaa, so könnte es gehen: Vier neue Kleider für viermal zweimal sieben Jahre für mich zu meinem sechsundfünfzigsten Geburtstag - ich nahm sie beide. Ich hätte sie auch ohne diesen umständlichen Rechengang erwerben können, doch..., so bin ich halt.

Den Weg ein paar Meter zurückgegangen, die Odós Aggélou zum Hafenbecken hinuntergehüpft, das Meer erblickt, die grüne Bank davor und Lust auf eine Zigarettenpause bekommen. Hinter mir ein weiterer Buchladen Mediterraneo Bookstore at the Old Harbour. Ich übte mich in Akquise. Schaute das Programm, insbesondere die deutschsprachigen Bücher, und plauderte mit einem der griechischen Inhaber. Netter Typ, große Auswahl und ja, es kämen eine Menge deutscher Touristen in ihre Buchhandlung.

Nun aber los! Nur noch eine halbe Stunde bis zur Abfahrt des Busses zurück in den liebsten Teil meines Kretas.

38.

Was sitze ich auch gerne in diesem Bus nach Chóra Sfakíon. Ich genieße das Wissen, bald wieder dort zu sein. Die Fahrt bis zur Abfahrt nach Vríses. Die kurvenreiche Strecke über die Berge. Den Blick auf die Hochebene von Askifú. Das Erwarten des Einstieges zur Ímbros-Schlucht. Die letzten engen Serpentinen. Den ersten Blick aufs Libysche Meer und auf meinen so geliebten kleinen Heimathafen - Micháli hin oder her.

Ich hatte das Gefühl, meine Reise erneut zu beginnen. Wieder war ich angekommen, wieder stand ich oben an der Treppe und wieder lief mir mein Herz beim Blick auf das alte Hafenbecken und den darum herumliegenden Häuserkranz über.

Manoúsos begrüßte mich grinsend mit: „Back again?" Déspina schloss mich mit ihrem erfrischenden Lachen und „my wonderful woman" in die Arme, und Stélla sprang begrüßend aus dem kleinen Café-Zigaretten-Kiosko hinzu, drückte ihre Mutter und mich gleichermaßen und hielt mir eine Schachtel

Gouloises Blondes vor die Nase: „Especially for you!" „You thought of that?" „No, but mama did it!" Es war kurz nach 16 Uhr - Zeit für einen dreigeteilten Piccolo und zwei Zigaretten - das Kind rauchte nicht.

Auf der Terrasse des Xenia saß die übliche Männerbande zusammen - Georgos, Micháli und sein Bruder Theo. Georgos erhob sich und begrüßte mich mit einer königlichen Verbeugung. Ich lachte: „Stop it, you are not Vanna!" „I know, but she's my wife!" „Crazy boy, be normal!" Theo begrüßte mich mit einem Handkuss, Micháli mit einem Klaps auf den Hintern. Sie waren aufgedreht, die Jungs.

„What's happening?", fragte ich und sie antworteten:
„Típota - nothing, we are only happy to have you back!"
„Everyone of you???" - „Yes, but Micháli most!"

Man konnte es ihnen glauben oder auch nicht. Ich holte mir ein Glas und eine gekühlte Zitronenlimonade aus dem Schankraum, mischte mir mit Michális Bier ein Alster zurecht, stieß mit dem Trio auf gute Zeiten an und spendierte eine Runde Gouloises. War ich fort, schien Micháli mich zu vermissen. Kam ich erneut zurück, sah ich seine Freude, die er inzwischen auch öffentlich zeigen konnte. Nach ein, zwei Tagen war er kaputten, eines seiner Lieblingsworte für alles. Für Kopfschmerzen, Bluthochdruck und für Probleme, mit wem oder was auch immer. Während unserer diesmaligen Zeit hörte ich von ihm jedoch immer wieder: „I have trouble, but not with you!" - nun denn.

Andreas-Josef und Stefanie waren am Morgen abgereist. Ulli und Ralf mit Hündin Cora wie auch Verena und Georg befanden sich im Aufbruch. Man hätte den Eindruck gewinnen können, dass wir uns geradezu darüber freuten, uns vor ihrer Abreise noch einmal gesehen zu haben, und ich denke, dass es auch so gewesen ist.

Pedro, Georgos Mann für alle Fälle, beschäftigte sich unterhalb der Xenia-Terrasse mit der Technik des Drehspießes, der mit schon halb gegartem Paprikafleisch immer wieder ins Stocken kam. Michàli erhielt einen Taxibootauftrag vom neuen Hafen aus, bei dem er Theo nach dorthin mitnahm. Bevor Georgos sich für seine Tagespause ins Rumpelzimmer zurückzog, legte er mir mit den passenden Worten den Schlüssel fürs Zimmer 103 auf den Tisch.

„Queenie, I think this is the right room for you!"
Ich lächelte und sagte: „It is, Georgos, it is."

Von meinem Geburtstag abgesehen, vergingen die nächsten Tage gelassen ohne große Vorkommnisse. Ich verbrachte meine Zeit in meinem Zimmer in Michális Armen. Frühstückte auf der Terrasse des Xenia. Las, schrieb und plauderte an seinem Taxiboottisch mit bekannten und neuen Personen. Ging an den Nachmittagen auf einen Kaffee zu Déspina und wechselte dort anstelle eines Mittagessens zwischen Cheesecake, Tiramisu und Joghurtcake. Wollte ich für mich sein, zog es mich für die letzte Tagessonne an einen der hinteren Tische zur Taverne der Drei Brüder oder zu den Sonnenterrassen des Xenia auf der rückwärtigen Seite des Hauses. Das Buch in meinen Händen - Kapitän Michális von Níkos Kazantzakis.

39.

Eigentlich hatte ich einen schönen Geburtstag, ruhig und unauffällig. Ich bekam einen Kaffee ans Bett, eine hinter Michális Rücken hervorgezauberte, stibitzte Rose im Wasserglas, einen extra Geburtstagskuss, einige Geburtstagsgrüße und beim nachmittäglichen Kaffeeplausch in Déspinas Café ein Kuchenstück mit angezündeter Kerze.

Gegen 21 Uhr hatten mein Kapitän und ich uns am Wasser am Xenia zum Abendessen verabredet.

Ich hatte eines meiner neuen Kleider angezogen, das edle schwarze mit dem langen fließenden Rock und dem nach Belieben zu bindenden Oberteil. Da war nicht einfach Überschmeißen und gut, da war kreatives Bänderbinden. Ich folgte dem Ideenzettel, probierte die absurdesten Varianten. Schwankte zwischen „Um Gottes Willen, nein!“ und „Zu aufreizend für die Öffentlichkeit“, zwischen „Um das hinzubekommen, bräuchte ich Personal“ und „Bestimmte Körperstellen sollten doch besser bedeckt sein“. Am Ende entschied ich mich für die schlichteste Variante, die mich, wie Hellen es gesagt hatte, streng, klar und nobel aussehen ließ. Ich bürstete mir die Haare, schönte mein Gesicht, klipste mir die ovalen in Silber gefassten Onyx-Ohrklips an und schob mir meinen am 6. Oktober 2011 in einer kleinen Silberschmiede in Heráklion gekauften breiten silbernen Ehering auf den linken Ringfinger. Ich schnappte mir mein Geschenk und schritt die Treppe zur Terrasse hinunter. Trotz meiner Nüddeleien war ich zeitig unten. Der letzte Tisch am Wasser lächelte mir zu.

Bis 21 Uhr war es noch 'ne halbe Stunde. Ich bestellte Wasser und Wein, entzündete die Kerze auf meinem Tisch und die Zigarette in meiner Hand, wünschte mir fürs neue Lebensjahr alles und öffnete mein Geschenk. „Ein Buch, Kapitän Michális, wie schön, blau und kretisch.“ Ich glaub, ich hatte es mir gewünscht!

Während Micháli noch nicht da war und auch in der darauf folgenden halben Stunde, als er nach seinem Hier-sein-Wollen immer noch nicht zu sehen war, las ich in meinem Geschenk. Es war interessant, wie sehr mich der Buchtitel mit dem hier bisher nicht erschienen Manne verband. Kapitän Michális, passend, auch wenn der Titel des bekanntesten Theaterstücks von Samuel Beckett aus den späten neunzehnhundertfünfziger Jahren, Warten auf Godot, zu diesem Zeitpunkt vielleicht noch passender gewesen wäre. Als eine gewisse Unruhe in mir aufsteigen wollte, stoppte ich sie mit einem Lieblingssatz: „Bevor ich mich aufrege, ist es mir lieber egal“. Es ist erstaunlich, wie milde mich dieser Satz immer wieder stimmt. Erwartungen ade. Gewolltes und Störendes ebenso. Genau wie die berühmte dreiteilige Aussage des Níkos Kazantzakis. Ich erhoffe nichts. Ich habe keine Angst. Ich bin frei. Auch wenn der Teil mit der Angst an diesem Abend nicht erforderlich war.

Zur Sorge bestand kein Grund. Micháli war einfach nur nicht dort, wo ich ihn unserer Verabredung nach zu diesem Zeitpunkt hatte erwarten dürfen. Vanna kam an meinen Tisch, fragte, ob ich etwas essen wolle. Ich sagte: „Noch nicht“, und, „vielleicht später“, löste meinen Tisch auf und folgte ihr in meinem Gewand auf die Terrasse an den Personaltisch.

„If you have to wait, you can better do it here!“

Es stimmte, hier wartete es sich auf Dauer besser. Das Xenia war inzwischen voll besetzt. Das Gläserspülen war ins Stocken geraten. Ich übernahm den Job. Geburtstage können auf so unterschiedliche Weise gut werden. Eine davon, das Spülen benutzter Gläser im langen Abendkleide. Es war kurz nach elf, dreiundzwanziguhrsieben. Alle Gäste waren gegangen, die Tische abgeräumt, die Hauptarbeit getan. Zum Zwischendurchessen war fürs Personal an diesem Abend keine Zeit gewesen. Am Terrassen-Tisch neben dem Schank-Tresen wurde nun aufgetragen, von allem, was die Töpfe noch hergaben. Wir hörten ein Knattern. Wir drehten die Köpfe. Mr. Micháli betrat die Bildfläche, um knappe drei Stunden verspätet, doch was machte das schon, zum Essen kam er just in time.

Micháli: „Sygnómi - excuse me - entschuldige.“
Elisabeth: „Den byrási - no problem - alles gut.“
Vanna: „Tóra óloi mazí - nun sind alle zusammen!“
Micháli: „Yes, so we can do it, now?“

Vanna verschwand im Schankraum und kam mit einem Kuchenherz mit brennender Kerze und einer Handvoll Kuchengabeln auf die Terrasse zurück. Sie stimmte ein leises griechisches „Happy birthday“ an, in das alle mit „Chrónia pólla se esás“ einstimmten. Georgos, Vanna, Micháli, Hérakles, Pedro, Anna und am Ende auch ich - sieben auf einen Streich. Sieben kleine Gabeln, sieben Sänger und sieben Kuchenesser.

„Elisabeth, the best from everybody here.
This is your birthdaycake, enjoy it - with us.“
„Efcharistó, Vanna - danke!“
„Es ist dein Abend - eínai vrády sas.“

Tisch abgeräumt. Kuchenherz in die Mitte geschoben. Raki eingeschenkt. Gabeln ausgeteilt. Kerze ausgeblasen. „Prost, yámas, evíva und chrónia pollá“ gerufen und alle zusammen alles genossen.

40.

Es fühlt sich gut an, wenn unnütze Theaterstücke, innere wie äußere Dramen, ausbleiben, ausgeblieben sind. Micháli meinte, dass ich ob seines verschlafenen Abends einen Extrawunsch frei hätte, worauf ich sagte: „Besser zwei!“ und „First a walk to the end of the new harbour and second, sex on the beach.“ Ob ich beides ernst meine? „The first yes, the second no. This would be more nice in a cosy room.“ Andersherum wäre es ihm lieber gewesen, ich wusste, wie ungern er zu Fuß ging. Dennoch tat er mir die Liebe und spazierte mit mir Arm in Arm und Hand in Hand über die Uferpromenade bis zum Ende des neuen Hafenbeckens. Jetzt nach Mitternacht war es ihm möglich. Chóra Sfakíon war schlafen gegangen.

„Micháli, I have a question!“
„A question?“
„Yes, a question about sex on the beach.“
„If I like it?“
„No, I know, that you like it!“
„And you?“
„I like it too, but not this night.“
„Okay Elisabeth, ask your question, now!“
„What would happen if the Greek police
watching people doing sex on the beach?“

Ich erzählte ihm von einer Postkarte, die mir kürzlich ins Haus geflattert war. Silke, eine meiner Lektorinnen, hatte sie mir zugesandt. Auf der Bildseite eine Frau im schwarzen Kleid. Rückenansicht mit hochgestecktem Haar, schmalem Hals, aufrechter Haltung. Auf der Schriftseite ein handgeschriebener Text mit aufgeklebtem Zeitungsausschnitt.

Ausland: Sex-Knigge - Griechenland:
Keine Geldstrafen für Sex am Strand,
stattdessen aber gleich zwei Jahre Haft!
Welch ein Glück, dass dein Roman nur fast autobiographisch ist!
Liebe Grüße an die Frau im schwarzen Kleide - Silke.

Micháli lachte laut los, meinte, dass er davon noch nichts gehört habe, dass zwei Jahre dafür doch ein wenig viel wären und dass das sicher nicht für Nachtzeiten gelte. Wir schlenderten zurück, machten auf halbem Wege am Taxibootoffice eine Zigaretten-, Bier- und Alsterpause und begaben uns danach leise über die Xeniahotelstufen hinauf in unser Zimmer. Die Nacht war gut. Die Nacht war schön. Sandfrei, im geschützten Raum, ohne Zaungäste, ohne Polizei und ohne Strafanzeige.

Es ist verrückt, wie schnell sich Wetter ändern können. Am Morgen blauer Himmel, nach meinem verspäteten Frühstück bei Claudiu und Manoúsos im Ombrosgialos wolkenverhangen. Oberhalb der Tavernenterrassen wurden die Markisen bis zum Anschlag heruntergelassen. Es regnete, es gewitterte, es blitzte. Wolkenbruchartig fiel Wasser vom Himmel.

Ich hatte es gerade noch bis in Déspinas Café-Kiosko geschafft, der sich schnell mit vertrauten Gesichtern füllte. Vielleicht dauerte der Regenguss eine halbe Stunde, vielleicht auch nur die Hälfte der Zeit. Die Scheiben der kleinen Café-Stube beschlugen. Zu viele Menschen auf zu kleinem Raum. Es brauchte frische Luft. Bei geöffneten Türen war das Spiel des Wetters um ein vielfaches spektakulärer. Das Wasser ran ortsauswärts über das Pflaster der Uferpromenade. Der Himmel, das Meer, Ton in Ton in einheitlichem Grau. Das alte Hafenbecken, Theaterbühne eintauchender und aufspringender Tropfen, einem tausendfachen Flohtanze gleich.

Evelyne, bekannt, bemerkt und angelächelt, doch bis dato nie gesprochen. Wir standen inmitten der Regenschutzsuchenden.

Sie aufrecht, im weißen Leinenkleid, ihr blondes Haar zum Knoten gebunden. Ich in meinem gewohnten Schwarz mit lockeren Mädchenzöpfen. Wir bemerkten unsere Sympathie füreinander, tauschten ein paar Worte, die für einen rechten Gedankentausch nicht reichten. Unser Griechisch reichte da gar nicht, und unsere anderen Sprachen waren nicht kompatibel. Sie spricht französisch und vietnamesisch und ein wenig englisch. Ich englisch und deutsch. Dazu war mein einziger bisher gespeicherter chinesische Komplett-Satz hier nicht wirklich brauchbar. Auch wenn Evelyne als Ärztin tätig war und 70 % der vietnamesischen Sprache chinesischen Ursprungs sind, hätte er uns hier nicht weitergeholfen.

„Tai on ke o kaschte kudasai."
„Geben sie mir bitte das Fieberthermometer."

Hier jetzt fast passend eingebaut, auch wenn dieser Satz weder vietnamesichen noch chinesischen Ursprungs ist. Er kommt aus dem Japanischen und ist mir ebenso fremd wie jedes andere Wort, jeder Satz des asiatischen Sprachraumes. Er kommt aus meiner Satzsammlung, in der sich einzelne Sätze unterschiedlicher Sprachen befinden, die ich mühevoll auswendig lernte, um den Klang, den Singsang einer Sprache erkennen zu können.

Vor Beginn dieses meines nun dritten Kreta-Buches ging ich eine Wette mit meinem Schwesterherz ein, dass ich, egal welchen Satz sie aus meiner Sätze-Sammlung herausfischen mochte, ich ihn irgendwo würde sinnvoll einbauen können.

Als der Regen nachließ, huschten Evelyne und ich barfuß über die immer noch wasserabfließende Uferpromenade zum Xenia. Die anwesenden Gäste, allesamt im Schankraum an der Terrasse. Obwohl der Regen nachgelassen hatte, die Wolken fast ausgeregnet waren, tropfte es unablässig durch das mit Rankblumen bewachsene Strohmattendach. Dazu floss klares Regenwasser wasserfallartig die äußere Hoteltreppe hinunter.

Vom großen Flachdach über die Treppe hinunter auf die Terrasse, weiter auf den Vorplatz vom Xenia, zurück ins Meer. Ein Anblick für die Götter, eine Freude für Neptun.

Der römische Gott Neptun entspricht dem griechischen Wassergott Poseidon. Neptun war ursprünglich der Gott der fließenden Gewässer, der springenden Quellen und des Wetters. Ab dem 3. Jahrhundert v. Chr. soll er dem griechischen Poseidon gleichgesetzt sein, womit er automatisch auch zum Gott des Meeres wurde.

Wir verweilten eine Weile mit unseren nackten Füßen im Fluss des Regenwassers, bevor wir uns zu den anderen Gästen in den Schankraum begaben. Evelyne stellte mich ihrer Schwester Christiane vor. Welch unterschiedliche Frauen, in allem. Äußerlich, innerlich, in ihrem Auftreten, ihrer Wirkung, ihren Interessen, ihrer Art, sich zu kleiden. Da war nichts gleich, nichts ähnlich, nichts doppelt vergeben, so, als wäre ein Ganzes gerecht auf zwei Menschen aufgeteilt worden, die dann jede für sich ein neues einzigartiges Menschenwesen ergaben. Ihre vietnamesische Herkunft war unübersehbar, doch konnte ich keinerlei Ähnlichkeiten in ihren Gesichtern erkennen.

Christiane sprach all unsere Sprachen. Sie übersetzte mein Deutschgesagtes ins Französische und Evelynes französische Sätze in meine Sprache. Wir verabredeten ein gemeinsames Abendessen unter Frauen.

41.

Christiane hätte nach diesem Abend heiser sein müssen. Sie sprach nicht nur ihre eigenen Sätze auf Französisch und Deutsch, sondern übersetzte auch meine ins Französische und Evelynes ins Deutsche. Durch diese durchgängige Konzentration auf unsere Worte und Sätze rückten wir an diesem Abend ausgesprochen nah zusammen. Als ich Christiane zwischendurch fragte, ob es sie nicht ungemein anstrenge, meinte sie, dass es ihr mehr Spaß als Last sei.

Ich weiß nicht mehr genau, ob Christiane und Evelyne noch in Vietnam oder erst in Frankreich zur Welt kamen. Ich erinnere nur, dass ihre Eltern in jungen Jahren als Paar aus Vietnam gekommen waren, sich in Frankreich in der Nähe von Paris niedergelassen und dass all ihre Kinder die französische Staatsbürgerschaft hatten. Im Vergleich zu meinen ostfriesischen Wurzeln und der Heimatverbundenheit meiner gesamten Familie, waren Evelynes und Christianes Familie, Eltern, Geschwister, Kinder und Kindeskinder Weltenbewohner. Die gesamte Familie wäre durch Berufswahl und besonders durch die Liebe über den ganzen Erdenball verteilt.

„Christiane, woher sprichst du ein so ausgezeichnetes, akzentfreies Deutsch?"

Sie erzählte mir, dass das ganz einfach sei. Schon als Kind habe sich in ihr der Wunsch verankert, diese Sprache verstehen und sprechen zu können. Max und Moritz seien daran Schuld, ebenso wie der Struwwelpeter. Beide Geschichten hätten sie so anhaltend in den Bann gezogen, dass sie nach der Schule als erstes eine Aupair-Stelle in Deutschland gesucht und gefunden habe. Ein Wilhelm-Busch-, besser noch ein spezielles Max-

und-Moritz-Museum, hätte schon in der Nähe sein sollen. Sie fand Freunde, ließ ihrer Aupair-Zeit ein Studium folgen, kehrte nach Frankreich zurück und pflegt ihre damals entstandenen Freundschaften nach wie vor.

Leidenschaften, besondere Interessen für spezielle Gebiete, faszinieren mich immer wieder. Sie erfüllen und machen das Leben spannender. Dass ich so etwas hatte, war mir lange nicht bewusst. Ich erinnere eine meiner ersten Kreta-Reisen, auf der ich eine junge Frau aus Frankfurt kennenlernte, die sich mit der griechischen Mythologie absolut auskannte. Egal worüber wir sprachen, immer passte eine Figur aus der Götterwelt dort hinein und kam mit ins Boot.

Am nächsten Morgen überreichte Christiane mir ihre Visitenkarte. Vorne drauf: Max und Moritz. Ich war entzückt. In ihrem Zuhause: Max und Moritz, Struwwelpeter und Tim und Struppi, ob in Buchform, als Figuren oder auf Dosen, als Kissenbezüge oder auf Vorhängen, als Puzzlespiel, Schlüsselanhänger, Tassen und Teller oder Schwarzer Peter. Alles, was ihr dazu je unter die Augen gekommen war, stand, hing und lag in ihrem Heim.

„Christiane, du lebst ja in einem Museum! Es ist schön, es ist voll, es hat Stil, es ist einzigartig - ich liebe es!"

„Wenn's ganz schlimm kommt, trage ich auch noch ein passendes Kleid dazu oder einen entsprechenden Pyjama. Eine Jacke oder... - Elisabeth, du kannst es dir denken."

42.

An diesem Nachmittag lernte ich ein junges Paar aus Berlin kennen. Er ein in Deutschland geborener junger Grieche mit lockigem, dunklem Haar. Sie eine rot-blonde gebürtige Hamburgerin mit langen, glatten Haaren und Sommersprossen. Sie warteten auf den Bezug ihres Zimmers. Lächelten mir beim Verlassen der Xenia-Terrasse zu und kamen, nachdem sie bis ans Ende der alten Mole geschlendert waren, zu mir an Michális Taxiboottisch, for some information. Wir begannen in englischer Sprache, wechselten, nachdem wir unser Deutschsein erkannt hatten, jedoch schnell ins Deutsche. Pávlos, genannt Paul, und Antje waren das vierte Mal auf Kreta. Seine Eltern stammten vom griechischen Festland. Früher wären seine Eltern mit ihm und seinen Geschwistern immer zu den Großeltern nach Thessáloníki gereist, doch seit sie nicht mehr wären, hätte er Kreta für sich entdeckt. Antje und er liebten diese Insel und wollten sie nun in jedem Jahr von einem anderen Ort aus erkunden.

Bei diesen Erzählungen war es ein Leichtes, ihnen von meiner ersten Begegnung mit Kreta, von meinem ersten Gefühl hier zu erzählen. Angekommen, aus dem Flugzeug gestiegen, tief eingeatmet und zu Hause gedacht. „Oh“, sagte Paul, „das kenne ich!“ Er wäre immer gerne nach Thessáloníki gereist, doch dieses Gefühl von Heimat habe auch er das erste Mal hier auf Kreta empfunden. „Unerklärlich, aber wahr“, lächelte er. „Alte Wurzeln, frühere Leben, einfach so - was wissen wir schon?“

Ich gab ihnen meine Ladenkarte, sagte, dass man ja nie wissen könne, wofür das gut sei, doch wenn sie sich eines Tages nach Ostfriesland verirren möchten - bitte sehr.

„Ostfriesland“, kam es langgezogen aus Pauls Mund,
„Da wundert mich ja jetzt gar nichts mehr!“
„Wie“, fragte ich und „da bin ich jetzt aber mal gespannt!“

Er fragte, ob ich denn nichts von dem minoischen Ankerfund vor der norddeutschen Küste gehört oder gelesen hätte, wäre selbst im Spiegel und im Fokus Thema gewesen. „Nee, nix gehört“, sagte ich, „aber erzähl mal!“ Er holte aus, und Antje und ich hörten ihm interessiert zu.

„Also, da ist nichts sicher, aber... .“

Seit den späten neunzehnhundertneunziger Jahren habe ein gewisser Hans Peter Duerr Expeditionen ins norddeutsche Wattenmeer unternommen, um dort nach Spuren der versunkenen mittelalterlichen Stadt Rungholt zu suchen. Hierbei wären er und seine Mitstreiter um zweitausendelf unter anderem auf einen minoischen Steinanker gestoßen. Untersuchungen hätten ergeben, dass die Zusammensetzung der Mineralien eindeutig kretischen Ursprungs seien und dass der Anker aus der Zeit um tausenddreihundert vor Christi Geburt stammen müsse. Genaueres könne ich in dem Buch Die Fahrt der Argonauten von Hans Peter Duerr nachlesen, der zu dem Schluss gekommen sei, dass es zwischen Hüben und Drüben, also zwischen Süd- und Nordländern, bereits vor über dreitausend Jahren Handelsaustausch gegeben haben müsse.

„So, so...“, sagte ich, „und was soll ihr Handelsgut gewesen sein?“
„Zinn von den Engländern zur Herstellung ihrer Bronzeschwerter und Bernstein von den Helgoländern.“
„Und im Tausch Olivenöl von den Kretern, was?“, schmunzelte ich.
„Möglich - dazu hörte man, dass die dunkelhaarigen Griechen ein Faible für rot-blonde Frauen hatten und wie du siehst, immer noch haben“, scherzte Paul und drückte seine Antje fest an sich.

Paul meinte, dass es da doch theoretisch und auch praktisch möglich gewesen sein könne, dass eine meiner weiblichen Urahnen ein Techtelmechtel mit einem kretischen Seemann gehabt habe und dass, in welcher Konzentration auch immer, noch kretisches Heimatblut in meinen Adern fließe. In meinen und dem vieler anderer Nordeuropäer, die in den vergangenen dreitausend Jahren das Licht der Welt erblickt hätten.

„Ist doch auffällig, wie viele Kreta-Reisende auf dieser Insel, der Geburtsstätte Europas, dieses Gefühl von Heimat und Nach-Hause-Kommen empfinden, oder?"

„Ja, das ist es wahrlich!"

Schönes Gespräch. Interessante Variante. Nachdenkenswert.

43.

Bevor es Abend war, simste ich Micháli einen Ersatzwunsch für meinen am 7. Oktober aus Sicherheitsgründen ausgefallenen Zweitwunsch. Ich wünschte einen Aufstieg zur kleinen Kapelle oberhalb Chóra Sfakíons, der Kapelle zum Heiligen Antonius. Ich rechnete mit einem abschlägigen Bescheid und war, als er einwilligte, geradezu überrascht.

„At eight at the sign of the church!", schrieb er.
„Wonderful, with cheese, bread, water and wine!"

Die Kirche liegt etliche Höhenmeter oberhalb Chóra Sfakíons an der nach Anópoli führenden, rückwärtigen Straße des Ortes. Ich wählte den Aufstieg über die Treppe mit dem blauen Rohrgeländer und den 62 Stufen. Ein paar Schritte Richtung

Süden, schon war ich da. Ein hoher Fels, ein rotbraunes Schild mit dem Namen des Heiligen Antonius auf Griechisch, Englisch und Deutsch. Ein freier Platz. Ein rechteckiges graues Gebäude. Eine weiß gestrichene Betontreppe mit hellblauem Geländer. Ein mächtiger Olivenbaum. Zu Mauern gestapelte tonfarbene Steine als Befestigung terrassenartiger Flächen mit blökenden Schafen. Es roch nach Bauernhof. Als Micháli mit seiner rosafarbenen Porsche-Mechanáki auf den kleinen Parkplatz einbog, war es Punkt acht. In mir dachte es: „Na, geht doch!"

Er fragte, ob ich sicher sei, dort hinaufzuwollen, worauf ich mit, wenn es nicht verboten sei und er mich begleite, „Ja" antwortete. Wir stiegen langsam hinauf. Die ersten hundert Stufen waren recht ebenmäßig. Nach Erreichen zweier Wohnhäuser ging es links zwischen ihren Begrenzungsmauern über aus dem Fels gehauenen und mit Steinen ergänzten Stufen weiter. Es folgte ein serpentinenartiger Aufstieg über unregelmäßig große, mit Beton angefüllte Natursteinstufen. Ich hätte die Stufen zählen sollen. Gefühlt waren es an die fünfhundert.

Diese kleinen Kirchenplätze haben besondere Stimmungen, ob wir nun gläubig sind oder auch nicht, und es ist dabei einerlei, ob diese speziellen Schwingungen wirklich vorhanden sind oder ob unser bewusstes oder unbewusstes Denken sie hervorbringen.

Felsbelassener Grund. Ein rosa blühender Oleander. Ein alter, spitzzulaufender, gemauerter Gewölbebogen. Die eigentliche Kapelle befindet sich hinter einem eisernen Tor mit rechts- und linksseitigem, auf einer Natursteinmauer errichtetem Geländer. Die Gitterstäbe schwarz. Die spitzzulaufenden, blätterartigen Endungen weiß. Den rechten Abschluss bildet ein steinerner Glockenbogen mit Eisenkreuz. Die Kapelle des

ΑΓΙΟC ΑΝΤΩΝΙΟC
SAINT ANTONY
HEILIGER NTONIUS

Heiligen Antonius ist eine an den Fels gebaute Kirche, halb Höhle, halb Haus mit weißgekalktem Gewölbe und mit roten Ziegeln gedecktem Dach. Eine Tür, ein kleines Fenster. Ein aus großen ovalen Steinen gepflasterter Vorplatz, beidseitig von sitzhohen Natursteinmauern umgeben. Ein schönes Plätzchen.

Wir betraten den Vorplatz. Die Kapellentür war unverschlossen. Wir traten ein. Verweilten einen Moment. Als wir den Kapellenraum verließen, leuchteten die Heiligenbilder im Schein dreier Kerzen.

Chóra Sfakíon fiel langsam ins Zwielicht. Die blaue Stunde hatte ihren Einzug gehalten. Wir standen Arm in Arm, blickten hinunter, wählten einen der größeren Felssteine vor dem Kapellenplatz mit Blick auf das alte Hafenbecken und genossen unser kleines Abendmahl aus Brot, Käse, Wasser und Wein, bevor wir wieder, jetzt unter dem Lichtschein unserer Telefontaschenleuchten, hinunterstiegen.

In dieser Nacht sprach Micháli das erste Mal wieder, geradezu ernsthaft bis feierlich, über seinen möglichen Besuch in meinem ostfriesischen Zuhause.

„If I have the money for the flight to Germany,
I like to visit you at wintertime, in January,
February or March. If you still like it?"

Ich lächelte und sagte, dass er mir willkommen sei, dass ich ihn gerne einmal als Mensch, ohne all die Augen der Sfákia und ohne seine Rolle als Taxibootfahrer erleben und kennenlernen möchte, einfach nur als Michâli, falls er wisse was ich damit meine.

„Michâli, try your best, you're welcome!"

44.

Ein kleiner Fußmarsch, ein maßvolles Abendmahl, geklärte Verhältnisse und ein wohlwollendes Miteinander fördern einen erholsamen Schlaf. Micháli verließ unser Gemach zu seiner üblichen Aufwachzeit mal wieder vom Balkon aus übers große Flachdach. Ich nach meiner morgendlichen Tiefschlaf- und Aufwachphase durch die Zimmertür.

Christiane und Evelyne machten sich gerade zur Delffíni auf. Georgos arbeitete an seinem Schreibtisch an der Zimmerreservier-Liste. Vanna hatte einen Arzttermin in Chaniá und Núri, der neue Kellner des Xenia, servierte einer jungen Frau ihr Frühstück. Auf den Terrassentischen die Überbleibsel beendeter Frühstücksrunden. Ich bat Núri um einen Nescafé und meinen Yaurti me Meli mit Früchten und fragte, ob ich „for a little movement to wake up“ in der Wartezeit die Tische abräumen dürfe? Er lachte und meinte so etwas, wie „Tu, was du nicht lassen kannst!“

Während meines Frühsports kreuzten sich dann und wann zwei lächelnde Augenpaare. Christine, nicht zu verwechseln mit Christiane, beobachtete mein Frühstücks-Tische-Abräumen, das ich nicht Tisch für Tisch vollzog, sondern sortenrein. Als erstes verließen sämtliche Brotkörbe die Terrasse, danach alle Essensreste und Leerpackungen, gefolgt von Bestecken, Gläsern, Tassen und Tellern. Vor Publikum wäre das nicht so passend gewesen, doch vor den Augen dieser zauberhaften, mir bis dato namentlich noch nicht bekannten Christine wunderbar okay.

Núri kam mit meinem Frühstück auf die Terrasse. Fragte nach meinem Platz, den Christine mit strahlenden Augen und entsprechendem Fingerzeig auf den ihr gegenüberliegenden Stuhl an ihrem Tisch festlegte.

„Wonderful, I'm Elisabeth."
„Christine, you're welcome."

Wir tranken Kaffee, wir plauderten und wussten bald, dass wir beide gleichermaßen in Kreta vernarrt sind. Christine stammt aus Straßburg und war entgegen meiner Vermutung nicht alleine auf Reisen, sondern mit ihrem Mann Eric. Jedesmal, wenn sie auf Kreta unterwegs waren, schauten sie an neuen Orten nach Häusern, in denen sie gerne leben würden. Dadurch fühlten sie sich ihrem Traum, eines Tages ganz auf Kreta leben zu wollen, näher. Reine Touristenorte wären da nicht so geeignet, sie suchten nach einem Ort, einer kleinen Stadt, in der es in den Wintermonaten ebenso lebenswert sei wie in den belebten Monaten zwischen April und Oktober. Dazu wäre eine immer funktionierende, schnelle Internetverbindung ebenso wichtig wie die gute Anbindung an einen Flughafen.

Christine war eine Frühaufsteherin, eine Lerche. Ihr Ehemann ein Eulentier, das gerne spät zu Bett ging und die Morgende lieber verschlief bzw. Zeitung lesend im Bett verbrachte. Die Nachmittage und die frühen Abendstunden verbrachten sie intensiv miteinander. Ihre anderweitigen Wachzeiten nach ihren jeweiligen Interessen. Das funktioniere recht gut. Christines Job begann in der Früh und endete um die späte Mittagszeit. Eric konnte seine selbständige Programmiertätigkeit an jedem Ort der Welt, zu jeder Tages- und Nachtstunde ausüben.

„Manchmal glaube ich", lächelte Christine,
„dass, wenn wir unseren Traumort erst gefunden haben,
die Umsetzung ganz schnell vonstattengehen wird."

Christine liebte es, Deutsch mit mir zu sprechen. Ihr Vater sei ein deutschsprachiger Straßburger gewesen, ihre Mutter eine waschechte Französin aus Lyon. Sie beherrschte drei Sprachen fließend und spielte mit dem Gedanken, sich als Übersetzerin selbständig zu machen, sobald..., ja sobald sie ihr Traumhaus gefunden hätten.

„Träume sind Schäume", hatte ihr Vater immer gesagt und sie: „Meine aber nicht - isch lasse sie wahr werden!"

Diese lebendige, kleine Mädchenfrau war in diesem Sommer gerade fünfzig geworden, höchstens einsfünfundsechzig hoch, hellblond gelockt, zierlich wie eine Elfe, klar wie ein Bergsee, leicht wie eine Feder und beweglich wie ein Schmetterling. Sie wusste, was sie wollte, hatte ihre Ziele deutlich vor Augen und sagte immer wieder : „Isch hab das so gerne", wenn sie mir von Dingen erzählte, die ihr besonders gefielen. Als ich sie fragte, wann sie ihren Mann erwarte, sagte sie: „Er wird kommen, wenn er kommt. Zwei, die sich gut lassen können, haben gute Chancen, glücklich miteinander alt zu werden - und dass haben wir vor!"

Als Eric auf der Bildfläche erschien, war vierzehn Uhr vorbei. Christine stellte uns vor. Eric bestellte sein Frühstück und bat um ein Fläschchen Raki, um mit uns auf eine gute gemeinsame Zeit anzustoßen. Für beide war es ihr erster Aufenthalt in der Sfákia. Bevor ich meiner Wege ging, hatten wir einen späten Nachmittags-Ausflug nach Loutró beschlossen.

Micháli schipperte uns gegen siebzehn Uhr mit seinem Taxiboot hinüber. Wir verabredeten mit ihm die Rückfahrt und ein vorheriges gemeinsames Abendessen in der Loutróer Bucht. Für eine erste Begehung Loutrós reichten uns die dazwischenliegenden zwei Stunden völlig. Einmal um die Landzunge bis zum Old Finix und über den Berg an der alten Burg vorbei zurück nach Loutró sollten uns gut möglich sein.

45.

Am folgenden Tag schloss Christine sich meiner Abschiedswanderung an. Wir wählten den Zeitpunkt ihres Morgenwachseins und konnten uns damit entsprechend zeitig zum Sweet-Water-Beach und nach Loutró auf den Weg machen, dass wir ohne Probleme gegen elf das Schwesterschiff der Delffíni, die Poseidon, am Betonsteg von Loutró erreichen würden.

Nach einem schnellen Frappé bei Christina im Sífis House ging es mit der Poseidon zum Strand von Mármara. Ein früher Mittagssalat schien uns vor dem Gang durch die Arádena-Schlucht und dem Aufstieg nach Livanianá passend. Wir statteten uns mit neuen Wasserflaschen aus und machten uns nach einer kleinen Plauderei mit Eddy und Su wieder auf den Weg.

Eddy und Su sind weder verbandelt, verwandt noch verschwägert, doch gehören sie für mich zu den Menschen, denen ich auf jeder meiner Kreta-Reisen wie selbstverständlich irgendwo in der Sfákia begegne. Ein freudiges Wiedererkennen. Eine Umarmung. Ein paar Worte. Wünsche für eine gute Zeit bis zum nächsten Wiedersehen. Wenn ich's recht erinnere, stammt Eddy aus Belgien aus der Nähe von Antwerpen und Su aus London. Eddy verbringt seit seiner Pensionierung die Hälfte des Jahres auf Kreta. Su, ähnlich wie ich, eine Zeit im Frühjahr und eine im Herbst. Sollte ich beiden ein Markenzeichen zuordnen, wäre es bei Eddy sein Hirtenstock und bei Su eine Entscheidung zwischen Silberring geschmückten langen Fingern, einer kleinen hölzernen Hirtenflöte und ihren bis zur Taille reichenden, filigranen, leicht welligen Feenhaaren.

Die Arádena-Schlucht stand in hohem Sonnenlichte. Christine war neu entzückt, ich zum wiederholten Male. Gemeinsam gehen, gemeinsam staunen, gemeinsam reden und guter Dinge sein. Glückssteine sehen, erkennen, aufheben, in die Tasche stecken und am Ende des Weges stolz unter den Augen Tilmans auf dem grün gestrichenen Bierzelttisch der Taverna Livanianá bestaunen und prämieren. Wir hatten es wahrlich schön.

Der Rückweg über die Schotterstraße war ausgesprochen kurzweilig. Wir forschten nach gleichlautenden Kindheitserinnerungen wie Gummitwist, Hula Hopp und Hinke Pinke. Waren es Lieder, sangen wir sie gemeinsam, soweit es unsere Strophen-Gedächtnisse zuließen. Mal in einheitlichem Deutsch, mal in französisch-deutschem Sprachenmix und gar zweimal in reinem Französisch. Sur le pont d'Avignon und Frère Jacques, was sonst?

Das Burgplateau zwischen dem Old Finíx und Loutró war übersät mit den blühenden Rispen der Weißen Meerzwiebel, der Urginea maritima. Jetzt im Herbst durften ihre Zwiebelknollen ihr wohlgehütetes Winter-, Frühling- und Sommergeheimnis der kretischen Welt präsentieren. Ihre Stängel mal in grünlichem Schilf-, mal in violettem Mauveton.

Hoch gewachsen, gen Himmel strebend. Im oberen Drittel rundum mit Sternenblüten bewachsen. Zwischen den mannigfachen Felssteinen auf festem, rotsandigem Grund verliehen sie der rauen, kargen Landschaft vor blauer Meereskulisse einen Hauch von Schweben und Leichtigkeit.

Wir waren darauf eingestellt, die 18-Uhr-Fähre zurück nach Chóra Sfakíon zu nehmen. Doch als wir in der Loutróer Bucht auf Häuserkranz und Meerwasser blicken konnten, durften wir uns ebenso an den Rückenansichten von Eric und Micháli erfreuen. Micháli hatte eine Taxibootfahrt nach Loutró gehabt und Eric gefragt, ob er Lust habe, mitzufahren. „Maybe as a surprise for the girls?“ „Pourqoui pas - why not?“, hatte Eric geantwortet, worauf Micháli verschmitzt gelächelt und mit: „Né, giatí ochí?“ und „Warrum nicht?“ geantwortet hatte.

„Páme - let's go, we ordered a table at Georgos at eight.
And if we leave quickly, we can take a sundowner at Delfíni
to enjoy the last rays of the sun, before you'll take your shower.“

Oh, wie waren sie auch stolz und verschmitzt und verbündet. Dafür konnten wir sie einfach nur gernhaben.

Während unseres Sundowners wurde Micháli zu einer Taxibootfahrt gerufen. Einmal Chóra Sfakíon - Marmara und zurück. „I'll be back just in time for dinner“, rief er uns beim Verlassen des Delfíni zu und „See you at Xenia!“ Christine, Eric und ich genossen die letzten Sonnenstrahlen plaudernd an einem der Sonnentische. Micháli fuhr schwungvoll mit winkendem Arm aus dem alten Hafenbecken. Hätte er eine Hupe gehabt, hätte er sie mit Sicherheit betätigt. Wir winkten zurück. Christine erzählte Eric von unserer großen Wanderung. Wie wunderbar es gewesen sei und dass sie sie unbedingt auch einmal mit ihm machen möchte. Als Eric skeptisch schaute, ergänzte sie in unserer einzigen gemeinsamen Sprache: „Okay, my dear, not all at once, but bit by bit, every day a part." Beruhigend strich sie ihm über die Schulter.

Wir verabschiedeten uns auf unsere Zimmer. Katzenwäsche wäre nach diesem Ausflug zu wenig gewesen. Duschen, Haare waschen, trocknen und schön gemacht. Ein letzter Abend sollte gebührend begangen werden. Meine Haut hatte ihren farbigen Höhepunkt erreicht. Der warme, leicht rötliche Braunton passte gut zu meinem doppellagigen pudertonfarbenen Leinenkleid aus Hellens Laden. Mit locker hochgestecktem Haar, kleinem Geschmeide und Schultertuch verließ ich mein Gemach.

Besondere Momente rufen besondere Stimmungen hervor. Ich fühlte mich trotz des bevorstehenden Abschieds ausgesprochen wohl. Vier Wochen Reisezeit lassen mich jedesmal entspannt zurück nach Hause wollen. Wehmut scheint nicht in meinem Programm gespeichert.

Auf der Terrasse des Xenia traf ich auf Christiane und Evelyne. Sie waren für diesen Abend mit einer fünfköpfigen Herrenreisegruppe aus München verabredet, der sie auf ihrer heutigen Wanderung durch die Ímbros-Schlucht begegnet waren. Als Christine und Eric uns von unserem Tisch aus zuwinkten, nahm ich die Gelegenheit, meine vier Franzosen einander vorzustellen. Dieser Sprachmix ist einfach immer wieder zu und zu erfrischend, und irgendwie scheint am Ende einer Rederei jeder zu wissen oder zumindest zu ahnen, welchen Inhalt die Worttausche hatten. Gerade, als die Münchner Herrenrunde die Terrasse betrat - Klaus, Wilhelm, Helmut, Manfred und Wolf - rauschte Micháli mit seinem Boot wieder ins alte Hafenbecken ein.

„Wir sprechen uns noch."
„Ja, wir sehen uns noch."
„Und wir nehmen unsere Raki zusammen!"
„Alle zusammen - tous ensemble - óloi mazí!"

Alle Beteiligten verteilten sich an ihre Tische. Aßen vom Spießfleisch-Paprika-Braten, ergänzt mit allem, was Georgos Küche an diesem Abend hergab, und genossen selbst tischübergreifend von dem, was der andere nicht kannte.

46.

Nach diesem illustren Abendvergnügen waren Micháli und ich noch lange wach. Saßen auf unserem Balkon, verließen ihn übers große Flachdach, schlenderten über den Xenia-Parkplatz die Treppe zum Strand der Drei Brüder hinunter, wateten barfuß bis ans Ende der Bucht am Wassersaum entlang, standen Arm in Arm, Kopf auf Schulter, schweigend und redend, bis wir uns etwas ausgekühlt wärmend in unserem Bette ineinander verschlungen wiederfanden. Und ja, er wolle mich besuchen kommen, und ja, er würde das mit den Flügen hinbekommen.

„And for that time I am yours and you're mine."
„Yes, for that time you're mine and I am yours."

Man könnte eine solche Stimmung mit dem Wort Romantik oder Melancholía beschreiben, mit Wehmut und Trennungsschmerz, doch auch mit Gedanken an Freude am Jetzt und der Vorfreude auf ein Wiedersehen.

Nach einem kurzen Tiefschlaf lag ich plötzlich hellwach neben in diesem Moment meinem leicht vor sich hinschnurrenden

Micháli. Er lag auf der Seite mit angewinkelten Beinen, bis zum Hals in unser weißes Betttuch gehüllt und sah mir trotz seiner Körperlänge ungemein schutzbedürftig aus. Ich entwandt mich aus diesem verantwortlichen Gefühl mit dem Gedanken: „Elisabeth, alle Schlafenden sehen schutzbedürftig aus." und antwortete mir dazu: „Ich weiß, doch möchte ich ihn jetzt nicht unnötig wecken." Ich versuchte, mich durch eine Nachtzigarette zur Müdigkeit zurückzurauchen - Fehlanzeige.

Was konnte ich tun?
Was möchte Sinn machen?
Was würde Michális Schlaf nicht stören?
Was mein nicht schlafbereites Dasein erhellen?

In meinem Familienhaus könnte ich in einer solchen Nacht das ganze Haus auf den Kopf stellen. Ich könnte Schubladen aufräumen, den Nähkasten durchsortieren, Besteckkästen auswischen. Könnte E-Mails beantworten, Papiere oder Fotos sortieren oder an meinem Buch weiterarbeiten. Wenn ich wollte, könnte ich mitten in der Nacht fernsehen, Musik hören, tanzen und singen. Oder, wenn das alles nichts brächte, in meinen Laden hinuntergehen und das komplett in Gelb und Grün eingeräumte Regal mit dem Inhalt des Blau und Türkisen tauschen. Räumen, hin und her, Stück für Stück, bis der neue Tag anbräche und das Wachsein wunderbar erwünscht.

Ich hatte mich für morgen mit Marion in ihrem Kafeníon in Askífou verabredet. Wir hatten uns im Herbst 2011 auf der Terrasse des Xenia kennengelernt. Ihr Mann und Micháli hatten Backgammon gespielt, wir uns von Frau zu Frau, zwar nicht allzu ernsthaft, aber dennoch über das Leben mit einem griechischen Mann unterhalten. Unseren daraufhin angedachten Kaffeeplausch hatten wir verpasst. Auf meiner Folgereise im

Frühjahr 2012 hätten wir uns bei unserem zweiten Versuch fast für einen Nachmittag gesehen, wenn - ja, wenn der Linienbus nicht durch Askífou hindurch gefahren wäre, sondern, wie zu erwarten gewesen, an der Haltestelle unweit ihres Kafeníons gehalten hätte. Morgen, bei unserem dritten Versuch, möchte es wohl gelingen.

Inmitten der Nacht - ich hellwach - Micháli schlafend.

Ich öffnete die zum hellbeleuchteten Hotelflur führende Zimmertür. Der ins Zimmer fallende Lichtstreif beleuchtete genau so viel des Raumes, um all das erkennen zu können, was es für diesen Moment brauchte. Michális Schlafplatz blieb davon unberührt. Ich legte meine Reisekleidung zurecht. Zog Catsuit und Kleid davon an und trug all mein anderes Hab und Gut vom Zimmer durch die Tür, durch den Flur die Innentreppe hinunter auf den großen Schreibtisch in den nie benutzten Rezeptionsbereich des Xenia. Hinunter und hinauf, an die zwanzig Mal, bis all meine Sachen auf dem Schreibtisch versammelt waren. Ich nahm meinen leeren Reiserucksack, schloss leise die Zimmertür, horchte noch einmal auf die leisen Schlafgeräusche Michális und ging leicht lächelnd und wunderbar entspannt ins Erdgeschoss an „meinen Schreibtisch".

Die Lampen im Rezeptionbereich waren zu hell. Ich probierte alle sichtbaren Lichtschalter durch, bis die Beleuchtung für meine nächtliche Aktivität perfekt war. Ich sortierte, ordnete zu, schüttelte Sand aus Socken, Schuhen und Taschen, entsorgte, faltete zusammen, rollte auf und packte ein. Alle meine Bewegungen waren langsam - síga, síga - ohne Stress - geradezu meditativ. Jeder Gang über die unbeleuchtete Terrasse zum Ausschütteln meiner Sachen ließ mich das nächtliche Chóra Sfakíon aufsaugen. Waren alle zu Bett gegangen, gehörte es mir allein.

Ich füllte die Zeit meines Nicht-schlafen-Könnens nicht nur mit dem Vorwegnehmen des morgen erforderlichen Rucksackpackens, ich nutzte sie ebenso zum Verabschieden dieses mir so ans Herz gewachsenen kleinen Küstenortes. Nach getanem Räum-Werk war mir nach einer Abschluss-Zigarette am Wasser.

Als ich auf die Terrasse hinaustrat, erschrak ich kurz. Ich war nicht allein. Am Tisch neben dem Treppenaufgang saß ein junger Mann. Er hatte auf einer Feier musiziert und konnte nun, so stante pede, nicht ins Bett finden. Er spielte Lyra, hatte im Kleinkindalter damit begonnen und seine Leidenschaft inzwischen zum Beruf machen können. Anfangs habe er ausschließlich für die Gäste seiner Eltern aufgespielt, die am Anfang der Uferpromenade ein Lokal betrieben, doch inzwischen spiele er auch außerhalb Chóra Sfakíons, immer dort, wo man ihn buche und wo es ihm gefiel. Ich dachte, ihn zuvor nie gesehen zu haben, doch als sich meine Augen an das Terrassen-Dunkel gewöhnt hatten, bemerkte ich die Ähnlichkeit mit dem jungen Musiker auf ausgehängten Plakaten. Er liebe das verlassene nächtliche Chóra Sfakíon mit seiner leicht vor sich hin plätschernden Ruhe ebenso wie ich und käme des Nachts häufiger zu dieser Unzeit auf die Terrasse des Xenia, einfach nur, um dort zu sein und um seinen Ort von hier aus liebevoll zu betrachten.

„Nice to meet you!“
„Nice to meet you, too!“

Gemeinsam rauchten wir unsere Nacht-Zigaretten.

Ich sagte „Kalinı́chta“, schnappte mir meinen Reise-Rucksack, stieg die innere Treppe zur ersten Etage hinauf, betrat auf Zehenspitzen mein Zimmer, kuschelte mich unter das weiße Doppelbettlaken an Micháli und war wieder mal darüber erstaunt, wie fest so ein Mann doch schlafen kann.

47.

Abschiedstag - abreisen ist wie ankommen, nur andersherum. Ich stellte meinen Rucksack nach dem Verlassen meines Zimmers an die kleine Mauer neben dem Treppenaufgang, trank einen Nescafé, zahlte mit meinem letzten Geld die Rechnung fürs Zimmer bei Georgos und die fürs Essen bei Vanna.

Ich schlenderte noch einmal vom alten zum neuen Hafenbecken und zurück. Verabschiedete mich von Damúlis, seinem Vater und Achmed, kehrte bei Manoúsos und Claudiu für meinen letzten Yaurti me Meli ein und begab mich, während ich auf meine Lieblingsspeise wartete, zum nahegelegenen Geldautomaten. Dreihundert Euro in blauen Zwanzigern, so hatte ich es nicht erwartet. Mit dem Geld in der Hand ging ich an meinen Tisch zurück, drapierte die Scheine gefächert unter den gerade von Manoúsos servierten Teller und fragte mit passendem Blick und entsprechendem Fingerzeig auf die Zwanziger: „Manoúsos, what's this?“ „Ups“, grinste er mit hochgezogenen Augenbrauen und heruntergezogenen Mundwinkeln: „I think, it's the new way

SWEETS
BAKERY
BAKERY
ΦΟΥΡΝΟΣ

for greak people - Angela Merkel gives us only the blue!“, worauf ich nur noch lachend mit „Kalýtera apó típota!“ für „Better than nothing!“ bzw. „Besser als nichts!" antworten konnte.

Ein letzter Gang durch die rückwärtige Straße Chóra Sfakíons zum Xenia zurück. Am Bäcker vorbei, am kleinen Supermarkt und an meinem Traumladen, an dem ich mir mal wieder die Nase plattdrücken musste. Bis zu meinem letzten Kaffee bei Déspina verweilte ich an Michális Taxiboottisch, mit und auch ohne ihn, wenn ihn seine Taxibootaufträge von dannen zogen. Alle drei Male fragte er mich, ob ich nach seiner Rückkehr noch da sein würde. „Till three I'm still here“, gab ich dreimal zur Antwort, was er jedes mal mit: „Good, thats real good!“ kommentierte.

Innerlich schüttelte ich den Kopf und dachte: „Was'n das?“ Nachts schutzbedürftig, tagsüber putzig, geheimnisvoll, vergesslich oder anhänglich.

Während einer dieser Alleinzeiten erkundigte sich ein Paar nach den Taxibootmodalitäten. Schnell bemerkten wir, dass unsere Heimatsprache dem norddeutschen, genauer dem ostfriesischen Sprachraum entstammte. „Dat gift doch nich!“ Focko kam aus Spetz, dem Geburtsort meiner Mutter. Er war der Sohn des Nachbarn, des dortigen Bäckers, vom Alter her zwischen dem meiner Mutter und mir, und kannte die unschönen Geschichten der damaligen Nachbarsfamilie live und aus Gesprächen und Erzählungen seiner Eltern. „Elisabeth, du weißt, Kinder haben gute Ohren“, und „Nein, schön konnte das für die beiden Mädchen aus erster Ehe damals nicht gewesen sein.“ Es war ein interessanter, informativer Austausch, der die Erzählungen meiner Mutter und ihrer älteren Schwester mehr als bestätigten und mich meine so strikte Ablehnung künstlich zusammengefügter

Familien erneut erklären ließ - nein, Patchwork ist und konnte nicht meins sein.

Bei unserem letzten gemeinsamen Plausch überreichte Michàli mir eine in griechisches Zeitungspapier eingepackte Zigarettenschachtel, die ich erst auf dem Heimflug öffnen dürfe.

„Swear!", sagte Michàli, und ich antwortete: „Yes, I swear!"

Wir nahmen uns ein letztes Mal in die Arme, verweilten für einen Moment, bis es von der Xenia-Terrasse pfiff und „Turteltäubchen!" tönte und wir in Georgos breit grinsendes Gesicht schauten. Er fragte: „Èna raki?" und ich antwortete mit „Gerne!" und „A last one!" Wir stießen auf unsere vergangene und kommende Zeit an, sagten uns, wie schön das Leben doch sei und dass wir uns wiedersehen würden.

„Nun aber... ."

Ich holte meinen Rucksack, schulterte ihn, ging ein paar Schritte rückwärts mit Blick auf die Jungs und hob meine freie Hand zum Gruß. Sie verbeugten sich leicht mit einer ritterlichen Armbewegung. Ich wandte mich um und verließ mein Xenia, ohne mich noch einmal umzusehen.

Bei Déspina verplaudert.
Brahim und Catalin zugewunken.
Bus verpasst, die Straße hochgelaufen.
Daumen raus, Glück gehabt und mitgenommen.

Als ich in Askífou an Marions Kafeníon aus dem Auto stieg, saß sie mit zwei weiblichen Gästen auf der mit bunten Kissen belegten Steinbank vor ihrem weißgetünchten Haus. Wir kannten uns bisher eigentlich kaum, und dennoch war da eine große Wiedersehensfreude. Unser Kennenlernen auf der Terrasse des

ΣΦΑΚΙΑΝΗ ΠΙΤΑ LOCAL PIES HONEY
ΜΕΛΙ SFAKIANI PITA
ΚΡΕΑΣ ΒΡΑΣΤΟ BOILED GOAT
ΝΤΟΠΙΟ VRASTO
ΓΙΑΟΥΡΤΙ YOGURT
ΧΟΡΤΑ-ΣΑΛΑΤΑ SALADS
ΤΣΙΚΟΥΔΙΑ TSIKOUDIA
ΑΝΑΨΥΚΤΙΚΑ CHILLED DRINKS
ΚΑΦΕΣ GREEK COFFEE

Lecker Kuchen
Lecker Frühstück
Lecker Omelette 2.-
Lecker Toast 2.-
Lecker Salat 3.-
Lecker Essen 5.-

Xenia vor genau einem Jahr, unsere kleinen Telefonate vor, während und nach unserer nicht zustandegekommenen Verabredung im Frühjahr zwanzigzwölf und die diesmalige Ankündigung meines jetzigen Besuches, mehr nicht. Wir strahlten uns an, schlossen uns in die Arme und sagten: „Endlich!"

Marion war mir eine Sonne, eine Lebensfreude ausstrahlende Sonne. Herzlich, unaufdringlich, lebensbejahend, zufrieden, geradezu glücklich. Wenn ich's genau bedenke, war sie wie der Ort, an dem sie lebte. Askífou war genau so.

Sie machte mich mit ihren Gästen bekannt, stellte mir einen Weihnachtsbecher mit frischem Kaffee hin, lächelte und meinte, dass er zwar noch nicht in die Zeit passe, er aber zur Zeit der einzig große saubere sei. Als mein Blick auf ihre an der gegenüberliegenden Straßenseite platzierten Speisekarte fiel, musste ich herzhaft lachen.

Lecker Kuchen
Lecker Frühstück
Lecker Omelette
Lecker Toast
Lecker Salat
Lecker Essen

Alles in kretischblauer Schrift auf hellgelbem Grund mit türkisfarbener Umrandung und türkisfarbenen Preisangaben, passend zu den karierten, wachsbeschichteten Tischtüchern ihrer Terrassentische. Die Tischbeine blau. Die typisch kretischen Holzstühle in rötlichem Braun gestrichen. Auf dem betonierten Gehweg unter gestutzten, Schatten spendenden Spalierbäumen drei dieser mit vier Stühlen bestückten Ensembles vor grau zementierter, halbhoher Mauer als Begrenzung der dahinterliegenden Terrasse mit Blick auf die Hochebene Askífous. Zusammen mit dem auf der Mauer platzierten bunt bepflanzten Blumentopf-

Sammelsurium ergab alles eine fröhlich-farbenfrohe Mischung. Zimmer waren in Askífou rar. Genaugenommen gab es laut Marion fußläufig nur eines, das sie mir nach meiner Besuchsankündigung reserviert hatte.

„Also, geradeaus der Straße folgen und beim ersten Abzweig gleich hinter der kleinen Kirche links. Die Straße hoch, am Minimarkt und an zwei Tavernen vorbei und schon biste da. Maria weiß Bescheid." „Sooo einfach?" „Ja, sooo einfach!"

Wir verließen uns bis zum Abendessen um acht. Vor den Tavernen schienen ausschließlich Einheimische zu verweilen. Einer von ihnen Marions Mann, der am Abend zu einem Herrengeburtstag geladen war. Er winkte mich an seinen Tisch, stellte mich als Freundin seiner Frau vor, und schon lud man mich auf einen Raki ein.

„Yes, I'll stay at Maria one night and yes,
this evening with Marion, till her husband
will come home from the birthday party."
„Pópopo, it will be late! No problem?"
„We will see - women have a lot to tell!"

Dieses Zimmer, herrlich und grauselig zugleich. Es war groß. Es war sauber. Es hatte eine Tür, ein Fenster und drei Betten. Darüber hinaus von allem zuviel. Gemusterte Tapeten, gemusterte Gardinen und Bettvorleger, Paradekissen und jede Menge Nylon und Plüsch. Auf einem alten Nähmaschinentisch Häkeldeckchen mit zwei kitschig bunten Porzellanpferdchen. Ich war davon überzeugt, dass Maria das alles ganz wunderbar fand. Sie strahlte mich an, und ich sagte:

„Polý oréo domátio! - Sehr schönes Zimmer!"

48.

Marion hatte gekocht. Einen Rotwein geöffnet. Teelichte entzündet. Einen der Tische im Innenraum ihres Kafenions gedeckt. Verschiedene Speisen auf dem Tisch drapiert und alle mit kleinen, handgeschriebenen Zetteln versehen. Lecker Melanzani. Lecker Tomatenpuffer. Lecker Moussaka. Lecker Tzatziki. Lecker Bifteki. Lecker Wein.

„Damit du weißt, was es ist und wie es in etwa schmecken wird“, lachte sie. „Lecker, lecker, lecker?“, fragte ich schmunzelnd zurück, was sie mit „Ja, alles nur lecker!“ und „Lecker ist really my absolutes Lieblingswort!“ beantwortete.

Die Atmosphäre, der Duft, die Abendstimmung in diesem schlichten, weißgekalkten Raum waren ausgesprochen heimelig. Im Hintergrund lief leise griechische Musik. Von außen hörten wir Zikadenzirpen, dann und wann das Miauen einer Katze oder das Geräusch eines vorbeifahrenden Autos oder Mopeds. Zwischendurch setzten wir uns mit unserem Rotwein und einer Zigarette nach draußen auf die dicken Kissen der verputzten Hausbank oder auf die erhöhte Außenterrasse auf der anderen Seite der Straße.

Einen Anruf Michális nutzte Marion zum Abdecken leergegessener Teller und zum Auftragen eines lecker Nachtisches. Danach fragte sie mich, was das denn zwischen Micháli und mir sei. Ich erzählte, dass man das nicht so genau wisse, dass es ausschließlich im Hier und Jetzt spiele, ohne Erwartungen an morgen und übermorgen, und dass ich es auch leicht naiv fände, wenn ich es anders betrachten würde. Wir seien schließlich keine zwanzig mehr und keine dreißig und keine vierzig.

„Und was ist mit Liebe?“, fragte sie.
„Ach“, sagte ich, „die wird schon mit im Spiel sein!“

Sie erzählte mir von ihrem Kennenlernen, von den ersten Begegnungen zwischen ihr und ihrem späteren Ehemann, dem ersten Wissen, dass da wohl mehr im Spiel sei als die Liebelei zwischen einem Einheimischen und dieser studentischen Saisonkraft. Als er sie dann nach ihrer recht schnellen Rückkehr von Deutschland nach Kreta gleich seinen Eltern vorgestellt habe, sei alles klar gewesen. Es sei ein recht einfaches, aber ausgesprochen schönes Leben hier. Das Brauchen wäre weniger, das Haben und die Ruhe mehr, und es erinnere sie ungemein an das selbstversorgende Leben ihrer Kindheit mit Gemüsegarten, einkochen, Sachen stricken, nähen und selber flicken. Irgendetwas sei immer zu tun, doch ohne jeden Druck von außen.

„Elisabeth, du glaubst gar nicht, was man alles nicht braucht!“

Wir hielten gut aus, auch wenn ich die Heimkehr des griechischen Ehemannes nicht mehr mitbekam. Gegen zwei in der Nacht strichen wir die Segel, nachdem ich Marion als einheimische Probeleserin für mein erstes Werk hatte gewinnen können. Wir luden das Manuskript auf ihren Computer und beendeten den Abend.

„He“, sagte sie, „freu mich richtig aufs Lesen und bin gespannt, ob ich dir alles durchgehen lassen kann.“
„Oh, oh, das bin ich auch!“, antwortete ich
„Und schön kritisch sein!“

Die Frage, ob ich den Weg zu meinem Zimmer noch wisse. Die Mitgabe einer Taschenlampe. Die Bitte, sie kurz anzurufen, wenn ich angekommen sei. Eine Umärmelung und die Verabredung zum morgigen Frühstück zwischen neun und zehn. Ein guter Schlaf mit zeitigem Erwachen bei Vogelgezwitscher durchs weit geöffnete Fenster. Geduscht, Reiseklamotten angezogen, Gesicht gemalt, Sachen gepackt, Bett gemacht und mich auf den Weg.

Es war schön, so zeitig zu sein, mir auf dem Weg zum Ziel einen Umweg erlauben zu können. War ich an einem Ort, wollte ich möglichst viele seiner Wege erkunden. Rucksack hin oder her. Askífou, ein Straßendorf, mehr Durchgangs- als Verweilort, von Nord nach Süd, zumindest für uns Reisende. Dennoch lohnt sich ein Aufenthalt, der Blick über oder ein Gang durch die fruchtbare Ebene, das Verweilen in einer der wenigen Tavernen, das Bemerken der meist um 10 Grad niedrigeren Temperaturen im Vergleich zu den Küstenregionen. Im Sommer sind die Grade erträglicher, im Winter ist da leicht mal Schnee. An einer Straßengabelung eine weiß getünchte Kirche unter einer großen Platane. Auf deren Vorplatz zur Straße hin eine kretische Stuhlreihe. An einer halbhohen Mauer ein gewachsenes Herz aus weißblühendem Grün. Gegenüber der freie Blick über die Ebene von Askífou bis zu den mit Wolken verhangenen Berggipfeln der Ausläufer der Léfka Óri Richtung Osten. Ein Schäfer trieb seine Herde über den Asphalt der durchführenden Dorfstraße auf die andere Seite auf eine neue Weidewiese. Ein wilder Apfelbaum trug seine reifen Früchte am Straßenrand zwischen felsigem Steingrund. Inmitten eines ausgeblühten Blumenbeetes ein schlafendes Kätzchen. In einer Hausnische etliche Gasflaschen in dunklem Blau.

Marion überquerte gerade die Straße von ihrem Wohnhaus hinüber zum Kafeníon. Der Tisch vor dem Haus war schon gedeckt. In ihren Händen hielt sie frisch eingesammelte Hühnereier für unser Frühstück. Aus dem Haus roch es nach frischem Brot.

„Sach mal, seit wann bist du denn schon zugange."
„Noch nicht so lange, aber frag mich lieber, wann ich zu Bett gegangen bin." „Wann?", fragte ich
„Gar nicht!", antworte sie, „habe nur ein bisschen geruht."

Zuerst habe sie mit dem Lesen nicht aufhören können. Dann habe sie nach dem Nachhausekommen ihres Liebsten durch dessen alkoholverstärkte Schlafgeräusche nicht einschlafen können und gedacht, dass sie besser zurück ins Kafeníon hinübergehen könne, den Brötchenteig anzusetzen. In dessen Gehzeit habe sie noch ein wenig weitergelesen, bis ihre Augen und ihr Kopf einfach nur noch müde gewesen wären. Brötchenteig in den Kühlschrank, Computer aus und sich aufs Sofa zum Schlafen gelegt.

„Deine Geschichte ist gut!", sagte sie.
„Hab sie bis zum 10. Kapitel in einem durchgelesen."
„Und", fragte ich, „was zu beanstanden?"
„Nicht wirklich, aber sag, wissen die beteiligten Personen, dass und was du über sie schreibst?"
„Wenn ich die Namen beibehalten habe und es sich nicht um allzu kleine, unbedeutende Passagen handelt, schon."

Die meisten hätten ihre Namen behalten wollen. Manche hätten sich neue gewählt. Orte, Tavernen- und Hotelnamen, genau wie die Namen ihrer Betreiber, sollten wie in einem Reiseführer authentisch sein. Und warum sollten so wunderbare Kellner wie Claudiu, Brahim oder Núri plötzlich Sebastian, Peter oder Paul heißen? Und Micháli habe auch nicht Panajótis heißen und Postbote sein oder werden wollen.

„I'm Micháli the Taxiboatdriver!", hatte er gesagt und
„Nobody and no one else!"

„Und - was wirst du über mich schreiben, wenn du eines Tages von unserer heutigen Begegnung erzählen solltest?"
„Ich werde von Marion und ihrem griechischen Ehemann erzählen und von ihrem lecker Kafeníon in Askífou?"
„Marion, schöner Name, gute Idee - so darf es sein!"

Das Frühstück, der Kaffee, die Brötchen, die selbst gemachte Marmelade, die frischen Eier, alles einfach nur lecker! Als der Bus um 11:30 Uhr die Straße hochgefahren kam, war ich bereit. Wir bedankten uns für unsere schöne gemeinsame Zeit und versprachen, uns wiederzusehen.

49.

Manche Leute fallen mehr ins Auge, manche weniger. Unter all den Umsteigenden drei ausgesprochen hübsche Blondschöpfe. Vríses, Dreh- und Angelpunkt für Reisende zwischen Nord und Süd, ob aus Chaniá, Réthimnon, Heráklion, Frangokástello oder Chóra Sfakíon kommend.

15 Minuten Wartezeit.

Als ich in den Bus nach Heráklion stieg, sah ich meine Lieblingplätze in der hinteren Reihe gänzlich unbesetzt. Auf der rechten Bank in Fahrtrichtung davor Mutter und Sohn, in der Reihe davor der Vater. Barbara und ich bemerkten uns gut, als ich lächelnd die rückwärtige Sitzbank ansteuerte. Wir sagten: „Hallo" und wussten, dass wir uns spontan positiv bemerkt hatten. Elias kannte seine Mutter: „Mama, du möchtest sicher lieber hier sitzen?" Ohne weitere Worte tauschten sie ihre Plätze. Er wechselte auf den Fenster-, sie auf den Gangplatz.

Barbara und ich kamen gut ins Gespräch. Sie hatte mich spontan nach Irland oder Schottland gedacht, wie ich sie und ihre Familie nach Schweden. „Is ja nun mal so, dass jeder Blondschopf aus Schweden stammt!“, lachte ich und sie: „Ja, und jeder Rotschopf mit welligem Haar aus Irland oder Schottland!“ „Genau - und der deutschen Sprache mächtig!“ Volker drehte sich nach diesem Satz um und sagte: „Ihr seid aber schlau!

Barbara und ihre beiden Männer hatten 14 Tage in Loutró verbracht, waren in Livanianá, Chóra Sfakíon, Lýkos und Mármara gewesen und hatten die Gegend reichlich erkundet. Dennoch waren wir uns in den letzten zwei Wochen nicht begegnet. „Besser spät als nie.“ Unser gemeinsames Ziel war Heráklion. Mein Flug ging am späten Abend nach Hannover, ihrer am morgigen Vormittag nach Frankfurt.

Unsere gemeinsame Busfahrt war ungemein kurzweilig. Meine drei gedachten Schweden hatten ein Dreibett-Zimmer in dem Hotel vorbestellt, in dem ich vor einem Jahr meine Geburtstagsnacht verbracht hatte. Ich erzählte ihnen, dass ich den verglasten Roofgarden dort sehr genossen hätte und dass ich allein seinetwegen wieder dort übernachten könne.

„Was meinst du, Elisabeth, wollen wir noch gemeinsam was essen oder willst du lieber gleich zum Flughafen weiter?“

„Es ist noch Zeit. Bin ich um sieben am Flughafen, reicht das allemal. Möchte vorher nur noch gern in die kleine Silberschmiede, in der ich meinen Ehering gekauft habe.“

Barbara hatte Lust, mich zu begleiten, fragte ihre Männer, ob das okay sei und ob sie das Einchecken im Hotel ohne sie erledigen könnten. „Wir können und wir würden und ja, wir sind

Schätze!“ Wir verabredeten uns in einer Stunde in einem Bistro neben der orthodoxen Kirche Ágios Títos im Zentrum der Altstadt, in deren Nähe sich auch das archäologische Museum Heráklions befindet. Barbara küsste ihre Männer, ich lächelte ihnen zu und brachte meinen Reiserucksack fix zur Gepäckaufbewahrung am Busbahnhof.

Es gibt Dinge, die zur Gewohnheit werden dürfen. War ich in dieser Stadt, durften die grünen Bänke am Busbahnhof und ein Besuch in der kleinen Silberschmiede gerne dazugehören. Ich ließ meine Augen schweifen, verliebte mich in ein von zehn flachen Streifen besetztes Rechteck aus mattiertem Silber, das sich gleichermaßen als Brosche und Kette tragen ließ. Zehn, eine meiner Lieblingszahlen, mein Oktober, da durfte es meins werden.

Wir trafen fast zeitgleich mit Volker und Elias am Bistro neben der Ágios Títos ein. Vater und Mutter auf der einen Seite des Tisches, Elias und ich auf der anderen. Wir wählten unser Essen, drei Proseccos und ein Sprudelwasser und stießen auf unsere Begegnung an. Selten traf ich einen Jungen von 13 Jahren, mit dem ich mich so wunderbar unterhalten konnte. Nicht kindlich, nicht altklug, nicht protzig, nicht schüchtern, nicht pubertär, einfach nur normal und freundlich. Er wünschte sich ein kretisches Messer, eines mit diesen typischen Verzierungen in einer passenden Lederscheide. Ich sagte, wenn du dir eines aussuchst, wähle ein richtiges, nicht so eine Andenkenvariante. So ein Messer ist etwas fürs Leben. „Ich weiß“, sagte er, „aber meine Eltern finden es zu gefährlich.“ „Interessant“, dachte ich, und „ob man da nicht etwas machen könne?“ Ich fragte ihn, ob er denn sonst anders wäre als jetzt, aufbrausend oder cholerisch oder so?“ „Nee“, lachte er, „das wär mir viel zu anstrengend.“ Er mochte es entspannt.

Als Elias sich seine Hände waschen ging, erzählte ich seinen Eltern kurz meine Sicht auf die Messerei und dass ich so ein Wunsch-Objekt für ausgesprochen erinnerungsreich und glücklichmachend hielte. Es müsse zu Hause ja nicht frei herumliegen, könne doch an einem sicheren Ort verwahrt und von Zeit zu Zeit zum Freuen und Erinnern hervorgeholt werden. Zeit für meinen Aufbruch. Zeit für Umarmungen.

Als Volker und ich an der Reihe waren, sagte er: „Danke, ich werde meinen Lieben gleich je einen Wunsch erfüllen. Ich denke Barbara braucht einen Ring und Elias sein Messer." - „Du bist so klug, schick mir ein Freudenfoto!"

50.

Am Busbahnhof blieben mir 10 Minuten zum Banksitzen plus Eis- und Ticketkauf. Als ich am Flughafen angekommen war und im Flughafengebäude auf die Abflugtafel schaute, fand ich meinen Flug nicht. Nervös werden oder nicht? Ich entschied mich fürs Nicht und schlenderte dennoch recht zügig zur Information. Drei geöffnete Schalter. Drei kleine Schlangen. Ich wählte die erste, fragte, als ich an der Reihe war, nach meinem Flug, der zu meinem Glück nun doch auf der elektronischen Tafel angezeigt wurde.

Ich war gut in der Zeit. Schlenderte nun wieder in meinem gewohnten Tempo am zweiten und dritten Infoschalter vorbei und sah plötzlich hinter der dritten Schalteröffnung in das Gesicht meiner Mutter. Die Ähnlichkeit - frappierend! Die Augen, die Nase, die Wangenpartie, die Haare, das ganze Gesicht, ob von vorne oder im Profil. Dass diese Frau nicht meine Mutter sein konnte, war klar, dennoch war es mir eine außerordentliche Freude, in dieses muttergleiche Gesicht schauen zu können. Ich stellte mich an ihren Schalter und wartete auf eine Lücke.

„Yes, please - what can I do for you?"
„Nothing real, but........................ ."

Ich erzählte ihr, dass sie meiner Mutter wie aus dem Gesicht geschnitten sei. Dass ich aus Deutschland käme, meinem Vater sehr ähnlich sähe und dass wir in unserer Familie immer wieder darüber spekuliert hätten, warum mein Großvater, meine Mutter und ihre kleine Schwester so ganz anders aussahen als all die anderen Menschen in unserer Gegend.

Ich erzählte ihr vom Bericht des jungen Griechen mit dem minoischen Ankerfund aus dem Jahre 300 vor Christi Geburt vor der norddeutschen Küste, dass meine Familie dort zu Hause sei und dass ich bei meinem ersten Betreten kretischen Bodens ein Gefühl von Heimat empfunden hätte wie nie und nirgends in meinem Leben zuvor.

Penélope und ich waren im gleichen Alter. Sie eine ewige Griechin, ich eine ewige Deutsche, und dennoch kamen wir zu dem Schluss, dass durch die mögliche Landung kretischer Seefahrer an der ostfriesischen Nordseeküste und ihre mögliche Verbandelung mit dort ansässigen Ureinwohnerinnen auch alles ganz anders sein könnte und wir so, vor mehr als zweitausend Jahren, der gleichen Blutlinie entsprungen sein könnten.

„Do you think, we have the same blood?"
„Maybe or maybe not - but it's possible."
„Elisabeth, adélfi mou, my sister, it's crazy,
and now I have to take you in my arms!"

Sie verließ ihren Informationsschalter, kam lachend auf mich zu und sagte: „Now!“ und „How wonderful!“ Natürlich machten wir Fotos, natürlich hielten wir die ganze Angelegenheit für möglich, ebenso wie wir sie einzig für erdacht hielten, allein unserer Fantasie entsprungen.

Hätte eines der Kinder meiner Eltern wie Penélope ausgesehen und eines wie ich, hätten uns alle für Schwestern dieses so ungleichen Paares halten können. „Ganz die Mamá!“ und „Ganz der Papá!“ und das immer und immer wieder gerne.

„Verrückt“, dachte ich, „es ist einfach nur verrückt. Da spekulierte ich das Gesicht meiner Mutter jahrelang in alle möglichen Nationalitäten hinein, hatte an Römer und Franzosen gedacht, ans fahrende Volk und an Portugal, und wo hatte ich es nun gefunden? Auf Kreta, der Insel meines Heimatgefühls.

Beglückt stieg ich ins Flugzeug. Mir gefiel die Geschichte mit den deutsch-griechischen Wurzeln und die des möglicherweise hochpotenzierten kretischen Blutes.

Als ich zu meinem Sohn auf der Fahrt vom Flughafen Hannover auf dem Weg zu unserem ostfriesischen Familienhaus von meinen neuen Erkenntnissen sprach, sagte er: „Mama, ob du es nun glauben magst oder nicht...“ und erzählte, dass er vor einer Woche auf einer Tagung in München darauf angesprochen worden sei, ob er griechische Wurzeln habe.

„Verrückt, oder?“
„Ja, und wenn nicht verrückt, dann zumindest seltsam.“

51.

Fünf Wochen Kreta waren vorüber. Nicht wie im Fluge, eher im Gegenteiligen davon. Seit ich diese zwei Monate im Jahr auf Kreta verbringe, habe ich das Gefühl, in einem Jahr gleich zwei Jahre zu erleben. Jedes gefühlte Jahr beinhaltet fünf Ladenmonate mit geregelten Abläufen und wechselnden Themen und einen Kreta-Monat, dem durch seine Unvorhersehbarkeit eindeutig der intensiver gelebte Teil zufällt.

Wie gewohnt hätte ich dieses dritte Buch mit dem Heimflug der erzählten Kreta-Reise enden lassen können. Doch was wäre dann aus den vielen unbedruckten Blättern zwischen hier und der letzten Seite des Buches geworden? Welchen Sinn hätten sie gehabt, welchen Nutzen? Die drei üblichen Notizseiten scheinen mir genug, denn als Mal- und Bastelbuch war dieses Blätterwerk nicht vorgesehen. Ich denke gerade an Modellbaubögen aus dünner Pappe aus meiner Kinder- und Jugendzeit. An einfachste Segelflieger, die wir nach exaktem Knicken und Falten vom Kinderzimmerfenster aus durch den Garten hatten fliegen lassen, an die mehrseitig komplizierten Modellbausätze namhafter Schiffe, die unser Vater an Wintertagen gerne Stunde um Stunde mit uns zusammenfügte. Diese DIN A3 großen Bastelbögen aus dem Laden meiner Mutter haben mich von klein auf fasziniert. Von den einfachen Anziehpuppen, bei denen meine Schere zu Beginn nie rechtzeitig vor den Knicklaschen stoppen wollte, bis zu bekannten, perfekt zusammengefügten Gebäuden aus aller Welt.

Nach meiner Rückkehr schlenderte ich einmal durchs Haus. Ich stellte meinen Rucksack am Treppenaufgang ab, ging durch den Laden, den ich vier Wochen weder betreten noch gesehen hatte, von einer Ecke in die nächste, bis ich alles in Augenschein genommen und gutgeheißen hatte. Rückte ein wenig hier und dort, meditativ, einfach nur, um anzukommen. Alles war schön und voll, wie immer. Wilma hatte unser Reich gut verwaltet.

Der Salon - weitläufig, meine angrenzende Wohnung - heimelig. Auf dem Küchentisch ein Willkommensstrauß, daneben ein Grußzettel mit „Schön, dass du wieder da bist!“ und allerlei Informationen. Mein Kühlschrank war bestückt, die Obstschale gefüllt. „Sie säet nicht, sie erntet nicht, und er ernähret sie doch.“ Als das Badewasser einlief, packte ich meinen Rucksack aus. Wäsche in die Waschmaschine. Alles andere auf den Küchentisch.

Michális eingepackte Zigarettenschachtel, wie schön, ich hatte sie fast vergessen. Was immer ihr Inhalt sein mochte, ich wollte es nicht zwischen Tür und Angel, nicht flüchtig in dieser Badewassereinlasszeit erfahren. Ich legte sie mit meinem Fotochip und den Reisetagebüchern zu meinem Laptop auf die breite Fensterbank neben meinem Bett. Baden, Haare waschen, trocken rubbeln, Nachthemd an, Turban um den Kopf, griechische Klänge an und ab unter die Decke.

Von den Worten der griechischen Zeitungsverpackung konnte ich keines erlesen. Griechisch, besonders das Entziffern der so anderen Buchstaben, gehörte immer noch nicht zu meinen Fähigkeiten. Nach dem Lösen der Klebestreifen und dem Abstreifen der Zeitungsverpackung kam eine Schachtel Karélia blue zum Vorschein. Darinnen eine getrocknete rote Hibiskusblüte, zwei Karélia blue, vier kleine, in Zellophan gewickelte Bonbons in kretischem Blau, ein schmaler Zeitungsstreifen mit dem Datum meines Geburtstags, ein Werbefeuerzeug der Tankstelle Chóra Sfakíons und ein vierfach gefaltetes DIN A4 Blatt an der Innenseite der sonst zigarettenleeren Schachtel.

Darauf geschrieben: „Surprise!“ und „Open here!“

Auf der komplett aufgefalteten Innenseite der Ausdruck eines Flugtickets für den 09. Januar 2013 von Chaniá nach Hamburg, ausgestellt auf Michális Namen. „Nun denn“, dachte ich, und „wer hätte das gedacht“ und „geht doch“ und „verdammte Kiste, keine drei Monate“ und „ja, ich freu mich!“

Der Oktober neigte sich dem Ende. Ich befasste mich noch einmal intensiv mit der Perfektionierung meines ersten Kreta-Buches. Nun, sechs Monate nach Einsenden der Manuskripte ohne weitere Antworten, durfte ich getrost davon ausgehen, dass das Erscheinen und der Erfolg meines Erstlingswerkes jetzt allein in meinen Händen lag.

Wilma und ich bereiteten das Weihnachtsgeschäft vor. An den Abenden suchte ich die letzten eingegangenen Kritikpunkte zu meinem Buch zu verstehen und bei Übereinstimmung, Fähigkeit und Einsicht umzusetzen. An den Morgenden las Wilma mir ein letztes Mal meine in Nachtarbeit verbesserten Kapitel vor. Dieses laute Vorlesen mit der Auflage, an keiner Stelle nachlässig zu werden, ließen den Fluss, den Singsang des Textes rund werden. Als das Weihnachtsgeschäft pünktlich zum 1. Advent begann, lag mein Manuskript in doppelter Ausfertigung zur Endkontrolle höherer Instanzen bereit. Das eine gelangte nach München in die Hände eines langjährigen Freundes, seines Zeichens Deutsch- und Englischlehrer mit einmaligem Jahreskontakt nach Ostfriesland, das andere in die kritischen Hände meiner großen Schwester.

Mein Leben fühlte sich ausgesprochen erfüllt an. Ich war erwachsen geworden. Frei von Trauer und Etwas-anders-haben-Wollen. Konnte alleine stehen und gehen. War zufrieden mit meinen Interessen, meinem Tun und meinen Leidenschaften und wusste, dass alles, was dazu zusätzlich noch in mein Leben kommen mochte, ein Obenauf, eine Art Sahnehäubchen sein würde.

52.

Je näher Michális Reisetermin kam, desto häufiger wurden unsere Telefonate. Wahrscheinlich mussten wir uns immer wieder bestätigen, dass es dabei bliebe, dass er auch wirklich kommen und ich auch wirklich am Flughafen auf ihn warten würde. Ich überlegte mir das Was und das Wie und kam zu dem Ergebnis, dass ich ihn nicht von jetzt auf gleich in mein ostfriesisches Zuhause entführen sollte. Ein paar Tage Hamburg würden Sinn machen - ein bisschen Stadt schnuppern, unbeobachtet sein, ein wenig Zeit zum Ankommen, zum uns Gewöhnen. Zum Glück wohnte meine Tochter in Hamburg, zum Glück hatte sie ein schönes Gästezimmer, und zum weiteren Glück waren Michális und ich ihr willkommen. Zu Hause verfiel ich in eine Art Nestbautrieb. Ich hatte das Bedürfnis, alles schön zu haben - sauber, ordentlich, gemütlich und schön!

Nachdem Micháli mich vor seinem Abflug ein letztes Mal angerufen hatte, machte ich mich auf den Weg. Meine Sachen waren gepackt, mein Laden organisiert, mein Volvo vollgetankt und ich freudig gespannt. Es war kühl an diesem 9. Januar - nur ein paar Grade über Null, genau richtig für meinen schwarzen, mit Fell und Litze besetzten russisch anmutenden Mantel mit Stehkragen. Dazu rote Lippen, rotes Haar, rote Stulpen, ein roter Schal und mein etwas zu breites Lachen. Am Mantelkragen immer noch mein weihnachtliches „Ho Ho Ho“.

Als ich am Flughafen ankam, war es finstere Nacht, so gegen zehn. Als Micháli und ich uns nach Verlassen der Ankunftshalle in die Arme schlossen, gegen elf, und als wir in der Küche meiner Tochter ein Nachtmahl zu uns nahmen, einiges nach Mitternacht. Innerlich fremdelte ich ein wenig, auch wenn ich es wirklich ausgesprochen wunderbar fand, diesen langen, zopftragenden, vollbärtigen Mann, mit dem mich seit einiger Zeit diese undefinierbare Liebesgeschichte verband, nun hier bei mir zu haben.

„Mia rakí, korítsi mou? - Einen Raki, mein Mädchen?“

Wir stießen auf uns und unser Wiedersehen an, rauchten am geöffneten Küchenfenster eine Gute-Nacht-Zigarette, schlichen, um das Kind nicht zu wecken, leise über den Flur in unser Zimmer und freuten uns auf eine schöne gemeinsame Nacht. Am Abend war das Kind schon zu Bett gegangen, am Morgen bereits auf dem Weg zur Arbeit. Am Abend hatte sie uns ein „Herzlich Willkommen" - Schild an die Kaffeemaschine gestellt, jetzt am Vormittag stand dort „Bis heute Abend!" und „Wollen wir kochen?" und „Ich bring alles mit!"

Nach unserem späten Morgenkaffee fuhren Micháli und ich an die Elbe. Hamburg fühlen. Schiffe gucken. Am Wasser spazieren gehen. Es hatte geschneit. Der Boden war gefroren. Alles mit leichtem Puderzucker überzogen.

An den Landungsbrücken unter einem Treppenaufgang das Lager eines Stadtstreichers, eines Obdachlosen. Nahm man die Tatsache als solche, als Selbstverständlichkeit, hatte er es hier geradezu perfekt. Den Treppenaufgang als Dach. Die nahegelegene Kaimauer als Regenschutz. Ein Lattenrost, eine dicke Matratze, drei bis vier Zudecken, die obere einem Flokati ähnlich. Unter der Bettdecke lugte eine wollige Pudelmütze hervor, unter der ein gelbes Sternenkissen mit angebrachten Wackelarmen zu erkennen war. Ein Stadtstreicher-Zuhause vom Feinsten. Ihm zur Seite ein mit Girlanden und Luftschlangen geschmücktes Tannenbäumchen, ein Aufbewahrkorb mit dem Motiv des Winnie Puuh, dem kleinen Bären von sehr geringem Verstand. Auf den den Tannenbaumfuß beschwerenden Wackersteinen ein Apfel, daneben eine Laterne für die Nacht, ein Korb für Sachspenden und eine Kumme für milde Geldgaben. Die einzige am Baum hängende Weihnachtsbaumkugel strahlte an diesem wolkenverhangenen Vormittag in leuchtendem Türkis.

Ihr sicherer Hafen!

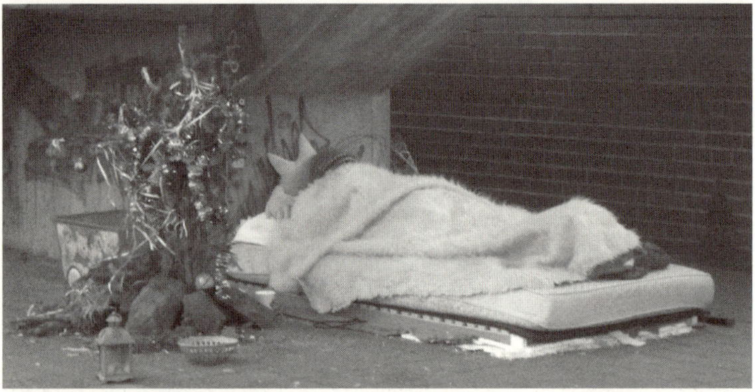

Micháli nahm ein Foto und sandte es bei nächster Gelegenheit mit den Worten, dass er gut in Hamburg untergekommen sei, an seine Lieben daheim. Große Elbstraße - Fischmarkt. Wir kehrten zum Mittagsfrühstück in ein modernes Kaffeehaus ein. Weihnachtsstern im Pappbecher für uns. Becks Bier aus der Flasche für Micháli. Großer Kaffeebecher für mich. Das Frühstück kam etwas später.

Es war neu für uns, mehrere Stunden am Stück ohne Unterbrechung zusammen zu sein. Vom Abend durch die Nacht bis zum Morgen, über die Mittagszeit mit darauf folgendem Nachmittag bis hin zum neuen Abend. Wir waren wohlwollend miteinander. Sprachen oder schwiegen. Gingen eingehakelt, Hand in Hand, vor-, neben- oder hintereinander, mit geringerem oder weiter entferntem Abstand. Wir spazierten die Elbe hinauf, malten unsere Namen auf die Oberseite einer flachen Mauer in den Schnee, trafen auf eine illustre Neujahrsgesellschaft mit Bollerwagen und Schnaps, stießen mit ihnen an, streiften Ovelgönne und Neumühlen und stiegen irgendwann vom Elbstrand über die Himmelsleiter hinauf zur Elbchausee.

Später Nachmittag - Zeit, den Weg nach Hause zu finden. Kurz vor unserem Ziel fanden wir in einem kleinen Laden passende Erinnerungsstücke. Zwischen all den Dingen, die es auch in meinem Laden zu kaufen gab, ein Drahtgitterkorb mit Plüschtieren. Eins wie das andere originell. Dazwischen, als ob sie auf uns gewartet hätten, ein rotbraunes Katzentier mit freundlichem Blick und ein graumelierter Wolf mit langen weißen Spitzzähnen.

„Und?“, fragte ich, „sind euch diese Namen recht?“
„Ja!“, sagten sie bestimmt.
„Ab sofort wollen wir Elisabeth und Micháli heißen!“

BECK'S
BLUE
FRESH!

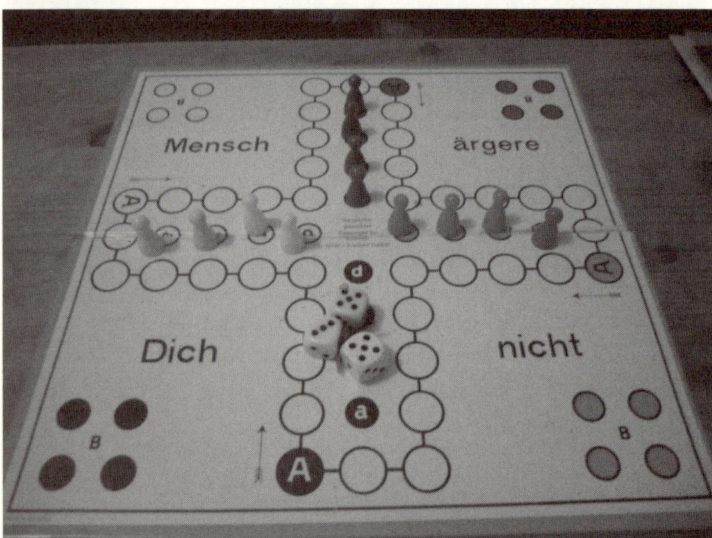
Mensch
ärgere
Dich
nicht

Mein Kind hatte gekocht. Ostfriesische Rouladen, Rotkohl und Salzkartoffeln aus dem Kochbuch ihrer Großmutter, meiner Mutter. Hatte gar nicht gewusst, dass sie so etwas konnte und mochte. Ich war begeistert. Micháli war es auch. Mein Kind stolz. Nach dem gemeinsamen Abwasch spielten wir „Mensch ärgere dich nicht", dazu den einen oder anderen Grog plus Wurstmaschinenkeks. Deutscher ging es nimmer, doch so durfte es an diesem Abend hier in Hamburgo auch sein.

Am nächsten Abend hatten wir drei uns mit Stefanie und Andreas-Josef in Altona in einem griechischen Restaurant verabredet. Eine Wiederbegegnung mit den beiden außerhalb Chóra Sfakíons würde sicher interessant werden. Unsere kleine Stadtführerin brachte uns sicher mit dem Linienbus zum Ziel. Ein paar Straßen zu Fuß und schon waren wir da. Der Name des Lokals: Kýpros, auf Deutsch Zypern.

Es war ein herzliches Wiedersehen, ein fröhlicher Abend. Andreas und Stefanie meinten, wie schön sie es doch fänden, uns immer noch vereint zu sehen, dass sie sich freuten, meine Tochter kennenzulernen, dass sie mir wie aus dem Gesicht geschnitten sei, und welch gute Idee es doch war, hier nun in diesem griechischen Ambiente mit unserem „Lieblingsgriechen" zusammenzusitzen. Wir begannen mit unseren Weißt-du-noch-Geschichten, unseren ersten Begegnungen, unserem Wiedersehen im Herbst letzten Jahres und kamen dann auf unser Hier und Jetzt inklusive unserer Zukunftswünsche zu sprechen. Stefanie arbeitete an ihrem ersten Drehbuch, ich an der Veröffentlichung meiner ersten Kreta-Erzählung. Micháli, dieser einsachtundneunzig lange Junge, amüsierte sich und uns prächtig. Er orderte unser Essen auf Griechisch, bestellte Wein nach und plauderte zwischendurch immer wieder in seiner Muttersprache mit der griechischen Belegschaft.

Gegen Mitternacht verließen wir allesamt leicht angeschickert das Lokal.

„Kaliníchta óloi mazí!" - „Kaliníchta!"
„Elisabeth, Micháli, schöne Zeit euch beiden!"
„Danke, wir sehen uns in Chóra Sfakíon!"

53.

Messe Hamburg - Early Bird vom 12. - 14. Januar 2013, zum fünfzigsten und letzten Mal auf Hamburgs Messegelände vor ihrem Umzug nach Hannover. Micháli und ich waren dabei. Ob das wichtig ist, nein, wichtig war das nicht, aber schön und besonders und unterhaltsam und - wie sich im Nachhinein herausstellte - gut fürs Geschäft. Ich fuhr schon alle paar Jahre mal nach Hamburg zu diesen Einkaufstagen, auch wenn mich meine Unbeweglichkeit meist davon abgehalten hatte. Irgendwie meinte ich, alle wichtigen Firmen für meinen Laden gefunden zu haben. Dazu war er sowieso immer schon einen Tick zu voll.

Der letzte Tag in Hamburg, am 12. Januar 2013. Ich wollte Micháli etwas zeigen, was er bis dato nicht kannte. Das neue Jahr war jung, es war kalt, es war Messe, es war Samstag, und ich wollte erst nach Ladenschluss zu Hause sein. Ich wollte nichts einkaufen. Wollte den Tag nur gut verbringen. Ein wenig schauen, ein bisschen schlendern, im Warmen, auf das mir mein griechischer Begleiter nicht erfriere. Eine gute Wahl. Die Messe schien ihm Spaß zu machen. Er tat interessiert, war geduldig und aufgeschlossen, ohne aufdringlich zu sein, wies mich auf das eine oder andere schöne oder auch skurrile Stück hin und war alle Zeit vergnügt amüsiert.

MICHALI +

An einem Stand verguckte ich mich in südländisch anmutende Keramiken. Ihre Farben passgenau zu meiner Stimmung - blau, weiß, türkis - und auch, wenn sie nicht griechischen, sondern portugiesischen Ursprungs waren, riet mir meine kretische Seele zu einem Spontankauf. Wir nahmen einen Vormittagskaffee, ein Mittagessen und ein Nachmittagsbier.

Auf dem Weg zum Ausgang streiften meine Augen ein Meer von Farben oder anders gesagt einen Stand mit farbenfrohen Tüchern. „Micháli, wait a little!" Ich betrachtete den Stand genauer. Dreiecktücher, Schals, Armstulpen, Mützen, alles aus Merino-Schurwolle. Fantasievolle Muster, leuchtende Farben, gute Qualität. Schön, einfach nur schön - warm, bunt und schön! Ich wusste, dass ich mal wieder etwas gefunden hatte, ohne danach gesucht zu haben. Eine wunderbare Ergänzung zu meinem bisherigen Ladenprogramm. Die Frauen auf dem Stand, sympathisch. Ich bekundete mein Interesse, erzählte von meinem Laden, gab ihnen meine Karte und bat um einen baldigen Besuch. Danach machten Micháli und ich uns auf den Weg zu meinem ostfriesischen Zuhause.

54.

Das Haus stand allein - alles ruhig, keiner da, genau wie ich es mir gedacht hatte. Mein schwarzer Volvo stand nun wieder an seinem angestammten Platz auf der Auffahrt. „Micháli, first a Coffee?“ „Né!“ „Ja?“ „Né means ja!“ „I know!“. Wir stellten unser Gepäck an die Treppe, gingen in den Laden, knipsten den Kaffeeautomaten an und schlenderten während seiner Aufheizphase durchs Geschäft. „You have a lot!“ „Ja“, sagte ich und dass es viel brauche, um einen Landladen am Leben zu erhalten. In der Stadt könne man sich spezialisieren, da gäbe es viele Kunden für eine Warensorte, doch auf dem Land sei das anders, quasi umgekehrt. Da bräuchte es für einen kleinen Kundenstamm ein breites Sortiment.

Als wir unseren ersten Kaffee getrunken hatten, meinte er, dass er uns nun den zweiten machen wolle. „Show me how to use the coffee mashine! I'll make the second one! So I can help you in your shop.“ „Why not! - Giatí óchi! - Warrum nicht!“, war meine Antwort, auch wenn ich dabei innerlich ein wenig schmunzeln musste.

Ich erzählte ihm, dass es mehrere Möglichkeiten gäbe. Dass er sein Lager entweder unten in der kleinen Ferienwohnung aufschlagen könne, dass er oben ganz normal mit mir zusammen sein und leben könne oder, wenn ihm dass eine zu viel und das andere zu wenig an Zweisamkeit sei, wir auch das Mittelmaß wählen könnten, indem er in meiner Wohnung das Gästezimmer bezog.

„Think about what you want and when it changes,
we can change.“

Er war mein Gast, nicht mehr, nicht weniger, und er war wie ich frei zu tun, wonach ihm der Sinn stand. Dass der Ursprung seiner Reise, meines Gastgebens, unser Zusammensein, unser Liebesmiteinander war, stand außer Frage, und dennoch wollte ich ihn nur freiwillig in meinem Bette wissen, frei von jeglicher Erwartung und jeglichem Pflichtgefühl. Liebe ohne Freiwilligkeit und ohne eigenes Wollen war noch nie in meinem Interesse.

Wir wechselten in die erste Etage. Durchquerten den Salon, betraten die Küche, brachten Michális Sachen unter, gingen zum Italiener eine Kleinigkeit essen, wieder nach Hause und dann zu Bett. Heute gemeinsam, morgen getrennt und übermorgen wieder zusammen. Wir hielten es locker. Schliefen gemeinsam ein, wenn uns danach war, und wachten, je nach Schlaftiefe, Nachtwandel-Symptomen und Schnarchgeräuschen, im gleichen bzw. in getrennten Betten wieder auf. Nach der ersten getrennt verbrachten Nacht war Micháli überrascht bis entrüstet, nach der zweiten wusste er, dass ich es, um wirklich tief schlafen zu können, etwas leiser brauchte.

In der Nacht hörte ich das Miauen meines Katers Anton. Er hatte seinen nächtlichen Mäuse-Streifzug beendet und wollte nun, da er meine Rückkehr bemerkt hatte, ins Haus. Während meiner vierwöchigen Reise hatte er nachts seinen Notschlafplatz im Fahrradschuppen aufgesucht. Zu den Ladenzeiten hatte er wie gewohnt dekorativ im Schaufenster unseres Büchercafés geschlafen. Er war mit Wilmas morgendlichem Erscheinen ins Haus gehuscht und hatte es mit ihr nach Feierabend fast freiwillig wieder verlassen. Das ihm dargereichte abendliche Katzenmahl hatte als Lockmittel Wunder bewirkt. Micháli und Anton hatten von Beginn an einen ausgezeichneten Draht. War der eine in der Nähe, war der andere nicht weit, wobei der Kater mehr dem Manne folgte.

Der neue Alltag wurde schnell zur Normalität. Ich ging wie immer gegen neun in den Laden. Micháli kam am späten Vormittag in Begleitung von Anton zum Kaffee dazu und blieb, bis ihm nach einem Spaziergang war. „Páme vólta", hieß es dann, verbunden mit der Frage, ob er Brötchen mitbringen solle. Sein „páme vólta" meinte einen kleinen Gang zur nahegelegenen Pizzeria, in deren Wintergarten er sein Mittagsbier zelebrierte. Zwei, drei Zigaretten dazu und dann weiter zum Bäcker und zurück. Anfangs wollte ich das komisch oder unpassend finden. Maß mit meinen deutschen Gewohnheiten, meinem deutschen Maßstab. Zum Glück ging mir schnell auf, dass er nicht ich war. Dass er es aus seinem Leben so gewohnt war. Dass er einen Raum für sich brauchte. Dass er weggehen musste, um wiederkommen zu können. Anton blieb uns in diesen Zeiten als Schaufensterkater erhalten.

Nach Wilmas Mittagsschluss kam Micháli meist mit einem gedeckten Tablett ins Büchercafé für ein gemeinsames Mittagsfrühstück. Dann und wann kamen Kaffeegäste dazu, denen Micháli immer öfter das Kaffeemachen anbot. „Show me how to use the coffee machine!", hatte er nach unserem ersten Kaffee gesagt „So I can help you in your shop." Gesagt, gezeigt und umgesetzt.

Als er mich nach der ersten Nacht gefragt hatte, was ich am Abend kochen wolle, hatte ich zu seinem Erstaunen mit „típota", mit „nichts", geantwortet und ihm erklärt, dass mein erzähltes Nicht-kochen-Können absolut der Wahrheit entspräche.

„Micháli, I never cooked and I'll never like to do it!"
„But you have had a family and children!"

„Yes, I have children and I have had a husband and he
was a good father and a good cook. I made the shop
and the money and he organized our family life."
„So, if I want cooked food, I have to make it?"
„That's the way it is!"

Und sie machten einen Plan... .

„Micháli, think about what you want to eat
this week and make a list of the ingredients.
We will go to the grocer's shop this evening."

Gesagt - getan, die Einkaufswunschliste ward erstellt.

Es muss ein Bild für die Götter gewesen sein - diese Frau, die man nur aus ihrem Laden kannte, mit ihrem roten welligen Haar, ihren roten Lippen und ihrem aufrechten Gang, die durch ihr langes, schwarzes Gewand, ihren russisch anmutenden Mantel und dem schmückenden roten Wollschal gleichermaßen chic wie hippiemäßig wirkte, und ihr langgewachsener, dunkelhaariger, Zopf und Bart tragender, griechisch anmutender Begleiter, der sie mit seinem aufrechten Gang noch um einiges übertraf. Man sah es ihnen an der Nasenspitze an, dass beide vom Lebensmitteleinkauf keinen rechten Schimmer hatten bzw. nur selten damit beauftragt waren.

„Willkommen in der Realität,
darf ich Sie ein wenig herumführen?"

wäre dazu eine ausgesprochen passende Fragestellung gewesen.

Ob wir wirklich so wahrgenommen wurden, ist bei dieser Beschreibung nicht von Bedeutung. Wichtig ist nur, dass ich uns damals so empfand, und ich könnte mich heute noch köstlich über diesen unseren ersten gemeinsamen Lebensmitteleinkauf amüsieren:

Der gesamte Einkauf - vom Parken, Einkaufswagen befreien und durch den Laden schieben. Obst und Gemüse aussuchen, eintüten und abwiegen. Käse, Fisch und Fleisch auswählen und Wein entscheiden. „Ein bisschen Eis für den Nachtisch?" - „Aber sicher doch!" Wir hatten einen Wocheneinkauf vom Feinsten hingelegt, bei dem wir viel gelacht und gelernt hatten, und der mit Sicherheit vier- bis achtmal so lange andauerte, als es im Normalfall erforderlich gewesen wäre.

55.

Als nächstes möchte ich von unserem zweiten Einkauf erzählen. Wir waren schon etwas geübter, doch im Gegensatz zu unserem ersten Einkauf leidlich spät.

„Micháli, would you take the empty bottles away?"

Ich bat ihn, das Leergut zu entsorgen, während ich schon mal mit dem Freikaufen des Einkaufswagens und dem Aussuchen und Abwiegen des gewünschten Gemüses beginnen wollte. Die Glascontainer standen hinter dem Supermarkt. Micháli sollte das Leergut dort entsorgen, den Volvo parken und mir dann beim Einkauf behilflich sein. Er war schnell! Traf mich noch vorne in der Obstabteilung beim Abwiegen an. Wie gehabt, Käse, Fisch, Fleisch etc. und sechs Flaschen Wein.

Ich fragte Micháli, ob wir eine Kiste Bier einkaufen sollten? Zu meinem Erstaunen kam von ihm ein eindeutiges „Nein!" Er wolle lieber weiter seinen kleinen täglichen Spaziergang zum Italiener beibehalten.

Als wir unseren Einkauf auf der Ladefläche untergebracht und ich den Einkaufswagen im mittigen Wagenunterstand abgestellt hatte, fiel mein Blick auf eine kleine, grüne, den Unterstand begrenzende Buchsbaumhecke. Dahinter ordentlich nebeneinander aufgestellte Flaschen aller Couleur, die mir ohne Ausnahme allesamt bekannt vorkamen.

„Michááálí, whats this?"

Ich wollte es nicht glauben, ich konnte es nicht glauben und mich gleichzeitig kaum halten vor Lachen. Er hatte all unser Leergut, seiner griechischen Ökonomía folgend, an der nächstbesten Stelle entsorgt. Ordentlich in Reih und Glied abgestellt. Dass wir sie wieder ins Auto laden und sie der deutschen Ordnung folgend in die dafür vorgesehen Glascontainer entsorgen sollten, war ihm nicht unbedingt einsichtig.

„Why...?" Wir taten es dennoch.

Micháli bereitete Spaghetti mit Tomaten-, Zwiebel-, Hackfleischsoße. Briet Fleisch, bereitete Salate und Gemüse, zauberte Aufläufe und liebte es, zu fast allen Mahlzeiten frittierte Kartoffelspalten und Tzatziki zu bereiten. Nach wohl vier Wochen fiel uns die Dunstabzugshaube entgegen. Nie zuvor hatte sich ihr Filter mit soviel verdunstetem Frittieröl vollsaugen dürfen.

Am Anfang der zweiten Woche kam meine langjährige Freundin Anne zur Mittagszeit auf einen Kaffee vorbei. Micháli klagte spielerisch über sein alleiniges Kochen-Müssen und fragte sie, ob das mit meinem nicht Kochen-Können der Wahrheit entspräche. Sie wisse nur, dass ich Pfannkuchen, Milchreis, gefüllte Blätterteigtaschen und Spiegeleier bereiten könne und dass sie mich darüber hinaus niemals hätte Essen zubereiten sehen.

„Kalte Kirschsuppe mit Grießpudding kann ich auch!
Und geschmorte grüne Gurken mit Dill und Pellkartoffeln,
Gazpacho aus Tomaten, Paprika, Gurken mit ohne Zwiebeln,
Spinat mit gedünstetem Lachs und grüne Bohnen an Huhn!"

Micháli packte mich und nannte mich
„micró pséftis!" - kleine Lügnerin!

Anne meinte, dass wir am nächsten Samstag doch zum Essen kommen könnten. Sie und Burhan kochten wirklich gerne und für Gäste erst recht. Micháli müsse dazu aber wissen, dass Burhan türkischer Abstammung sei, und fragte, ob er damit klarkäme. „No problem!", antwortete er und dass die griechisch-türkische Feindschaft doch Geschichte sei, zumindest für ihn, und dass es um den einzelnen Menschen gehe und nicht um pauschalisierte Feindschaften.

„Maybe, we like each other!"

Mein Koch wusste sich zu beschäftigen - ausschlafen, Kaffee trinken, mit den Café-Gästen plaudern, spazieren gehen, Mittagsfrühstück bereiten und genießen. Patiencen legen, frühes Nachmittagsschläfchen halten und ab der zweiten Woche auch immer wieder gerne kleine Auftragsarbeiten innerhalb und außerhalb des Hauses. Auch, wenn es zu dieser kalten Jahreszeit nicht wirklich viel zu erledigen gab, fanden wir doch das eine oder andere sinnvolle Machwerk. Papier und Pappkartons wollten zerkleinert in die Papiertonnen. Der Volvo freute sich über eine Innenreinigung. Meine Bürolampe wünschte neues Kabelwerk. Schnee wollte geschoben, der Kamin gereinigt und angefeuert, Baumstämme zersägt und Brennholz gehackt werden. Bei Einbruch der Dunkelheit, die sich zu dieser Jahreszeit gerne gegen 17 Uhr einstellte, gab es einen letzten Laden-Bücher-Café-Kaffee, bevor

Micháli sich dem Abendkochen widmete. Meist brutzelte er kreativ, manchmal nach vordem aus dem Internet gezogenen griechischen Rezepten. Wie schön, dass es dort vielsprachig zuging.

Pünktlich zum Wochenende lag unsere ostfriesische Landschaft unter einer zehn Zentimeter dicken Schneedecke. Der Mix aus Sonne, Schnee und leichten Minus-Graden ließ unser Land himmelsgleich erstrahlen. Bevor wir uns zu unserer Abendessensverabredung auf den Weg machten, beschloss ich einen kleinen Gang durch den verschneiten Ort. Annes und Burhans Zuhause lag keine fünfhundert Meter von uns entfernt, und so nahmen wir den Umweg über den Nielsenpark, der etwas versteckt inmitten einer der ältesten Siedlungen unseres Ortes liegt.

Wie war ich entzückt. So hatte ich den Pavillon des Parkes noch nie erblickt. Sein mit Reet gedecktes achteckiges Dach von Schnee bedeckt, ebenso wie der gesamte unbepflanzte Platz drumherum.

Rote Klinker bilden den Sockel und den Treppenaufgang. Das Innen hell erleuchtet. Die tragenden Säulen angestrahlt. Das hölzerne Geländer im Rautenmuster weiß gestrichen. Die umrandenden Leisten grün. Drumherum im Dunkeln liegende hohe Bäume. Darüber ein dunkelgrau mit Schneewolken verhangener Himmel.

Dieser Pavillon ist mehr als das mittig stehende Gebäude des Nielsenparks. Er war und ist der markante Punkt auf einem der drei möglichen Wege von meinem Familienhaus zur Schule und zurück. Rechts herum, links herum oder einfach mitten hindurch. Hatten wir vor der sechsten Stunde Schulschluss, führte uns der Heimweg gerne über den Nielsenpark. Wir spielten Bäumchen wechsel dich, Gummi-Twist, Hinke-Pinke, Verstecken oder Fangen oder lungerten in höheren Jahren auch gerne einfach nur hier herum - heimliche Verabredungen, erste Küsse, zweite Küsse, dritte Küsse.

56.

Und wie sie sich mochten! Als wir das gastgebende Haus erreichten, leuchteten viele kleine Lichtpunkte im Innern durch das geriffelte Milchglas des wintergartengleichen Eingangsbereiches nach außen. Anne öffnete die Tür, Burhan schaute von meinem Lieblingsrauchplatz am Ende der Raucherlounge lachend in unsere Richtung. Umarmung - Mäntel aus - vorstellen - hinsetzen - rauchen. Ein Bier? Ein Glas Wein? 'ne Cola light mit einem Schuss Rotwein? Alles! Seit ich diesen Mix aus Rotwein und Cola light für mich entdeckt hatte, wusste ich immer, was ich trinken wollte.

Das kleine griechisch-türkische Fremdeln war schnell vorbei.

„He Grieche!“ - „He Türke!“

Lautes Gelächter und gut war's. Anne und ich freuten uns über die gut erkennbare spontane Sympathie unserer Männer, die im Laufe weiterer Begegnungen, Kellerbar- und Kochabende nicht weniger wurde. Sie waren herrlich. Wir waren es auch, doch diese beiden so ungleichen gleichen Charaktere waren es mehr.

Sie waren sich in ihrem Äußeren ebenso gleich ungleich wie in ihrem Witz, ihrer Geselligkeit, ihrem Musikgeschmack, ihrem spontan lauten Auflachen und ihrer Liebe zum Kochen. Burhans Kochliebe war alt, Michális bestand gerade mal zwei Wochen. Burhan maß 1,72 Meter, Micháli 1,98 Meter. Beide trugen dunkles, zum Zopf gebundenes langes Haar. Des einen glatt, des anderen wellig. Der eine frisch rasiert, der andere mit langem Rauschebart. Sie sprachen keine gemeinsame Sprache. Was Michális Griechisch, war Burhans Türkisch, was Burhans Spanisch, Michális Englisch. Dann und wann bedurfte es der weiblichen Übersetzung, doch meist amüsierten sich die Jungs ohne wirkliches Worteverstehen allein über das intuitive Wissen ihrer Inhalte. Michăli und ich priesen Kreta, Anne und Burhan Teneriffa.

Wo die Seele sich zu Haus fühlt, ist unser liebster Ort. Ging es für unsere heutigen Gastgeber auf Reisen, konnte es nur nach Teneriffa gehen, so wie ich immer und immer wieder allem anderen Kreta vorziehen würde. Aus diesen Liebesbekundungen entwickelte sich von jetzt auf gleich ein Ausdruck höchsten Gefallens:

„Teneríffe“ mit einem gleich dahinter gesetzten Kussgeräusch, egal was wir auch als das Beste, Höchste, Schönste oder auch Köstlichste preisen wollten.

Nach unserem ersten Revanche-Essen ging Michăli gerne mal auf eine kleine Stipp-Visite zu seinem neuen „Lieblingstürken“, der, wenn er arbeitsmäßig noch unterwegs war, auch ohne Probleme durch Anne ersetzt werden durfte. Waren alle drei dann gut beisammen gewesen und das Essen gekocht, holte mich einer der kleinen Truppe nach Ladenschluss fußläufig ab. Während Michălis achtwöchigem Aufenthalt in unserem deutschen Ostfriesenlande waren wir vier immer wieder ein gutes Gespann.

57.

Ausflüge wurden auf meine ladenfreien Sonntage gelegt, egal, was das Wetter dazu beitragen mochte. Es sah nach Wind aus, nach Sturm. Die Temperatur weiterhin unter Null. Unser Ziel war die Nordseeküste, das Wattenmeer, mit einem Nordseebad unserer Wahl. Ich entschied uns für Dangast mit seinen endlosen Deichen zur Linken, seinem deichfreien Meerblick gen Norden und dem seit Jahrzehnten unveränderten alten Kurhaus aus den achtzehnhundertzwanziger Jahren und dem davor gelegenen wohl zwei Kilometer langen Sandstrand mit dem im Watt stehenden Wahrzeichen eines jeden Mannes, einem steinernen „Psiloritis“.

Micháli war amüsiert. Das Wattenmeer von der frisch auflaufenden Flut wildwellig und gischtschäumend überschwemmt. Ein Gang an das tosende Nass war Pflicht. Der Geschmack von Salzwasser auf Zunge, Haut und Lippen - ebenso. Zur Belohnung gab es einen Sofa-Platz in der Nähe der Gasfeuersäule im Wintergarten des Kurhauses mit seinen rundherum dreiflügeligen Sechziger-Jahre-Fenstern und seinen ewig alten, lichtdurchscheinenden, matt gelblich mit algengrün bewachsenen Wellenplatten auf hölzernen Dachbalken.

Der Milchkaffee war gut. Der berühmt-berüchtigte Rhabarberkuchen der Kurhausbetreiber spitze! Der Käsekuchen ebenso. Über uns eine alte Leuchtreklame mit BECK's BIER - löscht Männerdurst! Auf den Tischen rot-weiß-karierte Stoffdecken. An der Wand ein Zigarettenautomat aus den Fünfzigern. Auf den Fensterbänken winterlich spärlich gewachsene, rot-blühende Geranien. Über der Theke leuchtete das typische Grün der Jever-Brauerei mit den Worten: JEVER - Keine Kompromisse! Als Micháli nach Kaffee- und Kuchengenuss Bierdurst

bekam, wählten wir zum Vergleich je eine der beiden beworbenen Biersorten plus Zitronenlimonade. Ob Becks Bier, Jever Pils oder Alster, alles durstlöschend - alles typisch norddeutsch.

Dangast wurde nach einer Sturmflut im vierzehnten Jahrhundert an flutgeschützter Stelle auf dem Südhang eines eiszeitlichen Geeststückes neu erbaut. Ein Schutzdeich war aufgrund dieser erhöhten Lage nicht erforderlich. Durch diese Begebenheit ist Dangast heute einer der wenigen Plätze an der deutschen Nordseeküste mit freiem, deichlosem Meerblick.

Der Sturm hatte in unserem Garten einen Baum zu Fall gebracht. Zum Glück ohne weiteren Schaden. Er lag längs auf dem Rasen, mit seiner Krone keine fünfzig Zentimeter vom Haus entfernt, und bot Micháli für die nächsten Tage eine wunderbare Beschäftigung. Am Montag ließen wir den Baum erst einmal links liegen. Wir gingen einmal um ihn herum, betrachteten ihn mehrfach vom Balkon aus, erkannten unser Glück und machten einen Plan. Am Dienstag sägte er die Äste vom Stamm, entfernte die kleinen Zweige, brachte sie auf den Kompost und zerteilte das Astwerk in Brenn- und Anmachholz. Am Mittwoch stapelte er die Hölzer auf die überdachte Terrasse, und am Donnerstag ward der Stamm in kaminlange Enden zerteilt.

Für Freitagabend stand wieder eine Gegeneinladung ins Haus. Burhan und Anne waren zu griechischem Stifádo geladen. War Micháli vom Ehrgeiz gepackt, war er es richtig. Er forschte im Internet, telefonierte mit Georgos vom Xenia und mit seiner Schwägerin Iríni, der Frau seines älteren Bruders Theo, und das alles, um die optimale Zubereitung seines versprochenen Stifádos herauszubekommen. Der Aufwand hatte sich gelohnt. Das Essen war vorzüglich.

Saßen wir zu zweit am Tisch, waren wir zu dritt, saßen wir dort zu viert, waren wir fünf. Kater Anton saß immer mit dabei. Er beobachtete Micháli bei der Essenszubereitung, saß beim Essen neben ihm auf der Küchenbank und streckte seine Pfote dem Essen entgegen, um das eine oder andere Häppchen zu erlangen.

In der dritten Januarwoche meldete sich die Vertreterin der Firma Invero für ihren ersten Besuch in meinem Laden. Messe Hamburg - Tücher, Mützen, Schals, Armstulpen und Dreiecktücher. Christine, eine Frau in meinem Alter, und ich passten von Beginn an gut. Unser Geschmack, unsere Sicht auf die Dinge des Lebens, die Art, uns zu kleiden, ähnlich, auch wenn sie wesentlich farbiger daherkam als ich in meinem ewigen Schwarz. Schon immer waren mir die Geschäftsbeziehungen die liebsten, die ich als solche gar nicht recht bemerkte. Gefällt mir die Produktpalette, ist das Miteinander wohlwollend, läuft es meist wie von selbst. Christine zeigte Wilma und mir ihr Programm. Wir probierten an und um, wählten Muster und Farben, die uns gut zu Gesicht standen und die uns darüber hinaus gefielen.

Micháli war über unsere Modenschau amüsiert. Äußerte sich mit „Hm" und „óchi", mit „oh la la" und „pópopo" oder mit „oréa" für schön. Diese Farben, diese Muster, diese Weichheit, dieses Schmückende. Taubenblau ließ mich lieb aussehen, Paprikarot feurig. Maiengrün machte mich mild, schwarze Spitze edel. Unterschiedliche Farbenmixe brachten unterschiedliche Stimmungen hervor. War ich in diesem Moment die eine, war ich im nächsten Moment eine andere.

Meine Wilma kleidete sich im Gegensatz zu mir immer schon recht farbenfroh und auch, wenn ich meinem Schwarz in Schwarz nach dem Kauf der vielen Dreiecktücher treu blieb, sah man mich danach kaum mehr ohne eines dieser schmückenden Elemente.

Der erste Auftrag war angemessen gut. Der zweite folgte nach nicht einmal einer Woche, der dritte nach weiteren vierzehn Tagen, der nächste, übernächste und überübernächste in passenden Abständen das ganze Jahr hindurch. So etwas hatte es in meinem Laden lange nicht gegeben. Ungeplant gefunden, ohne danach gesucht zu haben, um ohne jede Anstrengung von jetzt auf gleich zum besten Artikel unseres Sortiments zu werden.

Wenn ich heute an die Umstände und den Grund meines damaligen Messebesuches denke, kann ich die Hände nur zum Himmel heben und danke sagen. Mann oh Mann, ohne den Besuch Michális hätte es keine Fahrt nach Hamburg gegeben. Ohne Hamburg mit Eis und Schnee keinen Messebesuch. Ohne Messebesuch keine Dreiecktücher und ohne diese schmückenden, wolligen Teile keinen so wunderbar angenommenen neuen Bestseller.

58.

An einem der darauf folgenden Sonntage lud meine Bruderfamilie uns zum sonntäglichen Mittagsfrühstück. Sie waren und sind ebenso Kreta-verliebt wie ich es bin, auch wenn wir bis dato unterschiedliche Orte der Insel als Ausgangspunkt für unser Dortsein bevorzugten. Meiner war die Sfákia, ihrer der Nord-Westen der Insel mit Kastélli-Kíssamos und Fallassárna.

Mein Bruderherz, ein „Kapitän“ wie Micháli. Er hatte sich vor ein paar Jahren ein Segelboot gekauft. An die neun Meter lang, mit allem, was es für einen schönen Segel- und Landaufenthalt braucht. Die Nordsee, vom Wind her zum Segeln gut. Zum Sonnengenuss so oder so. Können Menschen uneingeschränkt über ihre Zeit verfügen, werden die regen- und frostfreien Tage an der ostfriesischen Nordseeküste für den Segelgenuss ausreichend sein. Ist der tägliche Broterwerb jedoch noch erforderlich, bleiben zweiundfünfzig mögliche Wochenenden, von denen die eine Hälfte in die dunklere Jahreszeit fällt und die andere in die auch gerne von Regenschauern durchzogenen hellen Tage. Großzügig bemessen, gab es für ihr Segeln im Norden Deutschlands vielleicht dreizehn mögliche Wochenenden für sonniges Segelwetter, wenn die Anwesenheit von Ebbe und Flut sie nicht sogar auf sechseinhalb Möglichkeiten einkürzen möchte. In Ostfriesland fällt der Regen mit unterschiedlich kurzen oder auch längeren Unterbrechungen ganzjährig vom Himmel.

Als ich meinem Bruder diese Passage vorlas, meinte er, dass man das auch kürzer hätte sagen könne: „Keine Zeit, kein Wasser, schlechtes Wetter - kein Segeln!" Schriebe ich Gedichte, läge er damit völlig richtig, doch zu meinem eigenen Glück hatte mich das Geschichtenschreiben ereilt, und darin darf ich beschreiben, wortreich sein, philosophieren, ausholen, einfügen und schwelgen.

Wäre es nicht gerade Winter oder das Wetter annehmbar gewesen, hätten die Jungs sicher eine Segeltour vorgeschlagen, doch so blieb ihnen und uns nur das Boot in seinem Winterquartier zu besuchen und unserer Fantasie freien Lauf zu lassen. Unsere Frühstücksplauderei hatte der Themen viele. Ja, was sollte das Boot bei all dem Nass überhaupt an diesem Nordseebadeort? Und verbrachten sie nicht so oder so mehr Zeit auf Kreta, als es für ihr Segeln Sonnentage in Deutschland gäbe? Wir dachten das Boot nach Kreta, dachten es nach Chóra Sfakíon. Überlegten, ob ich während meiner Sfákia-Zeiten vielleicht auf dem Boot Quartier nehmen könnte, um mich so ohne Mehrkosten mit dem eingesparten Zimmergeld am Liegeplatz beteiligen zu können. Micháli sollte ein Auge auf das Boot haben und sich bei Bedarf kümmern und ja, eines Tages wollten wir gemeinsam das ganze Kreta umsegeln.

Zugstarkes Auto, guter Trailer, Boot drauf, Micháli erneut eingeflogen, um das gute Stück dann zusammen mit meinem Bruder von hier über die Straßen Deutschlands, Österreichs, Italiens, Griechenlands und Kretas bis nach Chóra Sfakíon zu bringen.

„Good idea, let's think about it so that it will come true!"

Unseren letzten Sonntag verbrachten Micháli und ich in Leer. Wir stellten den Wagen am Bahnhof ab, schlenderten durch die Fußgängerzone, aßen gegen Mittag Labskaus in der Rathausstraße und schwenkten danach hinüber zum Wasser. Wir genossen das Sitzen in der Sonne und den Anblick der vielen dort vor Anker liegenden Schiffe mit ihren so typisch deutschen Namen wie Hafenmusik, Adriana, Tümmler Leer, Friedrich, Heike und Seute Deern.

Bevor wir uns zurück auf den Heimweg machten, kehrten wir in die Teestube am Hafen ein. Das Ambiente typisch friesisch mit taubenblau und weiß gestrichenen, holzvertäfelten Wänden, gehäkelten Gardinen, Sprossenfenstern und einem gekachelten, offenen Kamin, in dem ein wärmendes Feuer loderte. Wir bestellten Ostfriesentorte mit eingelegten Rumrosinen, Schwarzwälderkirsch und zwei Kännchen Ostfriesentee. Weiße Spitzendeckchen auf gestärkten weißen Damastdecken, Messingstövchen, Teegeschirr mit der ostfriesischen Rose, kleine Teetassen, dicker Kandiszucker mit Kandiszange und Rahm in kleinem Gießer mit gebogenem Sahnelöffel. Micháli war amüsiert. Fand alles ausgesprochen klein und niedlich, lobte die sahnigen Tortenstücke und den süßen und gleichzeitig doch starken Tee.

Micháli hatte sich schnell und gut an meinen Tagesablauf gewöhnt, ebenso wie ich mich an sein durchgängiges Hiersein.

Teestube
am Hafen

Acht Wochen ohne böse Worte, ohne schlechte Laune, ohne Unstimmigkeiten, ohne Stress. Wir ließen uns, wie wir waren, hatten nicht das Bedürfnis, den anderen zu verändern oder umzuerziehen. Meine Kunden, insbesondere die wiederkehrenden Kaffeegästinnen, fanden seine Anwesenheit unterhaltsam.

Plötzlich meinte Micháli, dass er seinen Rauschebart kürzen lassen wolle. „Do it if you mean, it's yours!" Er fragte nach einem Barbier. Ich empfahl ihm meinen Hausfrisör, fußläufig keine zehn Minuten von meinem Familienhaus entfernt, und erklärte ihm den Weg. Nach wohl einer Stunde klingelte mein Handy. Zuerst sprach Micháli, dann eine Frau, der er sein Telefon in die Hand gedrückt hatte. „I lost the way", sagte er und „tell the woman where I want to go!" Die Dame, eine Kundin von mir. Ich erklärte ihr, dass mein griechischer Gast zum Frisör am Marktplatz wolle, und fragte dazu, wo sie denn gerade seien. Wie süß, Micháli musste beim Abbiegen an einer Stelle rechts mit links verwechselt haben und stand nun am nördlichen Ortsausgang, wohl zwei Kilometer vom Marktplatz entfernt.

„Go straight on south, always along the canal
until you see the main street and the market square
and you are already there."

"Gehe geradeaus Richtung Süden, immer am Kanal entlang,
bis du die Hauptstraße und den Marktplatz siehst,
und schon bist du da."

Es hatte geklappt. Nach einer weiteren Stunde war mein frisch barbierter Grieche um Jahre verjüngt mit gestutztem Barte in unserem Caféstübchen zurück.

59.

Je näher der Rückflug kam, um so anhänglicher wurden wir miteinander. Micháli verbrachte seine Tage nun fast durchgängig im Geschäft. Verließ es nur noch zum Brötchen holen, zum „Páme vólta“, dem kleinen Spaziergang zum Italiener, oder für einen kurzen Nachmittagsschlaf im Rosenbett meines Erkerzimmers. Auf dem zweiten Tisch unseres Bücher-Cafés lag in dieser Zeit eine aus tausend Teilen bestehende Europakarte, die uns wunderbar die Zeit vertrieb und selbst Nicht-länger-bleiben-Wollende zum Puzzlen und Verweilen animierte. Wir schauten, suchten Randteile heraus, drehten Teile auf rechts, fanden welche mit Grenzlinien und Flüssen, fügten sie ein, erhielten ein „Bravo“ und waren darüber gleichermaßen stolz wie erfreut. Puzzlen fördert alles - gutes Alleinsein, geselliges Miteinander, Gruppengefühl, die innere Ruhe, das Gemeinsame im Schweigen und Reden.

War Micháli ins Puzzeln vertieft und ich ohne Kunden, las ich ihm nebenher die ihn betreffenden Passagen aus meinem „Warrum nicht!“ in einer von mir versuchten englischen Übersetzung vor. Für wahrlich Englischverstehende wäre mein Übersetztes eher zwischen unverständlich, witzig und katastrophal gewesen. Für Micháli und mich mit unserem Touristenenglisch absolut verständlich. Verstand er mein Vorgelesenes dennoch nicht, bemühten wir eine Übersetzungsapp zum besseren Verständnis auf Deutsch, Englisch und Griechisch.

Wir hatten immer etwas zu tun. Saßen wir beim Kaffee oder bei unserem Mittagsfrühstück, widmeten wir uns nebenher dem intensiveren Erlernen deutscher bzw. griechischer Vokabeln und versuchten uns an wiederholenden, gebrauchsfähigen Komplettsätzen:

„Micháli, boreí na se ftiáxo kafé?“ oder andersherum
„Elisabeth, darf ich dir noch einen Kaffee machen?“
„Nomízo óti tha boroúsa na synithíso se esás.“ für
„Ich glaube, ich könnte mich an dich gewöhnen.“
„Óra kleisímatos magazioú!“ für „Feierabend!“

Klingelte das Telefon, imitierte Micháli mich vor meinem Abnehmen schon mit meinem langgezogenen Laden- und Geburtsnamen. „Beeehrends“, hieß es dann mit einem breiten Grinsen seinerseits und einem augenzwinkernden Lächeln meinerseits. Ich hatte vordem nie bemerkt, dass ich das vordere E beim Mich-am-Telefon-Melden dermaßen in die Länge zog.

An einem der letzten Nachmittage kamen meine Ladenfrauen, unsere wiederkehrenden Kaffeegäste, zum Tschüßsagen mit einem Blech selbstgebackenem Pflaumenstreuselkuchen unter Zimt und Zucker plus Schlagsahne. Wer die steif geschlagene Sahne der kleinen Wiesedermeerer Molkerei zwischen Wiesmoor und Reepsholt einmal genossen hat, möchte keine andere mehr. Almine, Andrea, Ingrid, Margret, Marilyn, Martina, Sonja und Wilma gaben Micháli das Gefühl, Freunde geworden zu sein. Sie brachten ihm gegen das Vergessen, zum Erinnern und zum Warmhalten kalter Füße und der neu entstandenen Freundschaften ein Paar selbstgestrickte Wollsocken im ostfriesischen Farbenmix schwarz, rot, blau. Micháli war gerührt, sagte:

„Nóstimo kai ómorfo kai efcharistó tous fílous mou!“
„Lecker und schön und danke, meine Freunde!“

Mein Bruder kam am späten Freitagnachmittag nach einem seiner Hausbesuche. Er setzte sich mit einem Kaffee zu Micháli ans fast fertiggestellte Europapuzzle. Sie sprachen erneut über die Idee der Überführung des Segelbootes. Folgten dem möglichen Weg auf der Karte mit einem Stück Würfelzucker und beschlossen, dass, wenn mein Bruder sein Schiff wirklich nach Kreta bringen wolle und er keinen anderen Begleiter zum Mitfahren fände, Micháli gerne noch einmal für ein paar Tage herübergeflogen käme.

„Gute Idee! - So wollen wir es machen!“
„Kalo idea! - Gi áftó théloume na to kánoume!“

Am Tag vor Michális Rückreise machten wir einen frühen Abendspaziergang auf ein Abschiedsbier zu Anne und Burhan. Möglich, dass es sie nun doch einmal nach Kreta ziehen möchte, schließlich müsse man wissen, wo Freunde zu Hause seien. Auf dem Rückweg Schneeflockentanz. Wieder zu Hause, genoss Micháli ein heißes Bad in meiner großen Wanne, bevor wir die Sachen für unseren früh morgendlichen Aufbruch zusammentrugen, er seine, ich meine.

Muss ich früh aus den Federn und für eine längere Autofahrt aus dem Haus, muss alles bereitliegen, von den Kleidern über den mitzunehmenden Proviant bis zum Autoschlüssel. Das Auto muss betankt, der Ölstand überprüft, der Reifendruck richtig und die Kühlwassermenge passend sein. Unnötig aufhaltende Unzulänglichkeiten sind absolut zu vermeiden. Halb vier in der Früh ist wahrlich nicht meine Zeit, und dennoch funktioniere ich bei Notwendigkeit ausgesprochen zuverlässig. Aufstehen, Gesicht waschen, anziehen, Apfel essen, Kaffee trinken, eine Morgenzigarette rauchen, Zähne putzen, Gesicht malen, lächeln, fertig und los.

Trotz unseres bevorstehenden Abschieds waren wir guter Dinge. Unser Ziel - Hamburg Fuhlsbüttel Airport. Die Straßen weiß vom Schnee der Nacht. Bis Bremen kein weiteres Fahrzeug, weder vor noch hinter uns. Unberührtes Weiß ohne jede Spur. Es musste in einem durchgeschneit haben. Gut, dass wir so zeitig waren. Wir hatten Kaffee, belegte Brote, Musik, Obst und Schokolade, und wir hatten uns. Mittel-, Seiten- und Randmarkierungen waren nicht auszumachen. Streufahrzeuge noch nicht im Einsatz. Einzig die Leitplanken zur Rechten halfen mir, die Fahrspur einigermaßen abschätzen und halten zu können. Aus gedachten zweieinhalb Stunden wurden vier.

Wir waren in der Zeit, leidlich knapp, aber in der Zeit.

Ein letzter Kuss.
Ein letztes Lächeln.
Eine letzte Umarmung.
Ein letzter Blick zurück.

„See you in May!"
„Sas vlépo ton Máio!"
„Ja, wir sehen uns im Mai, spätestens!"

Ob ja oder nein, ob so oder anders, ob weniger oder mehr war in diesem Moment nicht von Bedeutung. Wir hatten es schön gehabt miteinander, eine gute Zeit, und egal, was die Zukunft uns auch bringen mochte, ich würde immer eine von Seinen sein und er einer von Meinen.

Verwachsen! - Ende des dritten Teils
der Kreta-Erzählung von Elisabeth Katz.
Reisen, leben und lieben auf Kreta.

Platz für Notizen

AN TAGEN WIE DIESEN
Es regnete Bindfäden, dünne zwar, aber Bindfäden. Es würde wieder einer dieser Tage werden, an dem es im Laden ruhig bliebe, an dem ich viel Zeit für Dinge haben würde, die getan werden konnten, aber nicht mussten. Ich saß am Fenster meines Bücher-Cafés, schaute den Regen und dachte, wie schön und entspannt die Tage mit Micháli doch gewesen waren. Was hätte ich ihn in diesem Moment auch gerne bei mir gehabt. Ein wenig plaudernd ein wenig schweigend, ein wenig Nähe, den einen oder anderen Satz auswendig lernend: „Chaíromai pou eísai edó mazí mou." oder auf Deutsch: „Ich find's schön, dass du hier bei mir bist!"

Mehr Platz für Notizen

Noch mehr Platz für Notizen

Tage nach Michális Abreise kam eine Freundin in den Laden und erzählte mir eine kleine Anekdote anlässlich eines Geburtstagsfrühstücks. Sie hätten zusammengesessen. Gegessen, geplaudert, gescherzt, bis eine von ihnen auf einen auffällig großen, langhaarigen, bärtigen Mann aufmerksam gemacht hatte. Sie hatten spekuliert, gemutmaßt, ob dieser Fremde vielleicht als Spion einer Räuberbande Ausschau nach Häusern halte, deren Bewohner verreist oder am Tage abwesend seien. Als sie gesehen hatte, um wen es sich handelte, hatte sie laut auflachen müssen, „Halt!" und „Stopp!" gesagt und dass es sich doch nur um Elisabeths Griechen handele. „Elisabeths Grieche, ah ja, da wissen wir dann ja nun Bescheid."

Reisen, Leben und Lieben auf Kreta.

Um in den vollen Genuss meiner Kreta-Gefühle zu kommen, empfehle ich das Lesen der Bücher in der Reihenfolge ihres Erscheinens:

Teil 1
Warrum nicht!
Oder: Als mein Leben wieder schön wurde. 7. Oktober 2013

Teil 2
Leidenschaften!
Oder: Alles, was ich brauche. 7. Oktober 2015

Teil 3
Verwachsen!
Oder: Da, wo ich zu Hause bin. 7. Oktober 2017

Kreta-Karte Süd-West, Chóra Sfakíon und umzu →

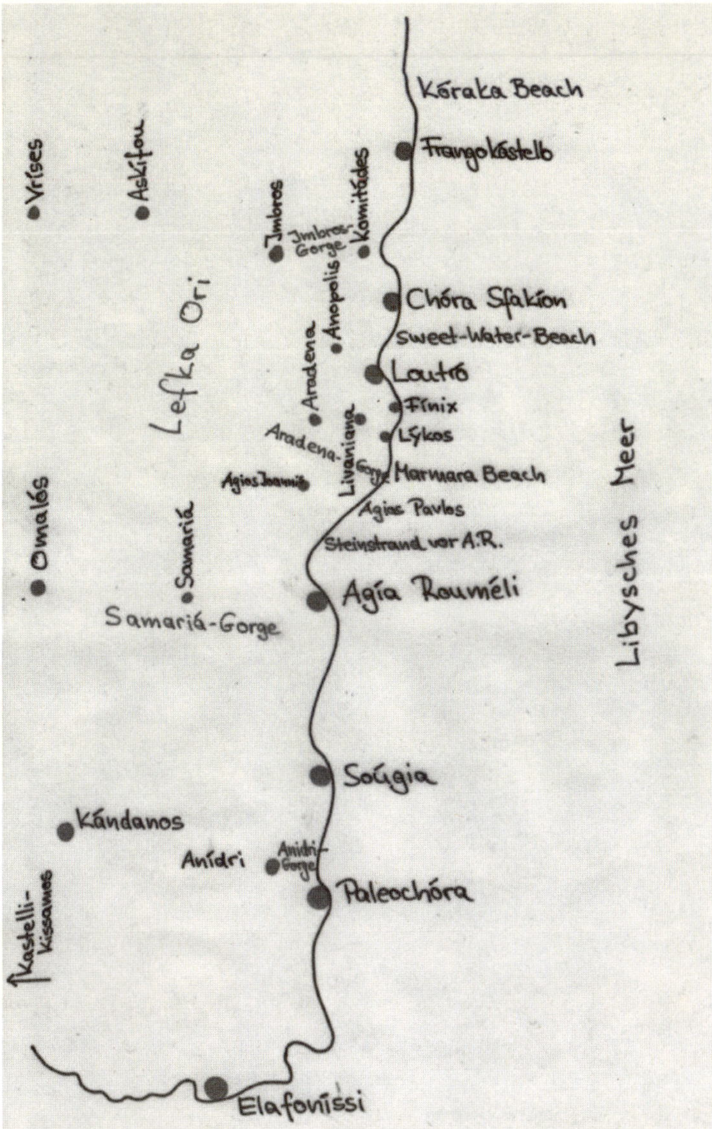
Kóraka Beach
Frangokástello
Chóra Sfakíon
Sweet-Water-Beach
Loutró
Fínix
Lýkos
Marmara Beach
Agios Pavlos
Steinstrand vor A.R.
Agía Rouméli
Soúgia
Paleochóra
Elafonissi
Libysches Meer
Vrises
Askifou
Imbros
Imbros-Gorge
Komitades
Anopolis
Aradena
Lefka Ori
Livaniana
Aradena-Gorge
Omalós
Samariá
Samariá-Gorge
Kándanos
Anídri
Anídri-Gorge
Kastelli-Kissamos

Warum nicht!

Und nun freu ich mich wieder auf Post:

elisabeth.katz@hotmail.com

Herzlichst Elisabeth Katz.

Reisen, leben und lieben auf Kreta.

Olga Behrends
OPEN

Schönes Bücher + Café

Was ist das?

Tja, ein Laden,
der mehr ist als das.
Hier kann man verweilen,
einfach nur einen Kaffee trinken,
die schönsten Geschenke entdecken,
sein Geschirr so zusammenstellen,
oder lassen, dass alles passt.
Ob gelb, rot, blau, grün oder braun,
oder in allen Farben dazwischen.
In uni oder gemustert,
geblümt, getupft, gestreift,
alles ist möglich, alles ist da.
Gläser dazu? Aber gerne! Besteck auch?
Sets, Tischwäsche, Kissen,
Servietten, Kerzen
und sonst noch was?
Gar ein farblich passendes Buch?
Auch das ist möglich!
Natürlich mit gutem Inhalt,
...was sonst!!!
Nach Sonn- und Alltagsgeschirr
wird nicht mehr unterschieden.
Alles ist schön,
alles passt zusammen und
alles ist immer wieder anders,
bringt Freude und tut gut,
...wirklich!!!

Wir freuen
uns auf Sie.
Die Zwei aus dem Hause

Olga Behrends
Wiesmoor - Am Rathaus 3
Tel. 04944-414

Verwachsen!

Oder: Alles, was ich brauche.
Von Elisabeth Katz.

Autorenportrait

Elisabeth Katz lebt als selbstständige Geschäftsfrau in Ostfriesland. Sie liebt diesen - ihren Laden - seit ihrem vierten Lebensjahr und hält ihn schon immer für ihr persönliches Paradies. Nach dem recht frühen Tod ihrer Eltern übernimmt sie das Geschäft und gestaltet es im Laufe der Zeit mit ihrem Mann nach ihren Vorstellungen. Als ihre beiden Kinder erwachsen sind und in die Welt hinausziehen, tut ihr Ehemann und Familienvater es ihnen gleich. Frei nach dem Motto, das Haus und die Katze behalte ich, lebt sie nun seit vielen Jahren in eigener Regie - unterhält ihre Kunden - schreibt Geschichten und Bücher und verbringt seit geraumer Zeit zwei Monate im Jahr auf Kreta, der Insel ihres Heimatgefühls. Drei Standbeine fürs Glück, wer soll dabei bitte noch umfallen?

Kontaktadresse: elisabeth.katz@hotmail.com